中國學術思想 研究輯刊

十三編
林慶彰 主編

第6冊

論先秦儒家思想中禮的人文精神（上）

劉振維 著

花木蘭文化出版社

國家圖書館出版品預行編目資料

論先秦儒家思想中禮的人文精神（上）／劉振維 著 ― 初版
― 新北市：花木蘭文化出版社，2012〔民 101〕
目 2+220 面；19×26 公分
（中國學術思想研究輯刊 十三編；第 6 冊）
ISBN：978-986-254-790-8（精裝）
1. 通禮　2. 人文思想　3. 儒家　4. 先秦哲學
030.8　　　　　　　　　　　　　　　　101002160

ISBN-978-986-254-790-8

9 789862 547908

中國學術思想研究輯刊
十三編　第六冊　　　　　ISBN：978-986-254-790-8

論先秦儒家思想中禮的人文精神（上）

作　　者　劉振維
主　　編　林慶彰
總 編 輯　杜潔祥
出　　版　花木蘭文化出版社
發 行 所　花木蘭文化出版社
發 行 人　高小娟
聯絡地址　新北市永和區中正路五九五號七樓
　　　　　電話：02-2923-1455／傳真：02-2923-1452
網　　址　http://www.huamulan.tw 信箱 sut81518@gmail.com
印　　刷　普羅文化出版廣告事業
封面設計　劉開工作室
初　　版　2012 年 3 月
定　　價　十三編 26 冊（精裝）新台幣 42,000 元

論先秦儒家思想中禮的人文精神（上）

劉振維　著

作者簡介

劉振維，臺灣宜蘭人，祖籍遼寧海城。國立臺灣大學哲學學士（1993）、碩士（1996）、博士（2002）。博士論文題為《論先秦儒家思想中禮的人文精神》。現任職於朝陽科技大學通識教育中心副教授。研究領域包含中國人性論、儒家、道家、中國哲學史、臺灣書院與儒學，以及通識教育等。已出版《從「性善」到「性本善」——一個儒學核心概念轉化之探討》（臺中：光鹽出版社，2006）、《論佛教中國化之「佛性」概念對儒家人性論論述的影響——兼論中國哲學之哲學問題》（香港：香港大學饒宗頤學術館，2009）、《論《今文尚書》中的天命觀與政治哲學》（臺北：花木蘭文化出版社，2010）等書；主編（與耿慧玲、鄭煒明、龔敏），《琴學薈萃：第一屆古琴國際學術研討會論文集》（濟南：齊魯書社，2010）；發表學術論文如〈由周敦頤論「誠」看宋明理學詮釋先秦儒學的蘊義暨其所開展的新氣象〉（《止善》，10 期，2011.06.）等四十餘篇。先後參與臺灣、中國大陸、香港、瑞典隆德等舉辦之學術會議四十餘場。

提　　要

　　從《論語》、《孟子》、《荀子》以及《禮記》的先秦儒家典籍中，「禮」的概念是先秦儒家思想的共通點。然而，「禮」本身內涵十分複雜。因此，本文僅就「禮的人文精神」這一面向進行探討。所謂「人文精神」，乃指「人文化成」的傳統義，也就是身為一個人，應使這樣的人具有何樣的內蘊。這樣的內蘊，是透過後天學習與教育而啟發的，使人自覺有別於禽獸，養成自身具有氣質、道德意識與涵養的文明人，故能主動正行於正確的規範之中，展現出人道之盛與人文之美，實現出一個整全而理想的社會秩序。如是的自覺與意願，從文獻的解析來看，先秦儒家在探討人之事實（如人情、人心、人性）時，並未將其視如西洋哲學所言之「本質」、「本體」之先天內在義。所據之論皆可廣受公評。

　　本文首先整理人們對「禮」字的理解，顯然難以獲一簡單公式陳述。其次，綜合察考了孔子前之典籍、以及春秋戰國時諸子對「禮」的看法。從分析與歸納中可知，絕大多數的典籍與哲學家，對「禮」是採取肯認的態度，但是其所重視的是外在規範之儀文數度這一面，如此正襯托出先秦儒家論「禮」之「人文精神」的特色。先秦儒家基本上均認為，「禮」不僅僅只是外在的儀文數度，更在於其所依循的精神實質以及表現出來的精神特質。較特別是，《尚書》提出「禮」由「天」降的說法，這點在孔、孟、荀的論述中找不到直接遺留的痕跡，《左傳》有「禮以順天，天之道」，《禮記》亦僅有「承天道」的說明而已。另外，《左傳》所標舉出關於「禮」的意義，如禮儀之分、禮之功用在治國安民、禮為人生規範、特別重視祭祀與軍戎等，先秦儒家則是一一繼承與深化。

　　接次，本文分別闡述了孔子、孟子、荀子以及《禮記》對「禮」之人文精神的見解。孔子對於「禮」的見解，是站在周文「貴賤不愆」所表現出社會整體秩序之上，強調「為國以禮」。孔子希冀「復禮」，但理論的說明則是透過對「仁」的詮釋，欲人理解自身職分及其責任之承荷，倘若人人如此正行，「禮」之秩序即便可以實現，是為「克己復禮為仁」。孟子論「禮」，與仁義智等同排列，著重於人心內在之道德傾向，故其理論主在證明人如何成就具體的道德行為。孟子認為，窮盡人心的隱動，利用天賦才能（如思、良知、良能），培養、擴充如仁、

義、禮、智般的良善之心（如四端），使之根植於內在心中，貞定固著而成為人之性，依人之性發出的行為表現必然是良善的，是為孟子「性善」意旨；「禮」的實踐即是如此。荀子認為，「禮」純粹是人後天的作為，是改善先天欲望需求毫無節制所產生爭亂（人之性惡）最佳規範的方法，「養人之欲，給人之求」是其目的。荀子對人之事實的理解，認為「人生而有欲」，無法以任何方式禁制，但可透過人心中天賦之「知」、「慮」能力以制欲，若能達到「虛壹而靜」之「大清明」的狀態，即能清楚認識聖人制「禮」的完善。因此，人的學習對象就是「禮」，故言「禮者，人道之極也」。荀子所謂「化性起偽」，乃指人之性無法變更，但可透過後天規範予以貞定，這方法就是人所作為的「禮」。《禮記》一書，對於諸種儀文提出義理上的根據，正所謂「禮之所尊，尊其義也」。《禮記》同時指出，「禮」的起源有三方面，基於社會變革的需要、報本返始的宗教情懷以及基於人情之實而建立的。「禮」之變更，《禮記》提出「以承天之道，以治人之情」的原則。「天道」指「天」之意志「無為而物成」，聖人效法其運行不已故而制禮，以之規範人之情之實（如七情、飲食男女），導於正軌。正是在這意義下，《禮記》與孔、孟、荀一樣，均十分強調教育的重要，鉅細靡遺地提出了教育方法、教育目標以及為師之道，足以作為現代教育思考方向的參考。

　　先秦儒家諸子對「禮」之理論深化面向各有不同，若說孔子「為國以禮」所揭示的方向是「禮」的實踐，那麼孟子的關懷就是發揮使「禮」之德性意義之道德性得以完善的可能，荀子則發揮了「禮」作為社會完滿性的論述，《禮記》則提出如何使之落實的具體教育方針。因此，先秦儒家思想中「禮的人文精神」，以簡要之語言之，即是人如何從生物性意義轉化為具有文明教養之人，其轉化之關鍵，僅在於個人之自覺以及是否意願主動踐行於「禮」的規範之中而已。所以我們說，基於人情之實所制定的「禮」，是中國文化意識的根本精神。理解了「禮的人文精神」，便可以清楚區分專制王朝時的「吃人禮教」、與先秦儒家所論之「禮」，二者意義有著甚大的差別。同時，「禮」的外在規範要求以及內在德性修養，透過教育的指引，足以為現代人面對人生問題以及價值選擇上，提供一個不同於外來思考方向的絕佳參照。

目

次

緒　論

一、研究動機

　　《漢書・藝文志》明言：「儒家者流……游文於六經之中，留意於仁義之際；祖述堯舜，憲章文武，宗師仲尼。」說明了儒家思想理論的原始根據是「六經」，理論的核心內容是「仁義」，以及其學說淵源是源遠流長的。審視《論語》、《孟子》、《荀子》與《禮記》諸典籍，可證〈藝文志〉所言並非無據之論。後人研究，亦是建基於〈藝文志〉這種認知之上的。然而，從本文的探究可以發現一個新的面向，即儒家所留意的理論核心之主張是「禮」的精神，這是本文所欲證成的問題。

　　綜觀對於先秦儒家思想的研究，基本上可分成兩大方向，一是將論述焦點置於思辨性質的抽象層面上，二是就外緣面談論學術交流與影響的問題。對於第一個方向，前賢建立許多理論系統，各有學理的要求與治學的樂趣。例如宋明理學立基於「天理流行」的形上觀點，以之解釋《中庸》的「天命之謂性」，在完密邏輯架構中提出著名的「人性本善」人性論；〔註1〕現代新

─────────────

〔註1〕以理學集大成者朱熹的論述觀之，在注解《孟子》〈滕文公上〉「滕文公爲世子」章云：「性者，人所稟於天以生之理也，渾然至善，未嘗有惡。人與堯舜初無少異，但眾人汩於私欲而失之，堯舜則無私欲之蔽，而能充其性爾。……」見《四書集注》（臺北：世界書局，1990年三十一版），頁64。於〈告子上〉「告子曰性猶湍水也」章又云：「性即天理，未有不善者也。」仝上書，頁158。按《孟子集注》中的話講，「天者理勢之當然」（〈離婁上〉「孟子曰天下有道」章，頁99）。此「當然」，依朱熹之見，即「渾然至善，未嘗有惡」。朱熹所論之「理」，就存有論言，乃其最高的哲學範疇，如其言：「且如萬一山河大地

儒家則將「本心」視爲人性，別名稱爲「道德心」，認定道德先天內在自足，但考究理路，實乃承續宋明理學的思維進一步予以闡釋和開展的；〔註2〕傅佩

都陷了，畢竟理卻只在這裡。」（《朱子語類》卷九十二）就宇宙論言，朱熹以爲其是天理流行的展現：「宇宙之間一理而已，天得之而爲天，地得之而爲地，而凡生於天地之間者，又各得之以爲性：其張之爲三綱，其紀之爲五常，蓋皆此之流行，無所適而不在。」（《朱文公文集》卷七十〈讀大紀〉）又朱熹在《中庸章句》「天命之謂性」下注解「性即理也」。故依其理路，自是可言「人性本善」。至於人做出不好的行爲，乃是「汨於私欲」故。對此，朱熹引程頤「氣有清濁」之說釋之，言「蓋氣質所稟雖有不善，而不害性之本善：性雖本善，而不可以無省察矯揉之功」（《四書集注》〈告子上〉「公都子曰告子曰性無善無不善也」章，頁162）。拋開細論不究，朱熹「人性本善」論於邏輯理路上是自可圓通的。

〔註2〕 例如唐君毅云：「在孟子，說心即是本心，即是善的、公的。」見《中國哲學原論・導論篇》（臺北：臺灣學生書局，1986年），頁101。又言：「所謂即心言性，乃就心之直接感應，以指正心之性之善。……謂此乃仁義禮智之義，乃人求諸己心即可得而自盡……」見《中國哲學原論・原性篇》（香港：新亞書院，1968年），頁20。牟宗三言：「蓋孟子所言之性乃是本心即理、即動即存有之實體……本心即性……」見《心體與性體》（臺北：正中書局，1968年），第三冊，頁417～418。徐復觀雖注意到孟子所言「本心」之旨乃指心的本來狀態，見《中國人性論史・先秦篇》（臺北：臺灣商務印書館，1969年），頁198註8。但又言：「因孟子所說的性善，實際是說的『天之所與我者』的『心善』。……因心善是『天之所與我者』，所以心善即是性善；而孟子便專從心的作用來證性善。」見前揭書，頁171。徐氏將「心」視爲「善」，等同人之本性，意與唐、牟同。然則，以「心」（本心）視爲人之「性」，當非孟子哲學本義，而是紹續宋明理學思維而來。例如牟宗三在《心體與性體》第一冊頁41起便說：「『性體』義既特殊，則『心』亦必相應此『性體』義成立。『心』以孟子所言之『道德的本心』爲標準。……孟子所言之心實即『道德的心』……。」於《才性與玄理》（臺北：臺灣學生書局，1980年修訂五版）中亦言：「孟子言性善……孟子就人之惻隱之心、羞惡之心、辭讓之心、是非之心，言人確有其……道德的心性。即就此『道德的心性』而言人之性爲善。」（頁16～17）許多學人均直承這樣的說法。更進一步，這思維顯然是從朱熹之說來的。因爲朱熹在界定「不忍人之心」時說：「天地以生物爲心，而所生之物因各得夫天地生物之心以爲心，所以人皆有不忍人之心。」「人之所以爲心，不外乎是四者（按：指四端之心），故因論惻隱而悉數之。言人若無此則不得謂之人，所以明其必有也。」（〈公孫丑上〉「孟子曰人皆有不忍人之心」章，見《四書集注》「孟子集注」，頁46）說明了如四端之心是人與生即具必然存有之物（仝上）。就朱熹之見，這樣的「心」即爲其所謂的「良心」或「本心」：「良心者，本然之善心，即所謂仁義之心也」（〈告子上〉「孟子曰牛山之木嘗美矣」章，《四書集注》「孟子集注」，頁165），「本心，謂羞惡之心」（〈告子上〉「孟子曰魚與熊掌不可得兼」章，《四書集注》「孟子集注」，頁168）。對於這樣的心，朱熹視爲人之性。筆者認爲，雖然牟先生認爲朱熹「不識本

榮先生依據「基於經驗事實」、「合乎理性反省」、「指點理想途徑」三原則以證成先秦儒家思想，圓融地提出「人性向善論」、「擇善固執論」、「天人合德論」的新論點；〔註3〕諸此等等，均有一定的理趣。對於第二個方向，主要討論儒家與道家之間或儒家與法家之間的彼此「影響」或「衝突」，或是爲爭取傳統中國哲學之主幹地位而設論，〔註4〕抑或是以師徒關係〔註5〕、政治動盪因素而立論，〔註6〕不一而足。然而，若直探先秦儒家思想本身，而欲以一個概念統合孔子之前（如封建社會的周禮）、與荀子之後以迄於秦漢之際的儒家思想（例如《禮記》），恐怕只有「禮」字一義才能凸顯出來。針對這樣的看法，關乎本文研究論題是否得以成立，至關重要，因此必須進一步提出說明。

　　粗閱典籍，古老的《尚書》即呈顯出周代之「禮」的規範暨其精神；〈顧命〉一文，記載了成王歿後的祭祀，以及康王於祖廟中受命即天子位的儀度。就文獻史料而論，史家對此載籍予以極高的評價。〔註7〕就其背後所呈現出的意涵而論，此彰顯了周人策命之「禮」的莊嚴與爲人承荷責任的義務。〔註8〕

　　　　心」，乃「別子爲宗」，然而其論述思路當是吸收朱熹而來。因此，現代新儒
　　　　家所言「道德本心」，應是從朱熹上述說法加以引申而已！
〔註3〕參見傅佩榮，《儒家哲學新論》（臺北：業強出版社，1993年）。
〔註4〕中國哲學主幹說直爲學界所熱吵，關於認定道家爲中國哲學主幹的說法，集
　　　　中收於民國初年由顧頡剛等主編之《古史辨》（臺北：藍燈文化事業公司，
　　　　1993年）第四、六冊，討論老子是否早出孔子所引發的。近時則以陳鼓應
　　　　主編之《道家文化研究》（上海古籍、北京三聯，臺北文史哲出版社重刊）
　　　　積極倡言。
〔註5〕儒法爭議或因於韓非曾見學於荀子之故而起。陳榮捷即有如是評論：「因他（荀
　　　　子）主張秩序，所以助長了極權主義的發展，終於導致秦朝（西元前221～206
　　　　年）獨裁政體的建立。事實上，秦國的兩位大臣，韓非（死西元前233年）
　　　　與李斯，都是他的門生。」見《中國哲學文獻選編》（臺北：巨流圖書公司，
　　　　1993年），頁201～202。
〔註6〕近來儒法爭議起於時代變革，西洋法治想法進入，法家之「法」於焉受到重
　　　　視，見陳啓天，《中國法家概論》（臺北：臺灣中華書局，1970年），頁100～
　　　　110；李海生，《法相尊嚴——近現代的先秦法家研究》（瀋陽：遼寧教育出版
　　　　社，1997年），頁75～145。文革因批林批孔，將儒法對立更形激進，見李海
　　　　生，前揭書，頁183～214。
〔註7〕王國維在〈周書顧命考〉一文中說：「周書顧命一篇，紀成王歿康王即位之
　　　　事。……其冊命之禮，質而重，文而不失其情，史官紀之爲顧命一篇。古禮
　　　　經既佚，後世得考周室一代之大典者，惟此篇而已。顧年代久遠，其禮絕無
　　　　他經可證。」《觀堂集林》（北京：中華書局，1959年第一版），頁50。
〔註8〕《史記·周本紀》言：「成王將崩，懼太子釗之不任，乃命召公、畢公率諸侯
　　　　以相太子而立之。成王既崩，二公率諸侯，以太子釗見於先王廟，申告以文

五百年後的孔子，其所處的年代正是周室遂衰、王綱解紐、禮崩樂壞，甚至是率獸食人的亂世，周人之「禮」所呈顯出的莊嚴與承荷責任的使命，無疑啓迪了人們，認爲人世間曾有個美好的存在而可足以作爲效法的典範。以之思及孔子「述而不作，信而好古」（《論語‧述而》）〔註9〕的意蘊，及其亟望「郁郁乎文哉，吾從周」（〈八佾〉）而闡述「克己復禮爲仁」（〈顏淵〉）的意義，就對（周）「禮」的祈嚮與爲人承荷責任之義務而朗現的人文品質言，其間頗有一脈相承處。爾後孟、荀哲學的發展亦可自此分疏：二人皆以繼述孔子之業爲職志，〔註10〕故對於周文的嚮往自與孔子相類；〔註11〕但在各自理論的開展上，則與孔子的主張便呈現出或繼承或創發的頗大差異。簡言之，孟子對於「禮」的客觀面向瞭解不深，其最著名的主張是「仁政」，強調人之行爲舉止保證合度中節必須朝向人心中探求並予以貞定，故而有「人之所以異於禽獸者幾希」（《孟子‧離婁下》）之道德自覺的主張，認爲人當保有「四端之心」以養成善行，以挺立出自我的道德人格，成就出完美的人文品質，作爲恭敬、辭讓之心的「禮之端」即是其標的之一；孔子對於道德自覺與人格挺立的論述顯然未有如此深入。而主張「隆禮」〔註12〕的荀子，認爲「禮」的目的在「養人之欲，給人之求」（《荀子‧禮論》），功效在使人欲獲得最大

王、武王之所以爲王業之不易，務在節儉，毋多欲，以篤信臨之，作顧命。」

〔註9〕其意爲：闡述傳統而不造作，以信實的態度愛好古代文化。原因在於孔子曾說：「蓋有不知而作之者，我無是也。」（《論語‧述而》）又說：「我非生而知之者，好古，敏以求之者也。」（仝上）創作必有所本，是以排除「不知而作」的造作、妄作；「好古」，乃是建立在「敏以求之」的信實態度上。

〔註10〕孟子嘗言「乃所願則學孔子也」（《孟子‧公孫丑上》）之志。荀子在〈解蔽〉中稱謂孔子，顯見其愛慕之情與承繼志向之深，其言：「孔子仁知且不蔽，故學亂術足以爲先王者也。一家得周道，舉而用之，不蔽於成積也。故德與周公並，名與三王齊。」司馬遷在《史記‧儒林列傳》亦言：「孟子荀卿之列，咸尊夫子之業而潤色之，以學顯於當世。」諸此可證孟、荀二人皆以繼述孔子之業爲職志。

〔註11〕關於孟、荀對周文之祈嚮一題，孟子在〈滕文公上〉，即依井田提出「分田制祿」的辦法，認爲可實現仁政，是見其對周文有一定的嚮往。荀子則言：「故曰欲觀聖王之跡，則於其粲然者也，後王是也。彼後王者，天下之君也。舍後王而道上古，譬之是猶舍己之君而事人之君也。故曰欲觀千歲，則數今日；欲知億萬，則審一二；欲知上世，則審周道；欲知周道，則審其人所貴君子。」（《荀子‧非相》）荀子所貴之君子即是孔子，孔子心嚮往周文，從荀子的自許而言，亦當如此。

〔註12〕〈勸學〉、〈王制〉、〈王霸〉、〈富國〉、〈儒效〉、〈君道〉、〈議兵〉、〈彊國〉、〈天論〉、〈大略〉諸篇皆曾提及。

滿足而不致於產生爭亂。人欲本身便是荀子所謂人性的一個側面。〔註 13〕荀子直視人欲欲求極多的事實（《荀子・王霸》云：「目欲綦色，耳欲綦聲，口欲綦味，鼻欲綦臭，心欲綦佚，此五綦者，人情之所必不免也。」），由之對「禮」的認識而偏向實際功效層面的理論闡述。孔子雖注視到人生複雜面的事實對於一個人的影響，卻也未有如荀子般的理論說明。另外，作爲「七十子後學者所記」（〈藝文志〉），〔註 14〕而在漢宣之際由戴聖編纂定本成書的《禮記》，〔註 15〕就思想因素而言，由於其是後人雜集成書，且依事依言立論，自無一完整的系統理論。故審視《禮記》之焦點，不在於其是否系統地闡明了先秦儒家諸子的思想，而當集中於《禮記》諸文對於先秦儒家諸子所著重之「禮」的作用暨其實質精神所作出的闡釋。《禮記》中一些篇章或與孟、荀思

〔註 13〕荀子曾言：「性者，天之就也。」（〈正名〉）「不可學不可事而在人者，謂之性。」（〈性惡〉）人之欲望自然是先天即具、不可學不可事者。然而，荀子對於「性」有如下的定義：「生之所以然者謂之性。性之和所生，精合感應，不事而自然，謂之性。」（〈正名〉）人欲乃「生之所以然者」自無疑義，但第二層面的「性」乃指諸多欲望的發動，彼此間會達致一定的協調，而呈顯出某種事實與效果。所以說，就荀子而言，人欲僅是其認定人性的一個側面。

〔註 14〕據沈約考證，〈中庸〉、〈坊記〉、〈表記〉、〈緇衣〉四篇取自《子思子》一書（《隋書・音樂志》）。又，《漢書・藝文志》稱《子思子》原爲二十三篇，已佚。《子思子》一書相傳乃孔子孫子思的學說記錄；陸德明認爲〈緇衣〉是孔子再傳弟子公孫尼子所作（見《經典釋文》）。《史記・孔子世家》言「子思作中庸」，朱熹〈中庸集解序〉承之。孔穎達《禮記正義》云：「中庸是子思伋所作，緇衣、公孫尼子所撰，鄭康成云月令呂不韋所修，盧植云王制謂漢文時博士所錄。其餘眾篇，皆如此例，但未能盡知所記之人也。」另據張守節的《史記正義》，認爲〈樂記〉是公孫尼子所作；〈藝文志〉著錄《公孫尼子》二十八篇，屬儒家。程頤、朱熹認爲〈大學〉是曾子所作（《四書集註・大學章句序》）；對於〈三年問〉、〈鄉飲酒義〉兩篇，蔣伯潛在《十三經概論》（臺北：中新書局，1977 年）認爲文同《荀子》，或可能采自《荀子》（頁 337）；〈禮運〉、〈禮器〉、〈郊特牲〉三篇，今人高明認爲是孔子弟子子游一派儒者所作，見《高明經學論叢》（臺北：黎明文化出版公司，1978 年初版），頁 268～269。諸此等等。或有所據，或爲臆度，然〈藝文志〉籠統認爲《禮記》的作者是「七十子後學者所記」當爲無誤。今人高明對之有段允當的說法：「對於《禮記》的由來，……就是：孔子的弟子和他們以後的學者，把孔子以及他們自己論禮的話記載下來，後來經人纂輯者。」見《禮學新探》（香港：香港中文大學，1963 年），頁 31。

〔註 15〕《禮記》由漢初戴聖編纂定本，但其間亦有許多值得探討處；關於其間的爭議，參見楊天宇撰，《禮記譯注》（上海：上海古籍出版社，1997 年第一版），「關於《禮記》的來源與編纂」，頁 1～15；許抗生，《今古文經學新論》（北京：中國社會科學出版社，1997 年第一版），「今文《禮記》」及「《禮古經》和《禮記》」的探討，頁 300～314。

想相近，〔註16〕其間當有相延承續的關係，但於理論的創發上不乏新意，例如〈禮運〉中所言「禮義以為紀」的社會僅為小康，而非理想的「大同」之治，標示出治國的期望與人類社會的理想；〈經解〉云：「禮之教化也微，其止邪也於未形，使人日徙善遠罪而不自知也。」這樣的斷言，充分指出「禮」之化民成俗的功效，無怪乎有「安上治民，莫善於禮」的結論；諸此等等。由是觀之，「禮」是先秦儒家諸子思想核心的共同主張，自無疑義。因此，本文研究之論題應得以成立。

必須指出地是，「禮」本身究竟為何並無一定共論。再者，三代之禮各有不同，其本真面貌亦難知悉，孔子即有「文獻不足」（《論語・八佾》）之嘆。正因為直接相關證據付之闕如，更使直接探究「禮」為何之路徑充滿無法跨越的鴻溝。反之，若是由先秦儒家諸子對「禮」的見解作為研究的切入點，根基便顯得十分穩固，因為先秦儒家諸子各有相應的典籍紀錄呈顯出其對「禮」的直接看法。如是，論述方能有本有源。職是之故，本文論題定名為：「論先秦儒家思想中禮的人文精神」。還必須指出是，本文論題研究不在於「禮」所呈顯出的名物數度，而在於「禮」所彰顯的「人文精神」；也就是說，先秦儒家諸子對「禮」闡釋出何樣的人文精神，才是本文論題研究的重點。自然，對於本文論題本身，仍需作更進一步的闡釋。

二、研究主旨

本文論題定名為「論先秦儒家思想中禮的人文精神」，對此論題，有三要點必須提出說明：（一）關於「先秦儒家」的界域，（二）關於欲探討之「禮」的範域，以及（三）何謂「禮的人文精神」。以下分別陳述。

（一）「先秦儒家」的界定

「先秦儒家」，顧名思義是就時間段落而言的，但恰巧也是學思理路上的一大段落，因為以「天人感應」著稱的漢代大儒董仲舒代表了儒學新發展的成熟階段，也標示先秦儒學的終結。〔註17〕按儒家之名，起於《史記・太史

〔註16〕如〈大學〉一篇與孟子「君子之守，修其身而天下平」（〈盡心下〉）近合，〈中庸〉一篇與孟子〈離婁上〉所言「居下位而不獲於上，民不得而治也」一段相符；《禮記》的〈三年問〉、〈儒行〉等，某些段落同於《荀子》的〈禮論〉、〈哀公〉，〈學記〉一篇與《荀子》的〈勸學〉有相輔相成處；諸此等等。

〔註17〕關於董仲舒的哲學，集中體現於《春秋繁露》乙書。韓養民以為：「董仲舒的

公自序》及《漢書‧藝文志》，但實質上，儒家之實則自孔子創始。孔子之前，當無私家著述，〔註18〕不過已孕育了極爲豐富的思想材料，例如爾後宣稱的「六經」，集大成者的孔子對之「述而不作，信而好古」，卻闡釋了「一以貫之」（《論語‧里仁》）的理論系統，奠定日後儒家思想發展的基礎，因此說「儒家之實則自孔子創始」。〔註19〕

　　據前賢考證，「儒」與「儒家」當分別視之。〔註20〕「儒」當是上古時期社會中的一種職業，或如《墨子》書中所言「富人有喪，乃大說喜曰，此衣食之端也」（〈非儒〉）之人，或如許愼所云之「術士」，〔註21〕或如錢穆言「當時人物流品之一目，人生行業之一端」，〔註22〕或如胡適之、馮友蘭等人所云之「相禮」、「教書」之類。〔註23〕《論語》中曾載：「子謂子夏曰：女爲君子儒，無爲小人儒。」（〈雍也〉）孔子所謂「小人儒」，當指以助喪、相禮、教書爲職謀生之人，而無繼往開來、平治天下的大志。「君子儒」則不同。孔子言：「君子義以爲質，禮以行之，孫以出之，信以成之，君子哉！」（〈衛靈公〉）表現在人格自我的堅持上。依《禮記》所示，儒家除欲自我挺立人格（獨善其身）外，同時胸懷教化世道以顯小康大同之世（兼善天下）之志。對此，荀子所區分的「大儒」與「俗儒」，〔註24〕正可作爲「君子儒」與「小人儒」

　　　　思想體系實是以儒學爲綱，廣攻百家之說，成爲戰國到漢初百家爭鳴、文化融合的一次大總結。」當可參究。見《秦漢文化史》（板橋：駱駝出版社，1987年），頁71。

〔註18〕參見羅根澤，〈戰國前無私家著作說〉，收於《古史辯》第四冊。

〔註19〕馮友蘭言：「孔子不是儒之創始者，但乃是儒家之創始者。」〈原儒墨〉，見《中國哲學史》（臺北：臺灣商務印書館，1993年增訂臺一版）附錄，頁1072。

〔註20〕例如馮友蘭斷言：「儒爲儒家所自出，儒家之人或亦仍操儒之職業，但二者並不是一回事。」見〈原儒墨〉，收於《中國哲學史》附錄，頁1047。

〔註21〕許愼，《說文解字》，說八上，頁1左。收於《四部叢刊正編》第四冊（臺北：臺灣商務印書館，1979年，上海函芬樓借日本岩崎氏靜嘉堂藏北宋刊本）。

〔註22〕錢穆，《先秦諸子繫年》（臺北：東大圖書公司，1986年），「墨翟非姓墨墨爲刑徒之稱攷」，頁93。

〔註23〕胡適，《說儒》（臺北：遠流出版公司，1986年），頁29～44。馮友蘭，〈原儒墨〉，見《中國哲學史》附錄，頁1047。

〔註24〕荀子在〈儒效〉中言及「儒者」的風骨：「雖窮困凍餒，必不以邪道爲貪。無置錐之地，而明於持社稷之大義。」「天不能死，地不能埋，桀蹠之世不能汙。」「法先王，統禮義，一制度，以淺持博，以古持今，以一持萬。……張法而度之，則晻然若合符節。」是爲「大儒」。「俗儒」者，荀子說：「呼先王以欺愚者而求衣食焉，得委積足以揜其口，則揚揚如也。隨其長子，事其便辟，舉其上客，患然若終生之虜而不敢有他志，是俗儒者也。」

的最佳注腳。而此，欲展現所謂儒家精神，乃是以「君子儒」之「大儒」爲職志的。

　　本文欲討論的「先秦儒家」，除孔、孟、荀三子哲思外，還包含了《禮記》一書，因爲本文論題的重心置於「禮的人文精神」上，上述四部分對之均作出一定的見解與闡釋（前面已簡單陳述），而且提出了欲成就「君子儒」或「大儒」的方向與路徑。至於《周禮》與《儀禮》不納入討論的範域，原因在於《周禮》牽涉對有周一代制度的討論，〔註25〕《儀禮》則著重周代士君子生活言談舉止當有的表顯，〔註26〕此均屬於數度之類，複雜度高，必須排除在討論範圍之外，除非必要引用方徵引之，以避免實證考據上的困擾而偏離主題。另外，關於《易傳》亦未列在討論之內，因爲《易傳》主旨在於藉由天地自然現象啓迪人當以之爲法效對象，人生的踐履在乾坤交感、陰陽合德的理論架構下，獲得另一新的解釋，「易」與「禮」或有關係，但與「禮的人文精神」頗有差距，故捨而不論。〔註27〕事實上，《禮記》書中一些部分內容是解釋《儀禮》內容的，〔註28〕另亦有與《易傳》思維重出者，〔註29〕此部分本文暫不予研析。因此，總的來

〔註25〕朱熹說：「周禮一書好看，廣大精密，周家法度在裏。」（《朱子語類》卷八十六）今人夏傳才認爲《周禮》「是關於國家政治體制和經濟體制的設計藍圖」，見其著《十三經概論》（臺北：萬卷樓圖書公司，1996年初版），頁279。

〔註26〕朱熹說：「今儀禮多是士禮，天子、諸侯喪祭之禮皆不存其中。」（《朱子語類》卷八十五）今人鄒昌林說：「以儀禮爲基礎的古禮系統，它所代表的結構是以個人（特別是貴族）的一生爲核心，而以其一生的各種關係爲半徑的生活圈子。儀禮的作用，就是指導社會上所有的人，一生應當怎樣生活。」見《中國禮文化》（北京：社會科學文獻出版社，2000年），頁162～163。

〔註27〕有論者將〈禮運〉孔子所言「我欲觀殷道，是故之宋而不足徵也，吾得乾坤焉」，將「乾坤」斷言就是《易》，而言「故《易》就是禮」。其論言：「《易》爲禮之故，概在於『易』與『禮』，其本源都在於取象於天地，以類萬物，以徵人事。故『易』與『禮』實是同源同歸，因而也就是一個東西。」復引《周易·乾鑿度》爲證。見鄒昌林，《中國禮文化》，頁23。如是論斷，實缺乏根據。依據我們的理解，「禮」爲後起，其本源難考，不可能與「易」同源同歸。《周易·繫辭傳上》指出「生生之謂易」，「易」的意義是「生生」，自指宇宙萬物生生無息，變動不居。此與《禮記》之「禮」所闡釋的爲人之道，二者論述面向當無法類比。

〔註28〕例如〈冠義〉、〈昏義〉、〈鄉飲酒義〉、〈射義〉、〈燕義〉、〈聘義〉、〈喪服四制〉等，在《儀禮》中皆可找到相應的篇章。

〔註29〕這成分不多，然仍必須指出，如《禮記·樂記》有部分幾與《易傳·繫辭傳》重出。例如〈樂論〉云：「天尊地卑，君臣定矣。卑高已陳，貴賤位矣。動靜有常，小大殊矣。方以類聚，物以群分，則性命不同矣。在天成象，在地成形；如此，則禮者天地之別也。……」與《易傳·繫辭傳》陳述近似。是以

說，本文之「先秦儒家」僅限於孔、孟、荀三子（代表其思想著作爲《論語》、《孟子》、《荀子》）以及《禮記》中所闡釋「禮的人文精神」之部分。關於先秦儒家其他精彩片斷，則非本文所能容納討論。

（二）「禮」範域的探討

「禮」字的概念並不單純，下者包含一般的社會規範與法律制度，上者包含道德法則與宗教意識，甚至連天道循環返復，以及人與外在世界的互動等亦包含在其範域之中。今談論的既是哲學，便必須拋除如名物數度之確切的考證等諸領域，而將焦點集中體現在「禮」的要求下人們凸顯出何樣的思維，爲先秦儒家奉爲人生之準則、處世之圭臬，如是的精神，爾後更成爲中國人生活之指南，〔註30〕是以「禮」之精神爲何，則有必要予以探索。

「禮」本身的儀度必然因時而變，《禮記》早已明之：「禮從宜。」（〈曲禮上〉）朱熹言：「宜，謂事之所宜，若男女授受不親，而祭與喪則相授受之類。」〔註31〕〈曲禮上〉規定：「男女不雜坐，不同椸枷，不同巾櫛，不親授。叔嫂不通問，諸母不漱裳。」（〈曲禮上〉）這類說法，在某些層面上（例如「男女有別」）仍顯出意義，但在強調「男女平權」的今日，則顯得有些突兀，原因自是在於生活形態上已然改變，人們對價值觀的認知亦有所不同。譬如「男女授受不親」（《孟子・離婁下》），今顯然已不如是認知。孔子曾言「禮」具所謂「因革損益」（見《論語・爲政》），至孟子對於周代「班爵祿」之制詳情已無法知悉（見《孟子・萬章下》），商鞅亦言「三代不同禮」（《商君書・更法》），《戰國策》亦有「勢與俗化，而禮與變具」（〈趙策二〉）之見，諸此均證明「禮」因時而內蘊所指並非同一。參酌文獻，夏、殷之禮已不足徵（見《論語・八佾》），無由查考，惟「周禮」尚存可徵之文獻，先秦儒家諸子又均以恢復周道自居，因此本文所言之「禮」，若無特別指稱，均指「周禮」（周文之禮）而言。事實上，先秦儒家諸子對周禮便抱著極爲崇高的敬意。

那麼，所欲研究之「禮」的範域爲何？筆者的判據如下：

　　王夢鷗云：「大抵是漢世儒者雜剟先秦舊籍，將有關樂論的記述彙編爲一。」見《禮記今註今譯》（臺北：臺灣商務印書館，1984 年修訂版），頁 607。

〔註30〕十八世紀法國哲學家孟德斯鳩即言：「中國人的生活完全以禮爲指南。」張雁深譯，《論法的精神》（臺北：臺灣商務印書館，1998 年），頁 314。

〔註31〕孫希旦，《禮記集解》（北京：中華書局，1989 年）卷一引，頁 6。

　　1、「禮」之表現，基本上是透過許多具體器物而彰顯出來的，例如作爲盛熟食之器且作爲祭器的如鼎，作爲禮器而專盛醃菜肉醬等和味的器具如豆，作爲烹飪器具如鬲、甗，用以盛煮熟的黍、稷、稻、粱的禮器如簋，祭祀及宴饗時盛黍、稷、稻、粱之禮器如簠、敦、盂等，於宗廟祭祀時所用的如方彝之酒器，各式盛酒的器具如盉、尊、壺、觥、罍等，各樣的酒杯如爵、角、觚、杯、斝、觶、觴等，作爲樂器的鐘、鐃、鐸、鈴、鼓等，盥洗器具如匜、盤等，……諸此所凸顯的意涵是否高貴、在某種儀度應當運用何樣的器具，以及其間鑄造的變化等等之相關問題，此類確切變動之實情，乃屬歷史學、考古人類學或民族學的工作。近年來地下考古的挖掘與研究，這類工作因之而有長足進步。〔註32〕但是，這些以實徵之物作爲佐證的學問，並非哲學探究的對象，是以不在本文探討的範域之中。其次，「禮」之彰顯，就外在形式而言，乃是藉由諸多禮器的陳列，通過儀文數度的表現而呈現出「禮」的莊嚴風貌，這類研究自屬傳統「禮學」的範域，唯因儀文數度因時代更迭必有變動，此變動之實情亦非哲學探究的對象，所以其亦不在本文探討範域之內。按《禮記・郊特牲》所言：「禮之所尊，尊其義也。失其義，陳其數，祝史之事也。故其數可陳也，其義難知也。」本文探討的重心即在於所謂「禮」之「義」上。再說流傳下來的儀度，隨著時代的更迭，其「數」更不易陳述，〔註33〕遑論以之爲題而立論了。

〔註32〕 對此出土文物及研究文獻甚多。這裏主要參考的有：馬承源主編，《中國青銅器》（上海：上海古籍出版社，1988 年第一版），「第二章青銅器類別」；張之恒、周裕興著，《夏商周考古》（南京：南京大學出版社，1995 年第一版），「第四章西周」。

〔註33〕 孔子時即已感嘆：「夏禮吾能言之，杞不足徵也；殷禮吾能言之，宋不足徵也；文獻不足故也。足，則吾能徵之矣。」（《論語・八佾》）夏、殷所流傳下來的儀文數度之文獻，客觀上的呈顯確實是不充足的，但孔子所言之重點，乃是在於夏、殷後代之杞、宋所表現之儀文數度已無法驗證孔子所言之夏禮或殷禮的精神。在《禮記》中記載了許多禮數之名，但其具體內容已無從知曉，不過遺留下來的某些精義卻仍能知悉。《禮記・王制》：「凡養老，有虞氏以燕禮，夏后氏以饗禮，殷人以食禮，周人脩而兼之。」養老精神依然傳布，但各代養老之禮的具體內容爲何，則已不可知之（見楊天宇，《禮記譯注》，頁 222）。又例如〈內則〉一文中所言之「髦」，其具體形狀和在頭上的戴法，鄭玄即言「其制未聞」（見《禮記正義》卷第二十七，頁 2 右），亦是禮數不得陳述之例。朱熹則就儀文數度與「禮」之意義相輔相承的觀點，提出他對〈郊特牲〉這段「禮」與「數」的看法：「此蓋秦火之前，典籍具備之時之語，固爲至論。然非得其數，則其義亦不可得而知矣。況今

　　2、對於作爲人與人之間具體應對之「禮」（或可稱之爲「禮節」），亦不在本文探討的範域之內，譬如表示敬意的「聘名士，禮賢者」（《禮記・月令》）、表示某種流品的「無辭不相接也，無禮不相見也」（《禮記・表記》）等等，因若能依循「禮」之精神而行必然能展現出良善的儀度，《禮記・曲禮上》即已明言：「禮，不妄說人，不辭費。禮，不踰節，不侵侮，不好狎。脩身，踐言，謂之善行。行脩，言道，禮之質也。」反之，不依「禮」之精神而行，僅表現出恰當儀度，那便如《左傳》中記載女叔齊譏魯昭公「禮儀不分」（昭公五年）之類狀況一樣，僅存外在的形式而無實質的精神內蘊。本文所探討的議題，不在於「禮」的具體儀度或外在形式，而在探討「禮」彰顯出何樣的精神，所以不涉及具體儀度之辯諍。另外，對於時人強調「禮俗」的看法，因其牽涉到宗教學、考古人類學與民族學等學科對於古代實情的「猜測」，〔註34〕其對我們的探討不見得有所助益，故亦不在在本文探討的範域之內。還有，關於周代制度的問題，如封建制度、宗法制度、昭穆制度、土地制度、國野

亡逸之餘，數之存者不能什一，則尤不可以爲祝史之事而忽之也。」（見孫希旦，《禮記集解》卷二十六引，頁707）這樣的看法，認爲禮之精神是建立在禮數之上，禮數之不足則其義亦不得知（筆者認爲此並非一定）。朱熹此言顯已認爲，其當時的許多禮數已無從得知了。可見禮之數隨時代的更迭十分不易陳述。歷來關於儀文數度之研究，可參究者甚多，例如：宋人聶崇義《新定三禮圖》、楊復《儀禮圖》，朱熹《儀禮經傳通解》，清人凌廷堪《禮經釋例》、張爾歧《儀禮鄭注句讀》、胡培翬《儀禮正義》、邵懿辰《禮經通論》、黃以周《禮書通故》、秦蕙田《五禮通考》等等，其中爭議，非本文所能處理。

〔註34〕關於對周代「禮俗」的探討，可參見常金倉，《周代禮俗研究》（臺北：文津出版社，1993年初版）；王貴民，《中國禮俗史》（臺北：文津出版社，1993年初版），頁33～120。然按「禮俗」一語，在先秦文獻中僅見於《周禮》之〈天官・太宰〉、〈地官・司徒〉、〈秋官・小行人〉。鄭玄在〈天官〉的「禮俗」處注解爲「先王舊禮」，於是論者皆將「禮俗」作爲如祭禮、喪禮等而融爲民間社會生活的一部分，成爲民間風俗習慣之謂。但《禮記・曲禮上》言「君子行禮，不求變俗」，「禮不下庶人」，旨與之全然不合，顯見「禮俗」一語恐有疑義。孫詒讓在《周禮正義》（臺北：臺灣商務印書館，1970年）中解釋「禮俗」便是分開釋義的，其言「禮謂吉凶之禮」，「俗謂土地所習」（卷二，頁50）。此外，《禮記・大傳》有「百志成故禮俗刑，禮俗刑然後樂」之語，孔穎達釋義云：「刑亦成也。天下既足，百志又成，則禮節風俗於是而成，所以太平告功成也。……樂謂不厭也。禮俗既成，所以長爲民庶所樂而不厭也。」（見《禮記正義》卷第三十四，頁14右）亦是將「禮俗」分別釋義。著有《禮記集解》的孫希旦云：「禮者其所同，俗者其所不盡同者也。」（「曲禮下篇」二之一，頁112）也是將「禮」與「俗」分別釋義的。

之別、朝覲關係……，此乃屬上古歷史實情的研討，歷來的研究成果甚多，〔註35〕可供參究，是以對之探討亦不在本文的範域之中。

3、由哲學面向的考察，自當尋覓現象背後的原因，是以「禮」之精神奧義的傳承方是我們探究的重點。孔子曾言：「殷因於夏禮，所損益可知也；周因於殷禮，所損益可知也；其或繼周者，雖百世可知也。」（《論語・為政》）「禮」之「損益」乃就文章制度而言，故若有詳細資料比對，即不難知悉夏、商、周三代「禮制」的具體變換為何。〔註36〕可是，未來的百世未現，如何比對？由是可知，殷、周所「因」於夏、殷之「禮」，抑或是「繼」周者，不可能僅是就文章制度的禮制之損益而論的。那麼所「因」、所「繼」的唯一可能，只有指向「禮」的實質精神。理由在於周代已然承載著夏、殷二代之「禮」的精神，那麼未來百世若有「繼周」之「禮」的精神者，據此推斷自然可言「百世可知」。從另一角度觀之，如果「禮」只是儀文數度的具體損益，孔子又何需「入太廟，每事問」（《論語・八佾》）？孔子所問，自是在明晰「禮」

〔註35〕 關於周代制度的研究成果甚多，諸如：清人程瑤田《宗法小記》、毛奇齡《大宗小宗通繹》、秦蕙田《五禮通考》、王國維《殷周制度史》等。現代研究者例如：瞿同祖，《中國封建社會——周代社會組織》（臺北：里仁書局，1984 年初版）；葛志毅，《周代分封制度研究》（哈爾濱：黑龍江人民出版社，1992 年）；錢杭，《周代宗法制度史研究》（上海：學林出版社，1991 年）；李衡眉，《昭穆制度研究》（濟南：齊魯書社，1996 年第一版）；趙世超，《周代國野關係研究》（臺北：文津出版社，1993 年初版）；杜正勝，《周代城邦》（臺北：聯經出版公司，1985年初版）；李朝遠，《西周土地關係》（上海：上海人民出版社，1997 年）；以及許倬雲《西周史》（臺北：聯經出版公司，1990 年修訂版）與楊寬《西周史》（臺北：臺灣商務印書館，1999 年）中的探討等等。

〔註36〕 「禮」之「損益」乃就文章制度言，此見朱熹，《四書集注・論語為政》，頁12。在《禮記》中載有許多三代或更早之前不同禮制的變換，並且有所「損益」。例如：「有虞氏瓦棺，夏后氏墍棺，殷人棺槨，周人牆、置翣。周人以殷人之棺槨葬長殤，以夏后氏之墍棺葬中殤、下殤，以有虞氏之瓦棺葬無服之殤。」（〈檀弓上〉）此言有虞至周代葬器的不同，以及周人對之的損益。又如：「夏后氏殯於東階之上，則猶在阼也；殷人殯於兩楹之間，則與賓主夾之也；周人殯於西階之上，則猶賓之也。」（仝上）此言三代棺柩停殯制度的不同及其所彰顯出的意義。又如：「周坐尸，詔侑武方，其禮亦然，其道一也。夏立尸而卒祭。殷坐尸。周旅酬六尸。曾子曰：周禮其猶醵與。」（〈禮器〉）乃言三代尸祭之禮的沿革及其損益。諸此等記載甚多，例如《淮南子・氾論》云：「夏后氏殯於阼階之上，殷人殯於兩楹之間，周人殯於西階之上，此禮之不同者也。有虞氏用瓦棺，夏后氏用墍周，殷人周槨，周人置牆翣，此葬之不同者也。夏后氏祭於闇，殷人祭於陽，周人祭於日出以朝，此祭之不同者也。……」然則實質儀度並不確然。

藉由外在的儀文數度呈顯出何樣的精神。《禮記・禮器》言：「三代之禮，一也，民共由之。或素或青，夏造殷因。」所謂「一」，所指的就是「禮」的眞正精神，無論是崇尙白色或青色的具體儀度，其基本精神則是由夏代創作，而由殷人因襲下來的。就〈禮器〉一文觀之，其「一」當指後文所言：「禮也者，反本脩古，不忘其初者也。……是故先王之制禮也，必有主也，故可述而多學也。」原因在於「民共由之」者，乃是「反本脩古，不忘其初」之道，藉由制禮必有依循的方向，所以說「可述而多學」。是以〈禮器〉所言之「一也」，當指「反本脩古，不忘其初」之「制禮」的精神。〔註37〕《禮記・祭義》亦言：「君子反古復始，不忘其所由生也。」如是「不忘本」的精神，正是「禮」之實質精神的內蘊之一。

如上所述，本文所欲探討之「禮」的範域，乃在明晰孔子所欲彰顯出「禮」的精神何在，這樣的精神又如何爲後世儒家所承續與發揮。因此，除非論述必要，本文不涉及具體實物與儀文數度的爭議，但若爲因應論述背景之需要，內文中必會作一些梗要的陳述。

「禮」是先秦儒家思想核心的主張，從下面的兩段話我們便能獲致瞭解：

子曰：知及之，仁能守之，雖得之，必失之；知及之，仁能守之，不莊以莅之，則民不敬；知及之，仁能守之，莊以莅之，動之不以禮，未善也。（《論語・衛靈公》）

道德仁義，非禮不成；教訓正俗，非禮不備；分爭辨訟，非禮不決；君臣上下、父子兄弟，非禮不定；宦學事師，非禮不親；班朝治軍、莅官行法，非禮威嚴不行；禱祠祭祀、供給鬼神，非禮不誠不莊。是以君子恭敬、撙節、退讓以明禮。鸚鵡能言，不離飛鳥；猩猩能言，不離禽獸。今人而無禮，雖能言，不亦禽獸之心乎？夫唯禽獸無禮，故父子聚麀。是故聖人作，爲禮以教人，使人以有禮，知自別於禽獸。（《禮記・曲禮上》）

《論語》的引文，指出孔子認爲各種德行符合「禮」之要求方能達到盡善盡美。《禮記》的引文則指出人間一切舉止行爲、道德彰顯，以及宗教祭祀，不依循「禮」而行是無法達致完滿的，因此，人是否有「禮」則成了人禽之別的根本判準。由是可明先秦儒家何以如是重視「禮」，因此說，「禮」之奉行

〔註37〕鄭玄注「一也」云：「俱趨誠也。」見孔穎達，《禮記注疏》（臺北：藍燈文化事業公司，十三經注疏，重刊宋本禮記注疏附校勘記），卷第二十三，頁23右。

是先秦儒家思想的核心主張。

（三）禮的人文精神釋義

承上所述，我們接著必須界定「禮的人文精神」之內涵。探討如是問題者，以徐復觀先生的說法最為具體。徐復觀所謂「人文精神」，乃是界定於「經過了神權精神的解放而來的」；其謂「神權」，乃指殷商之人的行為「似乎是通過卜辭而完全決定於外在的神——祖宗神、自然神，及上帝」，「周人的貢獻，便是在傳統的宗教生活中，注入了自覺的精神；把文化在器物方面的成就，提昇而為觀念方面的展開，以啟發中國道德地人文精神的建立」。〔註38〕鑑於現今出土文物及相關專家的探究，這樣的結論雖屬中肯，〔註39〕但仍有可議之處。因為從既有的典籍以及地下考古的發現觀之，周人仍然祭祀並崇拜祖先神、自然神及上帝，同時他們亦相信「天」之意志的主宰性是公平正義的。〔註40〕如是觀之，人之自覺開展不必然與所謂「外在的神」完全脫離，人文精神的建立不必然是因「經過了神權精神的解放而來的」。換言之，人文精神除了人之自覺的開展外，對於天地神祇反而更流露出敬重之情，此除了信仰態度之因素外，更有形上的理性解釋。這樣意識一直傳布於整個大傳統之中，是探究傳統中國哲學諸領域不容輕視與忽略的特色。我們必須強調：如果人文精神只是世俗道德，在理論上恐怕無法達致完備。〔註41〕誠如傅佩榮先生指出：

> 如果我們承認先秦典籍，如詩經、書經、左傳，與古典儒家道家的

〔註38〕徐復觀，《中國人性論史・先秦篇》，頁15。

〔註39〕可參考：陳夢家，《殷墟卜辭綜述》（北京：中華書局，1988年第一版）；胡厚宣，〈殷卜辭中的上帝和王帝〉（北京：《歷史研究》第九～十期，1959年）等。

〔註40〕此可見馬承源主編之《中國青銅器》，其言：「武王時天亡簋銘記王在辟雍，祭天以文王為配。」又說：「周人祭祀，是以上帝為中心包括百神（自然神）和祖先神在內的天命觀之表現。」並引大盂鼎之銘文為證。見頁374、375。實周代銅器銘文上呈顯出這樣的意蘊甚多，在《尚書・周書》中的記錄亦可佐證。

〔註41〕錢穆先生說：「中國文化，以人文精神為主要之中心，而宗教則獨不見發展。」又說：「中國人特別重視道德觀念，故使傳統人文精神能代替宗教功用。」見《民族與文化》（臺北：東大圖書公司，1979年增訂版），頁39、40。錢先生所謂「宗教」，乃是相應於基督宗教而論。實則，「宗教」本身就是「人文」內容之一。傳統中國固然未產生如基督宗教般地強烈意識，但宗教式地功能卻無處不在，其本身也具道德教化的意蘊，見喪禮、祭禮的繁複，當可思之過半。

　　主要作品，是代表或塑造中國心靈的原型，那麼我們將不難發現：
　　中國哲學的特質並非僅是人文主義，而是開放的人文主義——向著
　　超越界開放。此超越界或名爲帝、或名爲天、或名爲道。不同名稱
　　正顯示此種人文主義之開放性及創造性，但無論如何這個超越界絕
　　不是「假設」，相反地，它伴同著一個人的終極關懷——或爲宗教熱
　　忱、或爲道德抉擇、或爲藝術才情——而「呈現」。〔註42〕

中國哲學的特質並非僅是以「人」爲主體的「人文主義」，考究先秦儒家思想
對人類的關懷，即可獲得一個明確答案。先秦儒者固然重視人自我德行的提
升，但更強調群體整全的秩序，包含了對天、上帝、鬼神、祖先的崇敬，所
以說「向著超越界開放」，稱其爲「開放的人文主義」。由此顯見徐復觀對所
謂「人文精神」的界定，實有缺欠之處。對於傅先生所稱「開放的人文主義」，
沈清松先生亦有一番陳述：

　　儒家的倫理道德立基於中國文化中的人文主義。中國文化一向以人爲
　　中心，但並不自限於人，卻要立基於宇宙，並在宇宙中發揮人有自覺
　　的努力，爲此我們可以稱之爲一種開放、整全的人文主義。〔註43〕

對此，筆者則以「人文精神」稱之。如是精神，舉世文明皆曾存有，但依「禮」
而彰顯出的人文精神，則是先秦儒家思想獨具的特色。

　　本文對於「人文精神」的立論，基本上是承續傳統的說法，而非移植歐
洲自文藝復興以來之「人文主義」(Humanism)的意蘊。按文藝復興時期的「人
文主義」，乃是以脫離教會控制，反對教會權威，反對極端禁欲，講求情欲
開展，復興古代希臘羅馬的文明精神，以「人」自我思索與創造爲主體，提
倡健全之自由思想與自由創作、贊美或榮耀上帝爲主旨的一種學風，尤其表
現在文學、藝術以及科學的創作發明上。〔註44〕爾後發展的「人文主義」，

〔註42〕　傅佩榮，《儒道天論發微》（臺北：臺灣學生書局，1985年初版），頁299。
〔註43〕　沈清松，《傳統的再生》（臺北：業強出版社，1992年），頁29。
〔註44〕　對於「人文主義」的說明或解釋甚多，但對其內蘊則莫衷一是，但大體上當如
　　　　　正文所述。參見雅各布·布克哈特（Jacob Burckhardt），《意大利文藝復興時期
　　　　　的文化》（北京：商務印書館，1979年）；阿倫·布洛克（Alan Bullock）著、
　　　　　董樂山譯，《西方人文主義傳統》（北京：三聯書店，1997年）。唯「贊美或榮
　　　　　耀上帝」似未被提出考究，然而，如藝術上成就卓著的達芬奇與米開朗基羅其
　　　　　畫作中充滿了對上帝的思慕與崇敬；科學家伽例略的地圓說探索，亦是爲榮耀
　　　　　上帝而努力。因爲他們相信，上帝本身代表眞理，善與美的結合。職是之故，
　　　　　探索文藝復興以來的「人文主義」，應該不可拋卻這一要點。此或許是對「人

則逐漸排除宗教上的神聖性而完全以「人」作為主體的思索，古希臘普羅塔哥拉(Protagoras)的名言「人是萬物的尺度」，〔註45〕至二十世紀達到極端。〔註46〕本文所稱之「人文精神」與「人文主義」的內蘊不同。在寬泛界定「舉凡一切可以使人成為更完美的說法，都是人文主義」〔註47〕一說上，本文所稱之「人文精神」與「人文主義」容或有思維上相通之處，但二者的精神完全無法相類。按先秦儒家思想之「人文」一語，出自《易經》「賁卦」：「觀乎人文，以化成天下。」所謂「人文」，乃指人藉由「文」脫離純粹動物式的感官直覺與野蠻無序之狀態，也就是說人類藉由文明之禮教化自身使之成「人」，此人乃是具有氣質、內蘊與道德意識的文明人，展現出所謂人文品質之美，並以之轉化、感化天下子民，以成就人人具有高尚道德品質的禮儀之邦。孔穎達疏云：「言聖人觀察人文，則詩書禮樂之謂，當法此教而化成天下也。」〔註48〕「文」者，依朱熹解釋：「道之顯者謂之文，蓋禮樂制度之謂。」〔註49〕意謂著人由野蠻無知而轉化為知書達禮。聖人觀此而著禮樂詩書，我們當以此教而「化成天下」，此即「人文精神」。「精神」者，乃指

文主義」所下的定義不同有關，譬如阿倫·布洛克即言：「在這二百五十年間（指1350年至1600年），歐洲發生的許多事情，不能把它們都稱為人文主義。」提出宗教改革、反宗教改革與宗教戰爭，以及經院哲學對亞里斯多德的研究，促使哥白尼與伽利略對科學思想作出革命性的貢獻等，均不屬於「人文主義」的範疇。見《西方人文主義傳統》，頁 7。新康德學派的文德爾班（Wilhelm Windelband）在其著哲學史中以「人類在宇宙中的地位」作為「人文主義」的出發點，排除了宗教因素。見文德爾班著、羅達仁譯，《西洋哲學史》（臺北：臺灣商務印書館，1998 年），頁 383～385。與之不同的看法，如科普斯登（Frederick Copleston）則言：「人文主義的教育理念，其理想是使人的個性達到完全的發展。古代的文學，公認是教育的主要手段，不過，它卻未忽視道德訓練，性格發展，生理發展，以及審美意蘊的喚醒。它也未把自由教育的理念，當成任何方面會抵觸對基督宗教的接納與實踐。然而，這是典型人文主義的理念。」立論點顯然完全不同。見科普斯登著，陳俊輝翻譯、傅佩榮校訂，《西洋哲學史》第三卷「中世紀哲學」（臺北：黎明文化事業公司，1988 年），頁 304。可見人們對於「人文主義」內蘊的理解甚為分歧。

〔註45〕 引自《古希臘羅馬哲學資料選輯》（臺北：仰哲出版社，1987 年），頁 134。
〔註46〕 參見趙雅博，《現代人文主義的面面觀》（臺北：啟業出版社，1968 年）；阿倫·布洛克著、董樂山譯，《西方人文主義傳統》，第二～四章。
〔註47〕 趙雅博，《現代人文主義的面面觀》，頁 232。
〔註48〕 《周易正義》（臺北：藍燈文化事業公司，十三經注疏，重刊宋本周易注疏附校勘記），易疏三，頁 14 左。
〔註49〕 見《四書集注》之「論語子罕」，頁 56。

人生氣充溢而光華外露。「精」者，最好之謂。〔註 50〕「神」者，指人的意識。〔註 51〕「精神」一詞，語出《莊子》：「水靜猶明，而況精神？聖人之心靜乎！天地之鑒也，萬物之境也。」又云：「……須精神之運，心術之動，然後從之者也。」（〈天道〉）皆是指人心神意識之發揚。是以所謂「人文精神」，乃指人藉「文」（如詩書禮樂諸典籍或禮樂制度等）以教化而展現出的爲人之道與人文之美，這樣的生活是最具價值的，是其目的，也是其理想。周文之「禮」恐怕正是展現出這樣「人文精神」的特色，否則怎令孔子心嚮往之？但必須再次強調，這裏的「人」決非孤立的個體，而是與外在之天地神祇以及芸芸眾人密切相關的，因此先秦儒家式的「人文」呈現出的是一整體的道德之盛與秩序之美的精神。這樣的人文精神，與西方無論何種「人文主義」都是不同的。〔註 52〕

　　按先秦儒家思想獨具的特色，即在於依「禮」（周禮）而展現出的人文精神。考究既有的材料，初步可以看出先秦儒家思想依「禮」彰顯出的人文精神：《尚書》呈現了人從朝代更迭的事實認知到「天命靡常」（《詩經・大雅・文王》）的無奈，因而產生「敬德保民」的思維，認爲處理好人間世事即可常保「天命」在身而不會轉移。〔註 53〕從既有的地下出土銅器銘文裏，呈現了周人追懷先祖功績，不斷耳提面命地自我提醒以恪盡職責，所謂「聿追來孝」（《詩經・大雅・文王有聲》）之宗教意識表露無疑。〔註 54〕《詩經》與《左傳》中呈現了周禮傳

<hr />

〔註 50〕　許慎言「精，擇也」，見《說文解字》說七上，頁 9 左。段玉裁注：「精，引伸爲凡最好之稱。」見《說文解字注》七篇上，頁 59 左。

〔註 51〕　《荀子・天論》：「天職既立，天功既成，形具而神生。」天的職責確立，其功效完滿呈顯，人所具之形體以及其意識精神便存在了。

〔註 52〕　沈清松有種說法值得參考，其言：「西方自文藝復興以降的人文主義，皆重視個人的個體性，並以個人爲認知、價值與權利之主體，此種重視個體的人文主義便成爲爾後西方民主政治的基本假設。但是，中國文化所重視的，並不是這種最低限度的個體性（individuality），而是人的最高限度的可完美性（perfectibility）。」見《傳統的再生》，頁 31。

〔註 53〕　《尚書・召誥》談及夏、殷的覆亡，乃在於他們的國君「不敬厥德」（不忠厚謹慎於德行），因而「早墜厥命」（早早喪失天所賦予的國運），於是有以下的認知與自警之語：「王其德之用，祈天永命。……我非敢勤，惟恭奉幣，用供王，能祈天永命。」〈梓材〉一文言：「惟曰欲至於萬年，惟王子子孫孫永保民。」合上故有「敬德保民」一語。

〔註 54〕　《禮記・祭統》即言：「夫鼎有銘，銘者自名也。自名以稱揚其先祖之美，而明著之後世者也。」與出土文獻對應，此語得到佐證。譬如時代在西周恭王的「史牆盤」銘文，前半段敘述周王自文、武到恭王的功蹟，後半段敘述史

承的衰微與亂象的叢生，在此激流中卻凸顯了人之德行主體的曙光。〔註55〕孔子出，思慕周文之禮的秩序與爲人的尊嚴，在濤濤亂世中總結古代經驗，提出「克己復禮爲仁」（《論語・顏淵》）之「仁禮互攝」的理論根據，「爲仁由己」（仝上）的彰顯，標誌著「周禮」人文精神的確立。孟子呈現人之主體道德人格的自我挺立，「君子所性，仁義禮智根於心」（《孟子・盡心上》）的自持，培養擴充此心以養成實踐仁義禮智的德行（由此可見，時人所謂孟子倡言「人性本善」之說，恐爲有病）。荀子著重「禮」之制度的彰顯，人當在制度的要求下求取人欲的最大滿足（由此可見，時人所謂荀子倡言「人性本惡」之說，亦恐非確當）。《禮記》雖是後人雜集成書，各篇宗旨不一，但其總結周禮的種種面向，特別著重在「祭禮」與「喪禮」之儀度的精神，提出「毋不敬」（《禮記・曲禮上》）之「禮」的永恆意蘊，可謂我族的文化標誌。〔註56〕

如上所述，本文研究主旨當已顯明陳述。爾後在正文中，本文將探究以下兩個要點：（一）「禮」在先秦時代的意義以及其所呈顯的「人文精神」，（二）孔孟荀及《禮記》對於「禮的人文精神」作了何樣的陳述與闡釋。

三、研究目的

先秦儒家思想之所以值得研究，其一在於其範圍了天人關係，「天」與「人」之間的張力，形塑了中國哲學思維的基本模型。在諸子百家蠭起前，對於「天」的認定是人間公理的最後裁斷者，外在世界現象的推動者，至於他本身是什麼則並不知悉，也不探究。傳統中的「天」有諸多性格，但其超越性的意義普遍爲人們所接受。〔註57〕《尙書》中即已記載了周人「稱天而治」的事實，

牆祖考的良行，最後自我勉勵承續這樣的傳統，並附上求福之辭。此銘文內容請參見馬承源主編，《商周青銅器銘文選（三）》（北京：文物出版社，1988年第一版），頁153～158。

〔註55〕例如《詩經・周頌》記載大量對先祖的追憶，以警示自身行爲處事當依先祖德行而行。另如《左傳・莊公十四年》云：「妖由人興也。人無釁焉，妖不自作。人棄常，則妖興，故有妖。」顯見「人」應守「常」，亦即正確合宜的行爲或德行。

〔註56〕孫希旦言：「人之治其身心，莫切乎敬，自不睹不聞以至於應接事物，無一時一事之可以不主乎此也。……人能事無不敬，而謹於言貌如此，則其效至於安民也。論語言脩己以敬，而能安人、安百姓，即此意也。」（《禮記集解》卷一，頁3～4）《禮記・大學》所言之誠意、正心、修身等之意亦及在此。

〔註57〕參見傅佩榮的分析，《儒道天論發微》（臺北：臺灣學生書局，1985年），頁27～86。

〔註58〕同時另一方面又產生「天難諶，命靡常」（〈咸有一德〉）的想法，而有「天不可信，我道惟寧王德延，天不庸釋于文王受命」（〈召誥〉），上天是不值得信賴的，只要把文王的美德延續下去，上天就不會廢棄文王所受之天命，周人國運就不會隕落。在面對周代殷治、天不可信的憂患意識下，促使周人效法祖先優良美德以施政作爲是永保天命在身的唯一方式的想法根深柢固，這方式依《尚書》所載，即在於「明德愼罰」〔註59〕、「敬德保民」〔註60〕一義上，依《詩經》所載就是「無念爾祖，聿脩厥德，永言配命，自求多福」（《詩經・大雅・文王》）。〔註61〕又《尚書・梓材》亦言：「皇天既付中國民，越厥疆土，于先王肆，王惟德用。」均說明了天命與人努力效法祖先優良美德之間有一密切關連。關於其間細節，非關本文主旨。但是《尚書・皋陶謨》中有段話值得注意，其言：「天工人其代之。天序有典，敕我五典五惇哉，天秩有禮，自我五禮有庸哉，同寅協恭和衷哉！天命有德，五服五章哉。天討有罪，五刑五用哉。政事懋哉懋哉！」「天」似乎參與了人世的運作，指導著一切，如孔穎達所言：「典禮德刑無非天意。」〔註62〕「禮」由「天」出，《左傳》及《禮記》似亦有承續，但孔、孟、荀並無這樣的陳述，何以如此，原因不明。或許關涉到先秦儒家諸子對「天」的見解，以及當時學風對傳統「天」的解釋。這問題層面複雜，頗值探討。但限於論題，僅能存而不論。關於《左傳》及《禮記》中論及「禮」與「天」的關係，本文會作一探討。

〔註58〕譬如周公稱：「惟我周王，靈承于旅，克堪用德，惟典神天。天惟式教我用休，簡畀殷命，尹爾多方。」（〈多方〉）因爲周王能依著天意好好地保護民眾，施行良好德行，是以上天教導周人以福祥之道，所以選擇周人代殷治理，以導正天下眾國。然而，殷周變革這等大事，引發周人亟思努力踐行人事，以祈求「天命」在身。「天亦哀于四方民，其眷命用懋，王其疾敬德」（〈召誥〉），今夏、殷「既墜厥命」，原因即在於「惟不敬厥德」（仝上），因此產生「王其德之用，祈天永命」（仝上）的思維，王能照著美德施作，方能向上天祈求悠久國運。

〔註59〕〈康誥〉：「惟乃丕顯考文王，克明德愼罰。」

〔註60〕參見注53。

〔註61〕西周銅器「何尊」的出土，從其銘文記載成王之語觀之，這種「稱天而治」又強調「永言配命，自求多福」的想法，在時序上很早就出現了。「何尊」銘文云：「王誥宗小子于京室（按：指宗廟），曰：昔在爾考公氏克弼文王，肆文王受兹〔大令〕。惟武王既克大邑商，則廷告于天，曰：『余其宅兹中國，自之（按：指雒邑）乂民。嗚呼！爾有雖小子無識公氏有恪于天，徹令敬享哉！』惟王恭德裕天，訓我不敏。」

〔註62〕見《尚書正義》，書疏四，頁22左。

其二，先秦儒家指出了人生當遵循的方向，例如孔子言的「克己復禮爲仁」，孟子言的「仁義禮智根於心」，荀子言的「天地生之，君子成之」，《禮記》標示的「毋不敬」等等，均強調「人」有能力展現美好的人文品質，此一想法一直規約著爾後儒家思想的發展，並深深地落實於政治、經濟、教育、心理、藝術、風俗等等的各個層面，形塑了我族近三千年的文明。即使退一萬步說，在我國漫長的歷史之流中，歷代安邦定國的大業無不以儒思及儒術作爲治國的方向與方法，即使天下大亂、道德淪喪，儒家思想依然不絕如縷、隱而待顯。二十世紀初全面反傳統的風潮，以及六〇年代中期起十年文化大革命的浩劫，儒家思想總是作爲第一個被批判與否定的對象。當然，政治化、體制化與僵硬化式的儒家式思維，造成傳統中固執不通人情的專制，甚至造成違逆人性的現象，後人對之提出批判與攻擊絕對無可疑義。然而，儒家思想的精義決不可一併抹煞。如今，儒家思想依然挺立，依然指導著我們的價值認知與未來方向，顯見其內蘊本身必有一顛撲不破而值得我們發揚的精神，這正是我們研究儒家思想當予以繼承與闡發的。如是顛撲不破的精神，在先秦儒家思想中均可找到基礎。因此，研究先秦儒家思想具有極爲深刻的意義。

本文論題的焦距，即在於以孔、孟、荀及《禮記》爲據，指出其對「禮的人文精神」之見解，而所謂「禮的人文精神」就是先秦儒家思想所欲證成的人生當行方向。在此同時，我們亦可看出先秦儒家思想內在的繼承與創發。這樣的論題，筆者自忖是新穎且富有創生力的，因爲在如是的基礎上進一步開展，對於現代生活必能提供一個參照，而能爲我們明確地指引未來。我們認爲：對於過去存有的意蘊未能精準地明晰與掌握，又怎能確切地指出未來的方向何在？

總的來說，構思本文論題的目的有三：一、欲就先秦儒家諸子探索其對「禮的人文精神」呈現出何樣的見解，以展現先秦儒家思想人生方向的內蘊；二、明晰了先秦儒家思想的發展，或可釐清新舊時代變動中對儒家思想認定是「吃人的禮教」〔註63〕之偏見（按：「禮教」成爲吃人的，自有其複

〔註63〕此見作家魯迅的《狂人日記》，其言：「我翻開歷史一查，這歷史沒有年代，歪歪斜斜的每葉（按：「葉」今作「頁」）上都寫著『仁義道德』幾個字。我橫豎睡不著，仔細看了半夜，才從字縫裏看出字來，滿本都寫著兩個字是『吃人』。」收於《魯迅全集》（臺北：谷風出版社，1980年），第一卷，頁423。類似看法亦籠罩於民初學界，郭湛波先生在《近五十年中國思想史》（濟南：

雜的思想與歷史之因，此不在本文的論域之內）；三、希冀能夠精準地掌握
我族曾經存在的輝煌過去——「禮的國度」，以對時代課題提出具有價值性
的參照。

四、研究典籍之範域

　　談論「禮」，按照傳統意識，典籍自然指向「三禮」，但其各有成書年代
的問題，內容亦頗多爭議，諸此爭議現今仍在進行中〔註64〕。再者，「三禮」
各自所著重的內容亦不相同。《周禮》、《儀禮》前已有所論，皆非本文論述的
焦點所在，是以除非必要的引用，故不必自陷於繁複的考證爭議當中。至於
《禮記》，雖也有成書的疑義，但由於其是孔門後學對於儀文數度的解析，富
含豐滿的義理見解，儘管佔頗大分量的篇章陳述具體的儀文數度〔註65〕，但
仍有可觀的部分指出並闡釋了「禮」之義理所在，因此必須納入討論研析的
範域。論者曾云：

　　（一）不讀《禮記》，不能知民族文化形成的根源。

　　（二）不讀《禮記》，不能知個人行為應遵的規範。

　　（三）不讀《禮記》，不能知國家制度定立的原理。〔註66〕

山東人民出版社，1997年第一版）一書，頁78中引徐炳昶的〈禮是什麼？〉
一文指出：「吳又陵（按：即吳虞）先生疊在《新青年》發表〈禮論〉、〈吃人
與禮教〉諸篇，禮始大為人詬病。魯迅先生《狂人日記》上有『仁義道德均
將吃人』之說，其後『吃人的禮教』一名詞，遂常見於報紙上面。」按「吃
人的禮教」乃建立在「反孔」的反動中，此可參考上書，頁77〜80、83〜86、
206〜211、225〜229等等。

〔註64〕對此討論的典籍文獻甚多，值得參考的文獻如張心澂整理編著的《偽書通考》
（臺北：明倫出版社，1972年），「禮類」，頁269〜349。另可參考：蔣伯潛，
《十三經概論》，頁251〜258、326〜329、333〜336；周予同，《群經概論》，
收錄於朱維錚編，《周予同經學史論著作選（增訂本）》（上海：上海人民出版
社，1996年第二版），頁241〜242、243〜244、246〜247；葉國良、夏長樸、
李隆獻編著，《經學通論》（臺北：國立空中大學，1996年初版），頁171〜176、
193〜195、209〜212；諸此等等。

〔註65〕例如〈曲禮〉上下、〈檀弓〉上下、〈王制〉、〈月令〉、〈文王世子〉、〈禮器〉、
〈郊特牲〉、〈內則〉、〈玉藻〉、〈明堂位〉、〈喪服小記〉、〈大傳〉、〈少儀〉、〈雜
記〉、〈喪大記〉、〈祭法〉、〈祭義〉、〈祭統〉、〈奔喪〉、〈問喪〉、〈服問〉、〈間
傳〉、〈三年問〉、〈深衣〉、〈投壺〉，以及解釋《儀禮》的〈冠義〉、〈昏義〉、〈鄉
飲酒義〉、〈射義〉、〈燕義〉、〈聘義〉、〈喪服四制〉等，載有許多儀文數度的
規範，但間雜陳述作者對其所認為的意蘊。

〔註66〕高明，《禮學新探》，頁23〜24。

古禮之精神，全靠著《禮記》的闡發，才得以充分發掘出來。〔註67〕

《禮記》……有一個突出而鮮明的主題，那就是禮治。……其涉及範圍非常廣泛，幾乎囊括了儒家思想的全部內容。稱《禮記》為先秦至漢儒的集大成之作，是毫不過分的。〔註68〕

陳述或有些過譽，但意旨不差。理學殿軍劉蕺山即言：「禮記者，孔子所以學周禮及夏殷之禮，進退古今，垂憲萬世之書也。」〔註69〕是以探索先秦儒家諸子對「禮的人文精神」之見解，必須納入《禮記》一書〔註70〕。

　　此外，先秦典籍中的《尚書》、《詩經》、《周易》、《左傳》〔註71〕、《國語》等，若牽涉到論述證據的提出，必當徵引，因其資料的記載大體是沒有爭議的。談論孔子自是以《論語》為宗，《孟子》與《荀子》二書自是代表了理解孟子和荀子理論的根本依據，除了少許疑義之外，並無多大的歧異〔註72〕。但是，涉及「周文」之禮內蘊的考究，除了現有典籍的記載與討論外，必須

〔註67〕鄒昌林，《中國禮文化》，頁44。

〔註68〕黃宛峰，《禮樂淵藪——《禮記》與中國文化》（開封：河南大學出版社，1997年），頁8。

〔註69〕朱彝尊於《經義考》卷一四五引。

〔註70〕勞思光則持相反態度，其言：「所謂『禮記』根本為編輯資料而成之書，其資料來源先後不一：其時代則最早在河間獻王時，最晚在馬融時，究竟河間獻王所獻之禮記，乃何時期之作品，亦不能定。至二戴編選，馬融補足等過程中，保有舊記若干，尤不能知：是否摻雜編補者自作之文，亦未可定。故禮記不能代表先秦儒學之書。」見《新編中國哲學史》（臺北：三民書局，1988年增訂四版），（二），頁32。所言並非無據。然則《禮記》一書確實總結了先秦儒家諸子對「禮」的繼承與闡釋，此跡甚明。故即使摻雜編補者自作之文，並無妨《禮記》代表先秦儒家對「禮」之總結的時代意義。恰巧，1993年所發現《郭店楚墓竹簡》（北京：文物出版社，1998年），其中有篇與現今流傳之〈緇衣〉幾乎雷同，而此竹簡年代當在戰國中期稍晚，自可作為《禮記》諸文乃先秦儒學諸子對「禮」的繼承與闡釋的另一個具體佐證。

〔註71〕《春秋》有「三傳」，今僅採《左傳》，原因在於《公羊傳》與《穀梁傳》之成文乃遠至漢代，其中充滿許多疑義，所以不列入參究的原典之一。其中原因，請參考楊伯峻先生的看法，《春秋左傳注（增訂本）》（北京：中華書局，1990年第二版），頁22～23。

〔註72〕就《論語》而言，崔述在《洙泗考信錄》中說後五篇可疑；就《孟子》而言，崔述在《考信錄提要》卷二言孟子論（《周書》）〈武城〉之說不可信；就《荀子》而言，〈大略〉以下六篇，楊倞已謂為荀卿弟子所記荀卿語及雜錄傳記，胡適之（見《中國古代哲學史》〔臺北：臺灣商務印書館，1979年臺十版〕，第三冊，頁26）、楊筠如（見《關於荀子本書的考證》，《古史辨》第六冊，頁132～142）則認為《荀子》一書是後人雜湊。諸此等等。

涉獵時人研究的成果。又《禮記‧祭統》曾言：「夫鼎有銘，銘者自名也。自名以稱揚其先祖之美，而明著之後世者也。」〔註73〕　參照歷代金石研究與二十世紀出土的周代銅器銘文，可知其言不虛，是以周代銅器上銘文之記載是有關「周文」內蘊的第一手訊息，可能呈顯出周禮的某些意義，對此我們必須加以注意與應用的。

　　在此，必須提出說明的是：以「三禮」（《周禮》、《儀禮》、《禮記》）作為一個整體研究的困難。「三禮」之名，實起鄭玄，是以孔穎達稱「禮是鄭學」〔註74〕，傳統上的讀書人又以《儀禮》作為「三禮」中之正經，對於雜集之《禮記》較為輕忽〔註75〕。但是，「三禮」本身之內容真偽難定，時代難考，且所載之禮文儀度紛散流布，其中頗有矛盾處〔註76〕；職是之故，以「三禮」

〔註73〕 除《禮記》如此說外，先秦其他典籍中亦曾載及。例如：《墨子》的〈尚賢下〉：「書之竹帛，琢之槃盂，傳以遺害後世孫。」〈魯問〉：「銘於鐘鼎，傳遺後世子孫。」《韓非子‧外儲說左上》：「鐘鼎之銘，皆播吾之跡。」《呂氏春秋‧求人》：「功績銘于金石，著于盤盂。」

〔註74〕 見《禮記正義》之〈月令〉、〈明堂位〉、〈雜記〉等疏，此陳澧《東塾讀書記》已言（見卷一五「鄭學」）。《後漢書‧儒林傳》云：「（漢）中興，鄭眾傳周官經，後馬融作周官傳，授鄭玄，玄作周官注。玄本習小戴禮（按：此指《儀禮》），後以古經校之，取其義長者，故為鄭氏學。玄又注小戴所傳禮記四十九篇，通為三禮焉。」黃侃說：「以《周禮》、《儀禮》、小戴《禮記》為《三禮》，亦自鄭始。《隋書‧經籍志》、《三禮目錄》一卷，鄭玄撰。故舍鄭無所治也。」見〈禮學略說〉，收錄於《黃季剛先生論學名著》（臺北：九思出版社，1977 年臺一版），頁 448。梁啟超亦言：「今且不說三禮都是鄭康成作的注，在康成畢生著述中，也可說是以這三部注為最，所以『三禮學』和『鄭學』幾成不可分的名詞。」見《中國近三百年學術史》（臺北：中華書局，1987 年臺十一版），頁 186。

〔註75〕 例如朱熹在〈乞修三禮箚子〉中說：「周官一書，固為禮之綱領，至其儀法數度，則儀禮乃其本經，而禮記郊特牲、冠義等篇，乃其義說耳。」（見《朱文公文集》卷十四）在《朱子語類》卷八十四中又云：「儀禮，禮之根本，而禮記乃其枝葉。」卷八十五中云：「儀禮是經，禮記是解。」卷八十六說：「大抵說制度之書，惟周禮、儀禮可信，禮記便不可深信。」

〔註76〕 如前述的「禮俗」之說（參見注34）。又如《四庫全書總目‧周禮注疏提要》說：「儀禮聘禮實行饗餼之物、禾米黍薪之數、籩豆簠簋之實、鉶壺鼎甒之列，與掌客之文不同；又大射禮天子、諸侯侯數侯制與司射不同。禮記雜記載男子執圭與典瑞之文不同；禮器天子、諸侯席數與司几筵之文不同。」且《左傳》之記實，於「三禮」中許多未見，並多有歧出處；例如《周禮‧地官‧司徒‧媒氏》言「令男三十而娶，女子二十而嫁」，與《禮記‧內則》記載男子「三十而有室」、女子「二十而嫁，有故而十三而嫁」，同《左傳‧襄公九年》「國君十五而生子，冠而生子，禮也」不合。梁啟超說：「頭一件，所根

作爲一個整體之研究，其間之困難恐怕難以排除。梁啓超先生即批評說道：「學者對於那部經都不敢得罪，只好四方八面彌縫會通，根本不能會通的東西，越會通越弄到一塌糊塗。議禮所以紛如聚訟就是爲此，從古已然，墨守漢學的清儒爲尤甚。」〔註77〕 如前述之因，加此述之果，故不擬在本文中將《周禮》與《儀禮》作爲論述的核心依據。這點是必須說明清楚的。

五、論述方式

綜上所述，本文所論，主線扣在《論語》、《孟子》、《荀子》與《禮記》四部典籍，旁及其他值得參究的典籍爲輔線，譬如《尚書》、《詩經》、《周易》、《左傳》、《國語》、《周禮》、《儀禮》與《大戴禮記》等古代典籍，依順著這些文獻提領出「論先秦儒家思想中禮的人文精神」此一論題的精義。次輔以歷代學者的資料爲佐證，進行反省與檢討，此包括朱熹的《四書集注》、焦循的《孟子正義》、王先謙的《荀子集解》、孔穎達的《禮記正義》與孫希旦的《禮記集解》等古人注解。此外，並選擇時人研究之著述而值得探討的見解進行對話。至於是否能對時代課題提供出具有價值性的參照，此當在正文論述完其原貌究竟「是什麼」後，方能進一步進行反省。

本文論述架構，第一章「釋禮」，第一節從「禮」之字形及字義面談起，次由歷史面及哲學面論「禮」的意義。第二節討論孔子前之典籍對於「禮」的記載，第三節查考先秦諸子對於「禮」的見解，討論其間呈顯出何樣的意蘊。第二章至第五章分別探討孔子、孟子、荀子及《禮記》對於「禮的人文精神」作出何樣的陳述及闡釋，以顯先秦儒家思想的人生關懷與學思的繼承與創發。結論則試圖對未來提出一個參照系，並對本文提出檢討與反省。

據的幾部經，先自有無數問題。周禮之難信不必說了，儀禮成立的時代也未有定論，禮記則各篇之真偽及時代亦糾紛難理。萬一所憑藉的資料或全部或一部分是假的，那麼所研究的豈非全部或一部分落空？第二件，就讓一步說都是真的，然而幾部書成立年代有狠（今作「很」）大的距離，總不能不承認。如說周禮、儀禮是周公作，禮記是七十子後學者所記，首尾便一千多年了。然而裏頭所記各項禮制，往往東一鱗西一爪，非互戡不能說明。互戡起來，更矛盾百出。例如五等封建的里數、井田的畝數，孟子和周禮和王制何等矛盾！五帝的祀典，月令和帝繫姓何等矛盾！國學、鄉學的制度及所在地，禮記各篇中相互何等矛盾！此類悉舉不下數十事。」見《中國近三百年學術史》，頁 190～191。

〔註77〕梁啓超，《中國近三百年學術史》，頁 191。

第一章　釋　禮

　　《禮記・禮器》言：「禮也者，合於天時，設於地財，順於鬼神，合於人心，理萬物者也。」將「禮」視爲範圍天地萬物的概念，然僅陳述出「禮」的重要，而非解釋「禮」本身爲何。孔穎達在《禮記正義》的序中言：「夫禮者，經天緯地，本之則太一之初，原始要終，體之乃人情之欲。」指出「禮」是「經天緯地」，範圍一切的思維，此與〈禮器〉所言相類。但另指出「禮」是依據於「太一之初」，此乃「原始」（推原初始）之意；「要終」（切當極盡）者，在於體現「人情之欲」。這便指出「禮」本身的意義所在。從既有典籍觀之，「禮」體現人情之實自不待言，然是否依據於「太一之初」則大有疑義。按「禮」起始於「太一」的看法，當是後起，因爲《禮記》之前並無如此的論述。〔註1〕

─────────────

〔註1〕　《禮記・禮運》有「夫禮，必本於大一」之說（此「大一」即「太一」），顯然已接受「極致之一」作爲「禮」之初始：此意是稱「禮」根據於極致的一，其是不可變易的。因爲「一」指「不易」。然而，這樣的看法先秦並不明顯，似至戰國末葉方才逐漸流行，漢則大盛。《呂氏春秋・大樂》有云：「萬物所出，造於太一，化於陰陽。」「道也者，至精也，不可爲形，不可爲名，彊爲之謂之太一。」前者是以「太一」作爲萬物所出之地，後者是以「太一」形容「道」。按此「道」，乃指君臣、父子、長少「所歡欣而說」之「大樂」（仝上）。後又言「故一者制令」（仝上），掌制命令是「一」。而文中有「太一出兩儀，兩儀出陰陽」者，依文意乃指音樂的和諧與變化，與萬物本源說應當無關。所以，《呂氏春秋》所謂「太一」，當指極致的狀態而言。《莊子・天下》曾言惠施言「至大無外，謂之大一；至小無內，謂之小一」，此「大一」（非「太一」）只是就空間上的極致而言。〈天下〉稱關尹、老聃爲「建之以常有無，主之以太一」，此「太一」似乎是指立身處世的「態度」，因爲下言「人

─25─

　　本章討論「禮」的意蘊。首節從「禮」字的意義面著手，分別由字義、歷史與哲學三面向研析。字義面分兩部分，一是字形，二是典籍上的各種說法。從字形上查考「禮」字，概有二說，一是從「豊」，一是從「礼」；從典籍上，「禮」之字義以訓「履、理、體」為顯，另訓有「序、養」者，但皆可併入上述三說之中。各有意蘊，然彼此並不衝突。唯僅由字義查考，實無法掌握「禮」之精義，故再從歷史面向及哲學面向查考。歷史面予我們最大的證據是「禮」起於祭祀，這線索為我們對「禮」的意蘊提供十分豐富的解答。哲學面的查考指出：一、「禮」之理論根源基於人情之實，同時提出疏導之方，此乃是「禮的人文精神」得以成立的重要基礎；二、「禮」從「反本脩古」的宗教情懷，昇華為人文品質的開展與人格之美的體現，範圍了人生一切標準；三、「禮」的本質在於區分貴賤尊卑的人間秩序以顯現整體的美感，理想在於人各安其位，使社會整體能達到一盡善盡美之境；四、「禮」體現了人間建制的恆常性。

　　第二節探討孔子前之典籍對「禮」的見解，探討的典籍包括《尚書》、《詩經》、《易經》、《儀禮》、《周禮》、《左傳》以及《國語》。大多數對「禮」的認知乃指儀度。唯《左傳》提出許多「禮」的見解，我們歸納至少六點。一、「禮」與「儀」的區分，二、「禮」是恆常的，三、「禮」之目的與功效在於治國安民，四、人必需依「禮」生活方有意義，五、「國之大事，在祀與戎」，六、

皆取先，己獨取後，曰受天下之垢；人皆取實，己獨取虛，无藏也故有餘，歸然而有餘」，諸此等等。所以，《莊子》的「太一」亦非指萬物本源。《荀子‧禮論》出現兩次「大一」（為「太一」），乃指極致的情狀。《大戴禮‧禮三本》亦同。爾後的釋禮者撰〈禮運〉吸收「太一」解之，推究「禮」之始源甚遠。《淮南子‧詮言》云：「洞同天地，渾沌為樸；未造而成物，謂之太一。」乃是指物尚未造作出來前的狀態，稱為「太一」。孔穎達《周易正義》注「易有太極」云：「太極謂天地未分之前元氣混而為一，即是太初、太一也。」又於《禮記正義》疏解〈禮運〉言：「太一者，謂天地未分、渾沌之元氣也。極大曰太，未分曰一。其氣既極大而未分，故曰太一也。」如是觀之，「太一」意乃描述宇宙初始未分的原始狀況。「禮」由之而起，顯然是後起的看法。漢人對於「太一」頗為重視，《史記‧封禪書》云：「亳人謬忌奏祠太一方，曰：『天神貴者太一，太一佐曰五帝。古者天子以春秋祭太一東南郊，用太牢，七日，為壇開八通之鬼道。』……其後有人上書言：『古者天子三年壹用太牢，祠神三：天一、地一、太一。』」乃將「太一」視為至上神，不同於先秦諸子的認知。1993 年發現《郭店楚墓竹簡》（北京：文物出版社，1998 年）有篇名為〈太一生水〉，文中言「天地者，太一之所生也」、「是故太一藏於水」等，「太一」亦當指「極致之一」。然其真義為何，學者仍在討論中。

提出十小點對「禮」的其他見解。此外，《尚書》認爲「禮」由「天」降，《左傳》認爲「禮」乃「順天」，是較爲特殊的看法。

　　第三節探討先秦諸子（本文欲研析之先秦儒家除外）對於「禮」提出何樣的看法。包括墨家的墨子，道家的老、莊、列，法家的《管子》、商鞅、慎到以及韓非，另對戰國末期的《尹文子》、《晏子春秋》、《呂氏春秋》、《戰國策》等作一探討。基本上，先秦諸子對於「禮」，大多肯認其儀度禮節對社會之功效。持反對者僅法家之商鞅、韓非等少數人而已。莊子及列子部分見解，認爲人生當面對無窮宇宙的變化事實，不應拘泥於任何的人間創制之上，故對「禮」不屑一顧，是較爲特殊的態度。其餘諸子，其間容或有部分差異，但大體上肯定「禮」的正面意義是無可疑義的。整體而言，先秦諸子論「禮」較顯外範化，缺乏對「禮」之精神深入的探析。相較之下，儒家論「禮」的精神，深入人情之實，體現「禮」的人文內蘊，故其論述反而更顯突出。以上是爲本章論述內容。

第一節　「禮」字意義的查考

一、字義面

　　（一）從字形上查考「禮」字，概有二說，一是從「豊」，一是從「礼」

　　1、「豊」。殷商卜辭即出現「豊」字；〔註 2〕銅器銘文如武王時的「天亡簋」、成王時的「何尊」、康王時的「麥方尊」等等，亦出現「豊」或「豐」字；〔註 3〕1993 年出土戰國中期之《郭店楚墓竹簡》亦有「豊」字；〔註 4〕古文字學家視「豊」爲「禮」。〔註 5〕按「豊」、「豐」同。〔註 6〕史學家王國維從

〔註 2〕見孫海波，《甲骨文論》（臺北：大化出版社，1982 年），頁 222～223，收有三十三種字樣。

〔註 3〕見馬承源主編，《商周青銅器銘文選（三）》（北京：文物出版社，1988 年），頁 14～15、20～21、46～47。唯亦有將「豊」作爲「醴」者，如屬王時的「鄂侯馭方鼎」，頁 281。另參考容庚編著，《金文編》（北京：中華書局影印，1985 年），頁 330～2，收有三十種字樣。

〔註 4〕荊門市博物館，《郭店楚墓竹簡》（北京：文物出版社，1998 年），頁 121、149、150 等等。

〔註 5〕李孝定指出，甲骨文未出現「禮」字，「豊」字被用來當作「禮」字。見《甲骨文集釋》（臺北：中央研究院歷史語言研究所，1965 年，中央研究院歷史語言研究所專刊五十），第一冊，頁 49。

《說文》云：

> 說文示部云：禮，履也，所以事神致福也。豐亦聲。又豐部：豐，
> 行禮之器也。从豆，象形。案殷虛卜辭有🔣字，具文曰癸未卜貞醴🔣
> （殷虛書契後編卷下第八葉）。古🔣珏同字。卜辭珏字作🔣🔣🔣三
> 體，則🔣即豐矣。又有🔣字（書契前編卷六第三十九葉）及🔣字
> （後編卷下第二十九葉），🔣🔣又一字。卜辭🔣字（後編卷下第四
> 葉）或作🔣（鐵雲藏龜第一百四十三葉），其證也。此二字即小篆
> 豐字所从之🔣。古⋃⋃一字。卜辭出，或作🔣，或作🔣，知🔣可
> 作🔣🔣矣。豐又其繁文，此諸字皆象二玉在器之形。古者行禮以玉，
> 故說文曰：豐，行禮之器。其說古矣。惟許君不知🔣字即珏字，故
> 但以从豆象形解之，實則豐从珏在⋃中，从豆乃會意字，而非象形
> 字也。盛玉以奉神人之器謂之🔣若豐，推之而奉神人之酒醴亦謂之
> 醴，又推之而奉神人之事通謂之禮。其初當皆用🔣若豐二字（卜辭
> 之辭🔣醴字从酒，則豐當假爲酒醴字），其分化爲醴禮二字，蓋稍
> 後矣。〔註7〕

王國維根據卜辭「豐」字結構分析，認爲「禮」字之意最初是以一豆形器物
盛兩串玉祭祀神人，後來發展以酒醴奉祀神人。由此可知，「禮」起於祭祀。
惟問題在於吾人無法確認古人祭祀儀度當達到何樣程度方能稱之爲「禮」，
故王國維復言「其初皆用🔣若豐二字，其分化爲醴、禮二字，蓋稍後矣」，
〔註8〕指出「禮」是後起的。作爲行禮之器的「豐」，即表明了「禮」是制作
出來的。徐鍇指出：

> 故於文，示豐爲禮。示者，明示之也。示，日月星也。又古祇字也。

〔註6〕《玉篇‧豐部》：「豐，大也。俗作豐。」，頁第16，頁1左。見《四部叢刊正
　　　編》（臺北：臺灣商務印書館，1979年，上海涵芬樓借印建德周氏藏元刊本）
　　　第四冊。明人張自烈在《正字通》中亦云：「豐，說文：行禮之器，从豆，象
　　　形。本作豐，篆作豐，舊本沿俗作豐。」見西集中，豆部。收於《四庫全書
　　　存目叢書》（臺南：莊嚴文化，1997年，依北京大學圖書館藏康熙九年刻本影
　　　印），經部小學類，第一九八冊，頁420。

〔註7〕王國維，《觀堂集林》（北京：中華書局，1959年），卷六，頁290～291。

〔註8〕《儀禮》的注疏常將「禮」作「醴」，例如〈士冠禮〉「禮於阼」，鄭注「今文
　　　禮作醴」，見《儀禮注疏》（臺北：藍燈文化事業公司，十三經注疏，重刊宋
　　　本儀禮注疏附校勘記），卷三，頁6右；〈士昏禮〉「賓入，授如初禮」，鄭注
　　　「古文禮爲醴」，見《儀禮注疏》，卷四，頁4右。可見禮、醴本是相通。

豐者，禮器也。禮之秘也難睹，故陳籩豆，設簠簋，為之揖讓升降
趨翔以示之。禮者，履也，道明示人則履行之。禮者，示也，故古
兩君相見，陳禮樂以相示也，明則易見也。〔註9〕

此已明白顯示，「禮」字之意是藉由外在器物儀度以明示人當所行之路，故要
點在偏旁「示」字。《說文》曾云：「示，天垂象，見吉凶，所以示人也。从
二三。垂，日月星也，觀乎天文以察時變，示神事也。凡示之屬皆从示。禮，
古文示。」〔註10〕此意甚明。而「禮」，《說文》言其古字作「礼」〔註11〕，
從示從乙，亦即是「礼」。是以有論者提出疑義，「從古代文獻記載看，『禮』
字實際上並不是禮的初文，而是後起字，對此，東漢許慎《說文解字》〈示部〉
說得很清楚」。〔註12〕因此，我們得進一步由「礼」看「禮」。

猶需指出，「蓋考經典中，從無有以『豐』作『禮』者」。〔註13〕是以有
論者言豐不是禮，而是禮之聲，但無切合證據，當可聊備一說。〔註14〕

2、「礼」。《集韻·薺韻》：「禮，古作礼。」〔註15〕古有明徵。甲午簋銘
有「礼」字，阮元釋為「禮」〔註16〕。許慎書所列禮字古文與之相同。宋人
徐鍇指出：

礼，古之禮。臣鍇以為「乙」，始也。禮之始也。又乙者，所以記
識也。禮曰：若在其上，若在其左右，祭如神在。明則禮樂，幽則
鬼神。「乙」以記識之，「乙」又表著也。〔註17〕

「乙」作為記識、表著當為後起。「乙」作為「始」，《說文》已明，云：「乙，

〔註9〕 徐鍇，《說文解字繫傳通釋》，通論上第三十三，頁 3 左～4 右。依《四部叢刊
　　　　正編》第四冊（上海涵芬樓借烏程張氏藏述古堂景宋寫本、古里瞿氏藏宋刊
　　　　本合印）。

〔註10〕 許慎，《說文解字》，說一上，頁 1 左。依《四部叢刊正編》第四冊（上海涵
　　　　芬樓借日本岩崎氏靜嘉堂藏北宋刊本）。

〔註11〕 仝上注。

〔註12〕 陳剩勇，〈禮的起源——兼論良渚文化與文明起源〉，《漢學研究》第十七卷第
　　　　一期（1999 年 6 月），頁 53。

〔註13〕 邱衍文，《中國上古禮制考辨》（臺北：文津出版社，1990 年），頁 23。

〔註14〕 章炳麟，《文始》（臺北：臺灣中華書局，1970 年），文二，頁 18 上～下。其
　　　　自言此說：「雖未密合，其從『豆』從『凵』，則可知孳乳為『禮』。」

〔註15〕 宋人丁渡等編，《集韻》（臺北：學海出版社，1986 年，依上海圖書館藏述古
　　　　堂影宋鈔本），卷五，上聲上，頁 22 下。

〔註16〕 阮元編錄，《積古齋鐘鼎款識》（臺北：藝文印書館，1970 年），卷七，頁 14
　　　　下。

〔註17〕 徐鍇，《說文解字繫傳通釋》，通釋卷一，頁 5 右。

象春艸木冤曲而出。」〔註18〕「礼」之從「乙」，乙有始意，故云「禮之始也」。章太炎另提文字孳乳之說，認爲：「『乙』當爲『履』之初文。湯自稱予小子履。世本言湯名天乙。乙、履一也。故古文禮作祽。禮，履也。從乙聲，即從履聲也。」〔註19〕以禮、履乃相近之音。又《說文》云：「乀，玄鳥也。齊魯謂之乙，取其鳴自呼。」〔註20〕如此觀之，取音亦有所本。

　　然而，無論從「豊」或「礼」查考「禮」之字義，終是臆度，〔註21〕唯一不變的是偏旁「示」，而二者共通點則在於「履」上。這點則是現有典籍所共同承載的。

　　（二）從既有典籍觀之，「禮」之字義，古已有多說，以訓「履、理、體」爲顯，另訓有「序、養」者，但皆可併入上述三說中。

　　1、訓「履」。《說文》言：「禮，履也。」〔註22〕「禮」就是「履」，意思就是實踐。《白虎通義》亦云：「禮者，履也。履道成文也。」〔註23〕「履道成文」，踐行人所當行之路以成就文化，這就是「禮」。實則，此乃承《禮記》之說。例如：

> ……眾之本教曰孝。其行曰養。養可能也，敬爲難。敬可能也，安爲難。安可能也，卒爲難。父母既沒，慎行其身，不遺父母惡名，可謂能終也。仁者，仁此者也。禮者，履此者也。（〈祭義〉）
>
> 子張問政。子曰：師乎前，吾語女焉。君子明於禮樂，舉而措之而已。子張復問。子曰：師，爾以爲必鋪几筵、升、降、酌、獻、酬、酢，然後謂之禮乎？爾以爲必行綴兆，興羽籥，作鐘鼓，然後謂之樂乎？言而履之，禮也。行而樂之，樂也。（〈仲尼燕居〉）

〔註18〕許慎，《說文解字》，說十四下，頁4左。

〔註19〕章炳麟，《文始》，文三，頁1下。

〔註20〕許慎，《說文解字》，說十二上，頁1右。

〔註21〕邱衍文即云：「禮字之義，溯厥元本，字形蓋取諸『示』，字音蓋取諸『乙』。若『乙』、若『豊』，則造字之恉，似可略會意也。若進而深究其立名之由，博通其引伸之致，則書不盡言，言不盡意，且必各有當，言非一端。苟執一定義，而廢百故訓，殆若盲人摸象，反不類似矣。何如敷陳經典之所書，比較傳記之所注，審察其同異之辭，明辨其疑似之字，當尤能發明禮之精蘊也歟！」《中國上古禮制考辨》，頁30～31。

〔註22〕許慎，《說文解字》，說一上，頁1左。

〔註23〕見陳立，《白虎通疏證》（臺北：中國子學名著集成編印基金會，1979年，據清光緒元年淮南書局刊本），卷八「性情」，頁22下。

〈祭義〉段，旨明「禮」是實踐出孝行，「養、敬、安、卒」以及「父母既沒，慎行其身，不遺父母惡名」，均是孝行的具體原則，人皆可履行之。〈仲尼燕居〉段，子張問為政，似乎拘泥於外在形式，孔子僅提出「君子明於禮樂，舉而措之而已」，君子明白禮樂意義，將之施行便是為政，形式固然必備，卻絕非絕對，故明「言而履之」，闡述其精義而履行之，這就是「禮」。《禮記》對「禮」的闡釋，《荀子》業已明悉，其言「禮者，人之所履也。」「禮者，人當履之。」（〈大略〉）由此可見，「禮」就是履行、實踐之意，是外顯的行為。既然是實踐的外顯行為，因此可斷言「禮」是後起的。

《說文》等訓「禮」為「履」，自為古意，然《詩經》毛傳、《易經·序卦傳》、《爾雅·釋言》卻反訓之，言「履，禮也」。〔註24〕《說文》段注言此為引伸義。〔註25〕如此觀之，「訓禮為履」與「訓履為禮」意無不同，是以禮、履二字當可互訓。這不禁令我們連想到《易經》的「履卦」。不論「履卦」在《易經》中的本義為何，後人解釋之《大象傳》則云：「君子以辯上下，定民志。」這說法與《左傳》中認為「無別不可謂禮」（僖公二十二年）的意涵是一致的。可見訓「禮」為「履」，其意甚古，而本初義是實踐。新近出土之《郭店楚墓竹簡》亦載「禮，行之也」〔註26〕，為另一佐證。此亦與先前從字形查考所得之結論一致。

2、訓「理」。《禮記·仲尼燕居》云：「禮也者，理也。」「君子無理不動。」意指「禮」是合乎道理的。君子作為必依「禮」而行，否則動輒出咎。誠如孔穎達云：「理謂道理。言禮者，使萬事萬物合於道理也。」「古之君子，若無禮之道理，不妄興動。」〔註27〕《荀子·樂論》亦云：「禮也者，理之不可易者也。」〔註28〕不可變更之道理是「禮」。荀子所論，當指人所當行之道，

〔註24〕《詩經·齊風·東方之日》：「在我室兮，履我即兮。」毛傳云：「履，禮也。」（詩疏五之一，頁 11 右）又《詩經·商頌·長發》：「率履不越，遂視既發。」毛傳云：「履，禮也。」（詩疏二十之四，頁 3 左）《易經·序卦傳》直言：「履，禮也。」又言：「物畜然後有禮，故受之以履。」王弼注：「履者，禮也。禮所以適用也。」（易九，頁 11 左）《爾雅·釋言》：「履，禮也。」郭璞注：「禮可以履行也。」（卷第三，頁 6 左）所據皆為藍燈文化公司重刊宋本十三經注疏。

〔註25〕段玉裁，《說文解字注》（臺北：藝文印書館，1992 年七版），八篇下，頁 3 右。

〔註26〕荊門市博物館，《郭店楚墓竹簡》，「語叢三」，頁 211。

〔註27〕見《禮記正義》（臺北：藍燈文化事業公司，十三經注疏，重刊宋本禮記注疏附校勘記），卷五十，頁 23 右。

〔註28〕此亦見《禮記·樂論》。按《禮記》中多篇與《荀子》重出，如《禮記》中的

其言：「非天之道，非地之道，人之所以道也。」（〈儒效〉）「禮者，人道之極也。」（〈禮論〉）如是訓禮爲理的說法，亦合古意。例如《左傳》記載：

> 君子謂鄭莊公：於是乎有禮。禮，經國家，定社稷，序民人，利後嗣者也。許，無刑而伐之，服而舍之，度德而處之，量力而行之。相時而動，無累後人，可謂知禮也。（隱公十一年）

> 子產之從政也，擇能而使之。馮簡子能斷大事；子太叔美秀而文；公孫揮能知四國之爲，而辨於其大夫之族姓、班位、貴賤、能否，而又善爲辭令；裨諶能謀，謀於野則獲，謀於邑則否。鄭國將有諸侯之事子產乃問四國之爲於子羽，且使多爲辭令；與裨諶乘以適野，使謀可否；而告馮簡子使斷之。事成，乃授子太叔使行之，以應對賓客，是以鮮有敗事。北宮文子所謂有禮也。（襄公三十一年）

鄭莊公與子產之作爲，分別被《左傳》作者及魯公子北宮文子稱贊知禮，實則他們只是做了符合身分上應當做的事而已。鄭莊公知禮乙事，乃因其「相時而動，無累後人」，不納許地於己，並非其度量寬大或有仁者之心，而是明見時勢所作出的判斷，以不遺禍於後代子孫。是以《左傳》文中所云「禮，經國家，定社稷，序民人，利後嗣」諸語，「禮」實指身爲國君自當司職之業，〔註29〕當無特殊意蘊。子產執政，知人善用，致使鄭國大治，鮮有敗事，引文已明。也就是說，鄭莊公與子產所作所爲均屬合情合理，也是他們身處職分應當從事之業，身分司職相配，這就是「禮」。此不禁令人想到孔子所強調的「君君，臣臣，父父，子子」（《論語・顏淵》）。荀子所稱不可變更之內蘊的「禮」亦當是指此。如是說法，《管子・心術上》亦曾言及，其云：「禮者，因人之情，緣義之理，而爲之節文者也。故禮者謂有理也。理也者，明分以論義之意也。」明白曉諭「義」的意義是爲「理」，也就是「禮」。「義」，依《管子》所見，「義者，謂各處其宜也」（仝上）。所以，「禮」是明上下貴賤之分、各盡其本分之理，但其前提是「因人之情」。此說與《左傳》、《荀子》、《禮記》等說法並無二致。唯訓「禮」爲「理」，爾後宋明理學則提昇至抽象

〈三年問〉、〈樂記〉、〈聘義〉等與《荀子》之〈禮論〉、〈樂論〉、〈法行〉相類。對此可參見楊筠如，〈關於荀子本書的考證〉中「荀子與禮記詩傳的關係」。見羅根澤主編，《古史辨》第六冊（臺北：藍燈文化事業公司，1993年），頁138～142。

〔註29〕事詳見隱公十一年。竹添光鴻箋云：「禮，只處置得法之謂，不用深看。」《左傳會箋》（臺北：天工書局，1993年），頁96。

的形上層面論述，視之爲「天理」，譬如朱熹謂：「禮者，天理之節文，人事之儀則也。」〔註30〕王陽明謂：「禮字即是理字。理之發現，可見者謂之文；文之隱微不可見者謂之理，只是一物。約禮只是要此心純是一個天理。要此心純是天理，須就理之發見處用功。」〔註31〕此將合乎道理之「禮」作了更深一層的理論界定，顯見哲學發展上思維的轉變與深化，在精神開展上當無悖於先秦儒學所開展的大方向。

　　3、訓「體」。《淮南子・齊俗》云：「禮者，體也。」「禮者，體情制文者也。」體現人之實情而制作文飾，以之導民於正軌而化民成俗。《禮記・坊記》即云：「小人貧斯約，富斯驕；約斯盜，驕斯亂。禮者，因人之情而爲之節文，以爲民坊也。」指出「禮」乃是因應著人生實情而制作儀度文飾，以之作爲人們預防失德的方法。譬如人貧必即窮困，窮困便會爲盜；人富即會驕奢，驕奢便會淫亂。「禮」針對如是實情制定儀度以節制之，藉由外在規範使人循規蹈舉、行爲合宜中節，故云：「夫禮者，所以章疑別微，以爲民坊也。」（仝上）「禮」是用來辨別嫌疑、區分細微，以之對人們行爲加以規範。如是觀之，訓「禮」爲「體」，除將體視爲體察、體會、體現之意外，尚指稱具體儀度，例如《禮記・禮器》云：「禮也者，猶體也。體不備，君子謂之不成人。設之不當，猶不備也。」「禮」宛如人之形體。按禮有多少、大小、高下、文素之別，需依時依對象方能展現禮的高貴，是以這「體」乃指「禮」的主要形式內容而言。倘若儀度擺飾不恰當，則無法顯示完備，故云「設之不當，猶不備也」。《禮記・禮器》云：「社稷山川之事，鬼神之祭，體也。」禮之內容包含祭祀社稷、山川、鬼神，此爲禮之大體。又〈昏義〉亦云：「夫禮，始於冠，本於昏，重於喪祭，尊於朝聘，和於射御，此禮之大體也。」冠、婚、喪、祭、朝、聘、射、御等即是「禮」的主要內容。但僅就內容言，則易流於形式而顯得空洞，所以訓禮爲體當有更進一步的深意。此深意乃在指出「禮」是體現高下貴賤之別的意義。按《墨子・經上》云：「體，分於兼也。」孫詒讓注言：「周禮天官敘官，鄭注云『體，猶分也』，說文秝部云『兼，并也』。蓋并眾體則爲兼，分之則爲體。」〔註32〕可證訓禮爲體，在於體現禮之高下

〔註30〕見《四書集注》（臺北：世界書局，1990年三十一版），上論卷一學而，「禮之用和爲貴」條下，頁5。

〔註31〕王陽明，《傳習錄》上。見吳光、錢明、董平、姚延福編校，《王陽明全集》（上海：上海古籍出版社，1992年），頁6～7。

〔註32〕孫詒讓，《墨子閒詁》（臺北：華正書局，1995年），頁279～280。

貴賤之區分的意義。綜合觀之，訓禮爲體，其意在指出「禮」因順人生實情而制定儀度規範，外以防範人們逾矩行爲，內以體現儀度區分之意。值得注意的是，「禮因人之情而爲之節文」，《管子・心術上》亦有類似之言，〔註33〕新近出土的《郭店楚墓竹簡》亦曾載之，〔註34〕可見「禮」之體現根據在於人之實情，恐爲先秦諸子一致的看法，其意甚古。至於人之實情爲何，猶待進一步探索。

4、訓「序」。《禮記・樂記》云：「禮者，天地之序也。」天覆地載的秩序，亦即是「禮」。又云：「禮與天地同節。」「天高地下，萬物散殊，而禮制行矣。」人制定禮乃順應自然外在世界的高下而定尊卑。《禮記・禮運》說得十分清楚：

> 故聖人參於天地，並於鬼神，以治政也。處其所存，禮之序也。

> 故聖人脩義之柄，禮之序，以治人情。

正所謂「天地變化，聖人效之」（《易傳・繫辭傳上》）由自然外在世界的秩序範化爲人所當行之禮，並以之治理「人情」。如是說法，恐是後起。《尚書》、《左傳》中雖然皆曾出現以自然現象變化作爲君王自身行事的警戒，〔註35〕但並未將之普遍化視之爲人所當行之禮，如是想法，在孔、孟、荀那裏是見不著的。從訓禮爲序之意觀之，當可併入訓禮爲理一義之中，因爲「序謂次第先後」〔註36〕之謂，次第先後即是合乎道理。

5、訓「養」。《荀子・禮論》言：「禮者，養也。」就荀子文脈觀之，「禮」之目的在於使人之欲望獲致最大的滿足，而不致造成彼此之間的衝突。荀子言：

> 芻豢稻粱，五味調香，所以養口也。椒蘭芬苾，所以養鼻也。雕琢刻鏤，黼黻文章，所以養目也。鍾鼓管磬，琴瑟竽笙，所以養耳也。疏房檖貌越席，牀笫几筵，所以養體也。故禮者，養也。（《荀子・禮論》）〔註37〕

〔註33〕《管子・心術上》：「禮者，因人之情，緣義之理，而爲之節文者也。」

〔註34〕《郭店楚墓竹簡》「語叢二」：「禮生於情。」頁203。

〔註35〕例如《尚書・金縢》載「秋，大熟，未穫，天大雷電以風，禾盡偃，大木斯拔」之異象，成王啓「金縢」之書，而有「今天動威，以彰周公之德；惟朕小子其新逆，我國家禮亦宜之」的說法。《左傳》中譬如〈宣公十五年〉載晉伯宗言不可與楚爭，理由在於「川澤納污，山藪藏疾，瑾瑜匿瑕」，欲「國君含垢」。諸此等等。

〔註36〕見賈公彥，《周禮注疏》，卷十九，頁6右。

〔註37〕《史記・禮書》中亦有此段。

訓禮爲養，乃在指出禮的功效，這是荀子談禮獨具的特色。依其意當可併入「體」義，因爲養人之欲者爲體現人情之意。

總結上說，我們實可將「禮」作如下的界說：「禮」是合乎道理而可以踐行的，因此他體現了人的實情如好惡欲求，爲了規範人的好惡欲求等實情，故而產生冠、婚、喪、祭、朝、聘、射、御等等諸種儀度。因此，「禮」本身包含了人情之實、道德體現以及社會規範諸義。鄭玄說得好：「禮者，體也，履也；統之於心曰體，踐而行之曰履。」（《禮記正義‧序》引）至於「禮者，天地之序」的看法，應爲後起；在《禮記》中，這樣的見解已逐漸呈顯。例如〈喪服四制〉言：「凡禮之大體，體天地，法四時，則陰陽，順人情，故謂之禮。」體現天地之序、法效四時運行、理則陰陽變化、順導人情之實，以之規約提醒人自身遵循外在規範，如是對「禮」的見解，除先秦時所強調的因於人情制訂儀文數度，粲然條理，使外規矩人之行舉、內引發人之感悟外，更加上了對「禮」之源的探究。所以，對於「禮」本身概念的見解，亦隨時代之更迭其內蘊亦是有所變動的。〔註38〕

「禮」雖有上述所析的諸多意義，但彼此之間是一致的，並無衝突之處，其意已如上述所言。然而，單從字義面的查考，尚無法掌握「禮」之精義，故仍必須再從歷史面向及哲學面向查考起。

二、歷史面

從歷史角度言，「禮」之眞正起源實不可考。王國維在〈釋禮〉一文力主禮起於事神祭祀，其言：「說文示部云：禮，履也，所以事神致福也。」徐灝注解《說文》云：「禮之言履，謂履而行之也。禮之名起於事神，引申爲凡禮儀之稱。」〔註39〕事神祭祀爲「禮」的源頭之一，這點應當是毫無疑義。《左傳‧成公十三年》即云：「國之大事，在祀與戎。」〔註40〕祭祀是「禮」之中最重要的內容，即所謂「禮有五經，莫重於祭，故禮字从示」。〔註41〕事神祭祀，總分爲三：天神、地祇與人鬼。《周禮‧春官‧大宗伯》：

〔註38〕明顯的例子，譬如孔穎達在《禮記正義‧序》言「天地未分前已有禮也」，宋明理學家則將「禮」等同「天理」等。

〔註39〕徐灝，《說文解字注箋》（臺北：廣文書局，1972年），第一上，頁8上。

〔註40〕按本段乃順劉康公所言「民受天地之中以生……君子勤禮，小人盡力」而來，可見「祀」與「戎」是「禮」的兩大重要內容。

〔註41〕段玉裁語，見《說文解字注》，一篇下，頁4左。

大宗伯之職，掌建邦之天神、人鬼、地示之禮，以佐王建保邦國。以
吉禮事邦國之鬼神示。以禋祀祀昊天上帝，以實柴祀日月星辰，以槱
燎祀司中、司命、飌師、雨師。以血祭祭社稷、五祀、五嶽，以貍沈
祭山林川澤，以疈辜祭四方百物。以肆獻祼享先王，以饋食享先王，
以祠春享先王，以禴夏享先王，以嘗秋享先王，以烝冬享先王。

因不同的祭祀對象，獻祭之法亦有不同，故而引出種種的祭典與祭儀。例如
郊祭對象是天神，〔註42〕社祭對象是地示（祇），〔註43〕禘、祫對象為人鬼；
〔註44〕諸此等等。依《周禮》所示，這些祭祀儀典都是國家所規範的，對天
神、地祇、人鬼的祭祀稱為「吉禮」，是「大宗伯」的職責。按「聖人制作」
的思維，一直主導著傳統思維，《周禮》所述祭祀儀典之所出亦不例外，又如
《禮記・祭法》云「聖人之制祭祀」等等。是以德哲孔漢思(Hans Küng)的說
法頗有意義：「遠東的第三大宗教……源出中國，其中心形象既不是先知，也
不是神秘主義者，而是聖賢；這是一個哲人宗教。」〔註45〕如是「哲人宗教」，
自當以入周之後方為大顯。史上傳言周公「制禮作樂」〔註46〕，《左傳》指出
「先君周公制周禮」（文公十八年）〔註47〕，諸此可明「哲人宗教」一說有其
意義。然則，周人之「禮」則富含人文氣息，從殷周對於鬼神、人事的態度
即可看出。《禮記・表記》云：

殷人尊神，率民以事神，先鬼而後禮，先罰而後賞，尊而不親。……
周人尊禮尚施，事鬼敬神而遠之，近人而忠焉。其賞罰用爵列，親
而不尊。……

殷、周對於鬼神情狀的態度，殷人是「先鬼而後禮」，強調先事奉鬼神，人事

〔註42〕《禮記・祭義》：「郊之祭，大報天而主日，配以月。夏后氏祭其闇，殷人祭
其陽，周人祭日以朝及闇。」孫希旦云：「愚謂郊禮於經無可考。」見《禮記
集解》（北京：中華書局，1989年），卷四十六，頁1216。

〔註43〕《禮記・郊特牲》：「社，所以神地之道也。」

〔註44〕《禮記・王制》：「天子諸侯宗廟之祭，春曰礿，夏曰禘，秋曰嘗，冬曰烝。」
〈明堂位〉：「季夏六月，以禘禮祀周公於大廟。」〈喪服小記〉：「王者禘其祖
之所自出，以其祖配之，而立四廟。」孔穎達疏：「取其合集群祖謂之祫。」
「此祫謂祭於始祖之廟。」見《禮記正義》，卷十二，頁20左。

〔註45〕秦家懿、孔漢思（Hans Küng）著，吳華譯，《中國宗教與基督教》（北京：三
聯書店，1990年），頁3。

〔註46〕《禮記・明堂位》、《尚書大傳》卷四〈洛誥〉皆曾如是說。

〔註47〕清人崔述云：「記多稱周公制禮，而春秋傳亦嘗及之，必非無故而妄言者。」
見《考信錄》（臺北：世界書局，1979年），「豐鎬考信錄卷之五」。

在後，〈盤庚〉一文即可爲證；〔註 48〕周人則是「敬鬼神而遠之」，故「尊禮尚施」，強調人間儀度，故賞罰有制。陳來先生言：

> 在殷商對神鬼的恐懼崇拜，與周人對天的尊崇敬畏之間，有著很大的道德差別。前者仍是自然宗教的體現，後者包含著社會進步與道德秩序的原則。〔註 49〕

周人要比殷人來得進步，就在於「道德秩序原則」的確立，也就標示著人文精神的挺立。〔註 50〕

　　「禮」爲聖人制作而起，所以「禮」自是後起。王國維〈殷周制度論〉從制度面談起，隨及論及「禮」順勢而出，更得明證。其言：

> 欲觀周之所以定天下，必自其制度始矣。周人制度之大異於商者，一曰立子立嫡制，由是而生宗法及喪服之制，并由是而有封建子弟之制、君天子、臣諸侯之制。二曰廟數之制。三曰同姓不昏之制。此數者，皆周之所以綱紀天下，其旨則在納上下於道德，而合天子諸侯卿大夫庶民以成一道德之團體，周公制作本意實在於此。〔註 51〕

周代制度，因時間久遠，詳情難悉，其間實況亦非我們所能處理。但王國維指出，周代新建制度有三，是立嫡制，二是廟數制，三是同姓不昏制。由嫡長制衍生宗法、喪服及封建等制，由廟制而有祭法，由同姓不昏使天下異姓之國「以婚媾甥舅之誼通之」〔註 52〕，「周人一統之策，實存於此」。〔註 53〕又言：

〔註 48〕〈盤庚〉一文，可見盤庚諄諄於上天、先后之降罰，故知殷人尊鬼神明矣。

〔註 49〕陳來，《古代宗教與倫理──儒家思想的根源》（北京：三聯書店，1996 年），頁 149。

〔註 50〕傅斯年在《性命古訓辨證》中言：「殷周之際大變化，未必在宗法制度也。既不在物質文明，又不在宗法制度，其轉變之特徵究何在？曰，在人道主義之黎明。……蓋周之創業，不由巨大之憑借……一面固能整齊師旅，一面亦能收攬人心……凡此恤民而用之，慎刑以服之，其作用固爲乎自己。此中是否有良心的發展，抑僅是政治的手腕，今亦不可考知。然既走此一方向，將數世積成之習慣，作爲寶訓，諄諄命之於子孫，則已啓人道主義之路，以至良心之黎明，已將百僚庶民之地位增高。」（中卷，第二章）亦可作爲周人之人文精神挺立之證。見傅孟眞先生遺著編輯委員會，《傅孟眞先生集》（臺北：國立臺灣大學，1952 年），第三冊，頁 101～103。

〔註 51〕王國維，《觀堂集林》（北京：中華書局，1959 年），卷十，頁 453～454。

〔註 52〕仝上，頁 474。

〔註 53〕仝上。

由是制度乃生典禮，則經禮三百、曲禮三千是也。……有制度典禮
以治，天子諸侯卿大夫士，使有恩以相洽，有義以相分，而國家之
基定，爭奪之禍泯焉。民之所求者，莫先於此矣。且古之所謂國家
者，非徒政治之樞機，亦道德之樞機也。使天子諸侯各奉其制度典
禮，以親親尊尊賢賢，明男女之別於上，而民風化於下，此謂之治，
反是則謂之亂。是故天子諸侯卿大夫者，民之表也。制度典禮者，
道德之器也。〔註54〕

有制度故而生典禮以之規範，所謂「經禮三百，曲禮三千」，是以判分上下之
別，「親親尊尊賢賢」是其原則，「明男女之別於上，而民風化於下」是其效
果，組成「一道德團體」則是其目的。其中最值得注意的是「親親尊尊賢賢」
的原則，王國維說：「然尊尊親親賢賢，此三者治天下之通義也。周人以親親
尊尊賢賢，上治祖禰，下治子孫，旁治昆弟，而以賢賢之義治官。」〔註55〕
是此可知，「禮」出於制度之後，「禮」有其原則、效果與目的。「禮」既有其
原則、效果與目的，必然加入後人的巧妙運思，是爲人文精神之意識。

從銅器銘文記載，已能明證禮之人文精神意識的覺醒，主要表現在對祖
先之德的傳承以及責任的承荷之上。考殷周變革之際，引發周人亟思努力踐
行人事，時時懷抱憂患意識，以祖先之德爲典範，祈求「天命」在身。西周
早期銅器「何尊」記載成王之語說：

王誥宗小子于京室（按：指宗廟），曰：昔在爾考公氏克弼文王，肆
文王受茲〔大令〕。〔註56〕惟武王既克大邑商，則廷告于天，曰：「余
其宅茲中國，自之（按：指雒邑）乂民。嗚呼！爾有雖小子無識公
氏有恪于天，徹令敬享哉！」惟王恭德裕天，訓我不敏。

先祖對「天」之崇敬，作爲後輩子孫更應戰戰兢兢，故言「恭德裕天，訓我
不敏」，恭敬德行使天裕足，以之訓誨後世。《尚書・梓材》亦言：「皇天既付
中國民，越厥疆土，于先王肆，王惟德用。」在如是天人關係下，效法祖先
如文王、武王的優良美德是永保天命在身的唯一方式。《詩經・周頌》記載頗
多這類的情事。

〔註54〕仝上，頁475。
〔註55〕仝上，頁472。
〔註56〕原銘不明，校注者依文意補，見馬承源主編，《商周青銅器銘文選（三）》（北
京：文物出版社，1988年第一版），頁21。

　　隨著周人政權的穩固，訂封建、明尊卑、序昭穆、行典禮，以體現人文秩序，綻放人文精神；周人所立之「立嫡」、「宗法」、「喪服」、「廟制」、「祭法」、「昏制」等等，以「親親尊尊」為原則而展開之周文，便逐漸成為爾後政治的典章制度與社會的儀文規範。《禮記・大傳》云：

　　　　立權、度、量，考文章，改正朔，易服色，殊徽號，異器械，別衣
　　　　服，此其所得與民變革者也。其不可變革者則有矣，親親也，尊尊
　　　　也，長長也，男女有別，此其不可得與民變革者也。

親親故尊祖，尊祖故敬宗，敬宗故收族，收族故宗廟嚴，宗廟嚴故重社稷，重社稷故愛百姓，愛百姓故刑罰中，刑罰中故庶民安，庶民安故財用足，財用足故百志成，百志成故禮俗刑，禮俗刑然後樂。

　　由此可見「禮」之範域從祭祀層面逐步擴大，甚至到「不可變革」之地，無怪乎有「為國以禮」（《論語・先進》）、「國之命在禮」（《荀子・彊國》）之論。誠如張永儁先生所言：「『禮』從原始宗教的祭禮，逐漸透入到各文化層級中，涵蓋的範圍甚廣。」〔註57〕「禮」所包含的範域逐漸擴大，依據現有文獻及學者的研究，必須歸功於周公與孔子二人。「禮」的變革，一經周公的「制禮作樂」，二經孔子的「定禮樂」。〔註58〕周公之功在於將尚鬼的殷人習俗轉為「尊禮尚施，事鬼敬神而遠之」的人文精神，強調天命靡常、明德慎罰，對於天地神祇祭祀的崇敬等。「從公元前十一世紀到公元前六世紀，周代的文化與周公的思想已經形塑了中國文化的特質……中國文化歷程中體現出來的道德人文主義的精神和氣質可以說在此基礎上正逐漸形成。」〔註59〕孔子之功更不待言，其提出「禮」的原則性及普遍性，將「禮不下庶人」（《禮記・曲禮上》）的限制打破，使「禮」之精神及其某些儀文軌範成為整個社會共同接受的道德標準與行為規範。誠如楊向奎先生指出：「沒有周公不會有傳世的禮樂文明；沒有周公就沒有儒家的歷史淵源，沒有儒家，中國傳統文明可能是另一種精神狀態。」〔註60〕

〔註57〕見張永儁，〈「禮」的人文理想與人道關懷〉，頁4。發表於1993年5月「傳統
　　　　中國文化與未來文化發展研討會」。後收入沈清松主編，《詮釋與創造》（臺北：
　　　　聯合報系文化基金會，1995年）。
〔註58〕楊向奎，《宗周社會及與禮樂文明（修訂本）》（北京：人民出版社，1997年），
　　　　頁283起。陳剩勇，〈禮的起源——兼論良渚文化與文明起源〉，頁60。
〔註59〕陳來，《古代宗教與倫理——儒家思想的根源》，頁196。
〔註60〕楊向奎，《宗周社會及與禮樂文明（修訂本）》，頁141。

　　另一方面，若考察周代禮制，從現有典籍以及考古資料中比對，譬如「藉禮」（天子親耕）、「蒐禮」（藉由田獵進行軍事校閱與軍事演習）、「射禮」（或著重訓練比賽，或著重宴樂敘事）、「鄉飲酒禮」（鄉學酒會之禮）、「饗禮」（貴族招待貴賓之禮）、「冠禮」（成年禮）、「贄見禮」（相見贈物之禮）、「冊命禮」（天子繼位、分封諸侯、設官任職、賞賜或告誡臣下等之禮），以及各種祭禮（祭天之「郊祭」、祭土地之「社祭」、祭祀先王之「禘祭」、冬日舉行祭天之「烝祭」等等），以及繁雜的喪禮〔如奠祭（含小斂、大斂、殯、葬）、虞祭（初虞、再虞、三虞）、卒哭祭、祔祭、小祥祭、大祥祭、三年之喪的禫祭等〕，諸此皆是「禮學」的範域，史學家已作出十分可觀的成績。〔註 61〕誠如孔子曾責備子貢欲去告朔之餼羊而言「爾愛其羊，我愛其禮」（《論語・八佾》），禮之形式固然不可廢棄。但是，過於重視外在儀度而無莊敬悲戚之心（亦即禮之精神），孔子亦不許之，故言：「禮云禮云，玉帛云乎哉」（〈陽貨〉）。因此，「禮」當不是上述各種儀式考證的累加，其必有一精神內蘊引導各種儀式表現合宜。這樣的內蘊，則需自哲學面查考起。

　　另必須附帶一提是，「禮」既起於祭祀，故論者試圖自從事祭祀之職的「巫祝」查考起，以明「禮」為後起。〔註 62〕此證據已明，茲不再述。「禮」為後起，從「禮」的字義面觀之，已足以明之，「禮」是人主動認知後而予以主動踐行，是以「禮」決非先天具存；論禮為先天之說，此乃後儒說法。〔註 63〕時人研析，可為佐證。〔註 64〕

〔註61〕參見楊寬《西周史》的探討。此書收集了作者早於 1965 年出版的《古史新探》（北京：中華書局），以及 80 年以來的研究心得。另外關於喪禮一題，可參考張捷夫，《中國喪葬史》（臺北：文津出版社，1995 年）；王德育，《上古中國之生死觀與藝術》（臺北：史博館編譯組，2000 年）。諸此等等。

〔註62〕參見陳來，《古代宗教與倫理──儒家思想的根源》，頁 19 起。

〔註63〕參見本文第一章「釋禮」註 1 的說明。

〔註64〕對於「禮」之起源，近人做了非常多的工夫研究，指出「禮」或起於祭祀，譬如郭沫若的〈孔墨的批判〉〔《十批判書》（北京：東方出版社，1996 年），頁 96〕、何炳棣的〈原禮〉〔載香港中文大學中國文化研究所《二十一世紀》，1992 年 6 月，頁 102〕，或起於原始社會儀式，譬如柳詒徵的〈中國禮俗史發凡〉〔《柳詒徵史學論文續集》（上海：上海古籍出版社，1991 年），頁 615〕、楊寬的《西周史》〔（臺北：臺灣商務印書館，1999 年），頁 731～733、737〕、楊向奎的《宗周社會與禮樂文明（修訂本）》〔（北京：人民出版社，1997 年），頁 235〕，諸此等等。

三、哲學面

　　無論「禮」之源起為何，從哲學面向查考「禮」的內蘊，或許更具意義。《禮記・禮器》云：

> 先王之立禮也，有本有文。忠信，禮之本也；義理，禮之文也。無本不立，無文不行。

德行如忠信者，是為禮的依據，因禮主於「敬」〔註65〕，德行的根本亦在於「敬」。合宜之理，是為禮的文飾。本文相輔，亦如《易傳》所言「敬以直內，義以方外」（坤《文言》），內外合具，禮方大備，這正是哲學面向所要探討的焦點。

　　1、「禮」的理論根源植基於「人情」，司馬遷即言「緣人情而制禮」（《史記・禮書》）。此可分兩方面探究，一是情緒義上的「七情」，也就是人生自然欲望的一面；二是更理論的部分，即探討人之所以為人的「人性」。

　　就第一面向言，《禮記・禮運》指出人之七情為「喜怒哀懼愛惡欲，七者弗學而能」，又云：「飲食男女，人之大欲存焉；死亡貧苦，人之大惡存焉。故欲惡者，心之大端也。」指出心之所欲、所惡，在於飲食男女之自然生理，以及死亡貧苦之趨吉避凶。此必須「治」之，如何治？以「禮」。依〈禮運〉意，修「父慈、子孝、兄良、弟弟、夫義、婦聽、長惠、幼順、君仁、臣忠」之十義，以之節制人情。《禮記》中有所謂「直情而徑行者，戎狄之道也」（〈檀弓下〉），直接顯露人情而徑行放縱，這是蠻夷戎狄毫無教化的方式，「禮」的國度不是如此，故人情必須有所節制。〈檀弓下〉云：「喪禮，哀戚之至也。節哀，順變也，君子念始之者也。」人遭父母喪禮，乃哀戚之極致，必須加以「節」之，所以有種種儀度，順孝子之悲哀，使之逐漸適應、面對如此大變。孫希旦言：「君子念父母生我之心必不欲其如此，是以雖至哀而必為之節也。」〔註66〕由此可知，「禮」藉由種種外範規定以防止人「直情徑行」而自形毀傷。因此，對於哀傷至極而表現出的「辟踊」，因而有節算之制。〔註67〕《禮記・坊記》亦云：「禮

〔註65〕如《禮記・曲禮上》言「毋不敬」。《墨子・經上》云：「禮，敬也。」《孝經》亦云：「禮者，敬而已矣。」（〈廣要道〉）

〔註66〕《禮記集解》，卷十，頁252。

〔註67〕《禮記・檀弓下》：「辟踊，哀之至也。有算，為之節文也。」孔穎達注疏：「撫心為辟，跳躍為踊。孝子親喪，哀慕至懣，男踊女辟，是哀痛之至極也。若不裁限，恐傷其性，故辟踊有算，為準節文章。準節之數，其事非一。每一踊三跳，三踊九跳，為一節。……故云為之節文。」見《禮記正義》，卷九，

者，因人之情而為之節文，以為民坊者也。」因此，「禮」具備如冠、婚、喪、祭、朝、聘、射、御等儀度規範，以軌範人情。其效果是「教化也微」，「止邪於未形，使人日徙善遠罪而不自知」（《禮記·經解》）。「禮」之功效如此鉅大，就在於其建基「因於人情」這一點上。〔註68〕

在這一面向上，孔子注意到「克伐怨欲不行焉」「為難」的層面〔註69〕（《論語·憲問》），而提出「恭自厚而薄責於人，則遠怨矣」（《論語·衛靈公》）等等的自反之道。孟子認清人無恆產即無恆心，故而提出「制民之產」，使之「養生喪死無憾」，否則人們將「放辟邪侈，無不為已」而「陷於罪」（見《孟子·梁惠王上》）。基本溫飽有所保障（即所謂「仁政」），人倫教化方能進行（見《孟子·滕文公上》）〔註70〕。荀子則直接面對人生諸多欲望的追求，認為必須有所節制，「使欲必不窮乎物，物必不屈於欲，兩者相持而長」（《荀子·禮論》），故而論「禮」。顯見先秦儒家諸子已注意到「人情」（人之實情）面向，並提出疏導之方，這是「禮的人文精神」得以成立的重要基礎。

就第二面向言，「禮的人文精神」其必立基於人之所以為人這一議題之上，否則即無意義。何以言之？因「禮」為人所設，目的在使人徙善遠罪，不明人之質性意義如何為之。人情固然是人之質性的一部分，究竟過於表層，不若更深入地對人心、人性的探討。孔子言：「道之以刑，齊之以政，民免而無恥。道之以德，齊之以禮，有恥且格。」（《論語·為政》）外範的刑、政固然可使人循規蹈矩，但並無法深植人心。然則，德、禮以人之實情為據，使人「有恥且格」，因人心知恥而主動使自己達到德、禮要求。孟子講求「君子所性，仁義禮智根於心」（《孟子·盡心下》），君子所欲表現出來的「性」，是植根於心中的仁義禮智這些德性。這是先秦儒家對中國哲學的一大發明。因此，對於先秦儒家關於對人之質性認識這一議題，我們必須提出探討。

然則，有一現象必須提出說明。論者或言先秦儒家人性論是一個核心議題，這在一定程度上是有其意義的。但反省代表先秦儒家思想的典籍如《論

頁 14 右。

〔註68〕〈禮運〉一文對之有更多的闡釋。

〔註69〕傅佩榮曾對孔子情緒面作一全面探討，見〈孔子情緒用語的兩個焦點：怨與恥〉一文，《哲學雜誌》第三十六期（臺北：業強出版社，2001 年 8 月），頁 4～24。

〔註70〕孟子言：「人之有道也，飽食煖衣，逸居而無教，則近於禽獸。聖人有憂之，使契為司徒，教以人倫：父子有親，君臣有義，夫婦有別，長幼有序，朋友有信。」（《孟子·滕文公上》）

語》、《孟子》、《荀子》與《禮記》等，上述的陳述恐必須提出修正，因爲「人性」這一議題在先秦儒家思想中並不具有普遍意義。按孔子僅言「性相近也，習相遠也」（〈陽貨〉），孔子弟子子貢明白指出：「夫子之言性與天道，不可得而聞也。」（〈公冶長〉）可見孔子未曾談論人性的普遍義。〔註71〕其次關於孟子，《孟子》書中僅出現三十七次的「性」字，所佔分量並不突出，著名的「性善」一辭亦僅僅出現兩次。〔註72〕至於《荀子》書三十二篇，〈性惡〉僅佔其一；荀子雖明顯直視人之性本身，並認定人天生的某些欲望即是人之性的一個側面，但仔細審視《荀子》一書，這方面恐怕不是荀子理論論述的要點。〔註73〕《禮記》一書四十九篇，九萬多字，但提到「性」字亦不過二十六次，所佔分量亦十分稀少，且集中體現於著名的〈樂記〉及〈中庸〉兩篇當中。〔註74〕如是觀之，人性議題在先秦儒家思想中可能不是一個熱烈討論的主張。這樣的議題何以成爲爾後中國哲學著名的基本問題之一，更成爲研析先秦儒家思想不可避免的議題，這是哲學史上的公案，自有學術發展的內因與外緣種種因素，本文不究。儘管如此，我們仍必須認清，倘若論「禮」少了對人之質性清晰的認識，此「禮」即顯得空泛而無基。「禮」之所以長期規範中國人的生活，我們可以肯定，其必然見及人之質性的眞實側面。

　　2、「禮」從「反本脩古」的宗教情懷，昇華爲人文品質的開展與人格之美的體現，範圍了人生一切標準。就「禮」的宗教情懷而言，如前所述，「禮」起於祭祀，但爲什麼要祭祀？《禮記・禮器》：「禮也者，反本脩古，不忘其初也。」「反本脩古」就是不可或忘之「初」。《禮記・禮運》云：

> 夫禮之初，始諸飲食，其燔黍捭豚，汙尊而抔飲，蕢桴而土鼓，猶若可以致其敬於鬼神。及其死也，升屋而號，告曰：皋，某復！然後飯腥而苴孰。故天望而地藏之，體魄則降，知氣在上。故死者北首，生者南鄉，皆從其初。

孫希旦注言：「禮，經緯萬端，無乎不在。而飲食足以養生，人既生則有所以

〔註71〕對於這點，林義正提出不同的見解，請參見〈論語「夫子之言性」章之研究〉一文，《臺灣大學文史哲學報》第四十二期（1995年4月），頁1～31。

〔註72〕分別見於〈滕文公上〉「滕文公爲世子」章及〈告子上〉「公都子曰告子曰性無善無不善」章。

〔註73〕此見本文第四章討論。

〔註74〕查〈樂記〉出現八次、〈中庸〉出現十一次「性」字。詳細討論，請參見本文第五章第二節，頁310～313。

養之，故禮制始乎此焉。」〔註75〕此當非〈禮器〉本段文意。按「禮」「始諸飲食」段，指人最初的飲食行為雖然簡陋，但無作偽之心，是以以之致敬鬼神以表心中至誠。「皆從其初」者，乃因親人過世，心思念及，故供奉逝者生前所需食物，哭喊逝者名字，期待親人再度歸來相聚，故云「皋，某復」。而所供奉之物均簡陋如人最初之飲食行為，示不忘本。此「不忘本」，便含蘊了極豐富的人文精神，包括對於親人逝去的哀傷之情、人生命延續之神聖性的肯定，以及紹述祖先之德的責任承荷等等。《禮記》對這點十分強調，作了許多詮釋。

　　荀子曾提出著名的「禮之本」，其意乃指「禮」的範域有三：

> 天地者，生之本也；先祖者，類之本也；君師者，治之本也。無天
> 地，惡生？無先祖，惡出？無君師，惡治？三者偏亡，焉無安人。
> 故禮，上事天，下事地，尊先祖，而隆君師，是禮之三本也。(《荀
> 子·禮論》)〔註76〕

天地是人存在的依據，故產生對天神、地祇的祭祀，以報其德。祖先是氏族與個體的根源，而人死為鬼，故產生對人鬼的祭祀，以報其恩。至於君師創制禮樂，天下國家方能治之，代表文化生命的傳承，故尊而敬之，以報其澤。「反本」故祭祀，表示不忘；「脩古」故法效，表示紹續。對於天地、先祖、君師，均懷抱如是精神，所以說「禮」的宗教內蘊是「反本脩古」。更值得說明是，「禮」之宗教情懷的意義不在於對外在神明的祈求，而在人自身心中內在的誠敬。《禮記·禮器》言「祭祀不祈」即是此意。〔註77〕《禮記·祭統》宣稱：

> 夫祭者非物自外至者也，自中出生於心也。心怵而奉之以禮，是故
> 惟賢者能盡祭之義。

「心怵而奉之以禮」，可知「禮」的基礎在於人心中的實情，祭祀亦然。是以先秦儒家所呈顯出的宗教情懷頗為高尚，決非西哲黑格爾(Hegel, G. W. Friedrich)所批評是「沒有精神的宗教」。〔註78〕由「祭祀不祈」的精神，自可

〔註75〕孫希旦，《禮記集解》(北京：中華書局，1989年)，卷二十一禮運第九之一，頁586。

〔註76〕《大戴禮記·禮三本》之文類此。

〔註77〕然而，〈郊特牲〉則言「祭有祈焉」，顯然與之不類。可見《禮記》中諸文內蘊不太一致。

〔註78〕見黑格爾（G. W. F. Hegel）著，謝詒徵譯，《歷史哲學》(臺北：大林出版社，

明證「禮」必能促使人文品質的自我提升，進而展現人文美感。與現代倫理學(Ethics)相較，頗有西哲康德(Kant, I.)所謂之「自律道德」(Autonomous morality)〔註79〕的意蘊。是否相類，猶待探究。

孔子言：「不學禮，無以立。」（《論語·季氏》）「立」指立於社會之上，更深意涵是立於宇宙人生之中。對此，孔、孟、荀皆曾論述：

> 今之孝者，是謂能養。至於犬馬，皆能有養。不敬，何以別乎？（《論語·為政》）

> 人之所以異於禽獸者幾希！庶民去之，君子存之。舜明於庶物，察於人倫，由仁義行，非行仁義也。（《孟子·離婁下》）

> 人之所以為人者，非特以其二足而無毛也，以其有辨也。夫禽獸有父子而無父子之親，有牝牡而無男女之別。故人道莫不有辨。（《荀子·非相》）

「敬」乃立基於人之情感上而發動的，「孝」之精神亦即在此，如《左傳·文公二年》言：「孝，禮之始也。」；「幾希」表示人必須戰戰兢兢，注意人所當為之事；「辨」人禽之「別」表示人道之始，「禮」即由此而顯。《大戴禮記·哀公問於孔子》有云：「所以治禮，敬為大。」禮更是人是否具有品質之文化上的區判。《左傳·僖公二十二年》記載平王東遷，周大夫辛有至伊川之地，「見披髮而祭于野者，曰：不及百年，此其戎乎！其禮先亡矣。」使人淪於野蠻無序之態，其「禮」必先亡。《論語》中孔子稱讚管仲，即是就文化層面予以肯定，云：「微管仲，吾其披髮左衽矣。」（〈憲問〉）〔註80〕由此可見，「禮」必能促使人文品質的自我提升，進而展現人文美感。

其次，「禮」範圍了人生一切的標準，《禮記·曲禮上》的陳述已然明顯：

> 道德仁義，非禮不成；教訓正俗，非禮不備；分爭辨訟，非禮不決；
> 君臣上下、父子兄弟，非禮不定；宦學事師，非禮不親；班朝治軍、
> 涖官行法，非禮威嚴不行；禱祠祭祀、供給鬼神，非禮不誠不莊。

1977年），頁210～214。黑格爾認為，中國人之宗教出於交換，故無精神。

〔註79〕康德（Immanuel Kant）所言之「自律道德」，意指人的理性可以自我立法。參見李明輝譯，《道德底形上學之基礎》（臺北：聯經出版公司，1990年）。

〔註80〕《左傳·閔公元年》：「狄人伐邢。管敬仲言於齊侯曰：『戎狄豺狼，不可厭也。諸夏親暱，不可棄也。宴安酖毒，不可懷也。詩云：豈不懷歸，畏此簡書。簡書，同惡相恤之謂也。請救邢以從簡書。』齊人救邢。」管仲本「諸夏親暱」與「戎狄豺狼」之辨，使齊人救邢，亦是基於文化層面論之。可參究。

> 是以君子恭敬、撙節、退讓以明禮。鸚鵡能言，不離飛鳥；猩猩能
> 言，不離禽獸。今人而無禮，雖能言，不亦禽獸之心乎？夫唯禽獸
> 無禮，故父子聚麀。是故聖人作，為禮以教人，使人以有禮，知自
> 別於禽獸。

此處所言之外在規範儀度，如政治、軍事、法律、教育、道德、心理等等，包括了人生的一切；「非禮不行」，表示一切規範儀度均須合乎「禮」方得以進行。此猶如軍事訓練般，藉由外在的制約使之合於正行，日久成習，「使人以有禮，知自別於禽獸」。「人」的自覺，得使人文品質提升，一切行為舉止、習俗制度，依「禮」的軌範自可達致完滿。《左傳·昭公七年》云：「禮，人之幹也，無禮無以立。」可見「禮」是人立身行為處事的最重要因素。孔子也說：「非禮勿視，非禮勿聽，非禮勿言，非禮勿動。」（《論語·顏淵》）視、聽、言、動即代表了人間一切的行為舉止。由之可明，「禮」的確範圍了人生一切。

　　3、「禮」的根本性質在於區分貴賤尊卑的人間秩序以顯現整體的美感，理想在於人各安其位，盡其所能奉獻於社會，使社會整體能達到一盡善盡美之境。《禮記》云：

> 夫禮者，所以定親疏，決嫌疑，別異同，明是非也。（〈曲禮上〉）
> 民之所由生，禮為大。非禮無以節事天地之神也，非禮無以辨君臣、
> 上下、長幼之位也，非禮無以別男女、父子、兄弟之親、昏姻疏數
> 之交也。君子以此之為尊敬然。（〈哀公問〉）

荀子亦言：

> 禮者，貴賤有等，長幼有差，貧富輕重皆有稱者也。（《荀子·富國》）

親疏異同、貴賤長幼、貧富輕重，其間細判分別，「禮」均作了規定，是以有「禮儀三百，威儀三千」（《禮記·中庸》）之稱。在如此認知下，「非禮」，即無法「節事」天地神祇，無法區分君臣、上下之位以及男女、父子、婚姻等一切人間儀度。反之，依「禮」則可使社會呈顯出秩序之美。而「禮」所標定的社會秩序，則是立基於「親親尊尊」之原則的封建宗法基礎上。《禮記·大傳》云：

> 上治祖禰，尊尊也。下治子孫，親親也。旁治昆弟，合族以食，序
> 以昭穆，別之以禮義，人道竭矣。……聖人南面而治天下，必自人
> 道始矣。

由家族引伸至天下國家，這樣思維一直影響著傳統中國。自「親親」之血緣

紐帶起，而有親疏遠近差等，從父子之親、兄弟之悌至同宗同祖之家族，透過宗法組織，構成一嚴密體系。天下國家是家族宗族的擴大，因此產生「事君猶事父」(《公羊傳・定公十三年》)〔註81〕之思。誠如王國維所稱，「其旨則在納上下於道德，而合天子諸侯卿大夫庶民以成一道德之團體」。如此道德團體，呈顯出完滿地秩序之美。因此，「禮」的功效顯著，是治國安民的最佳實踐方法。是以《左傳》云：

> 禮以體政，政以正民，是以政成而民聽，易則生亂。(桓公二年，晉大夫師服語)

> 禮，國之幹也。敬，禮之輿也。不敬則禮不行，禮不行則上下昏，何以長世？(僖公十一年，周內史過語)

> 禮，所以守其國，行其政令，無失其民者也。(昭公五年，晉女叔齊語)

也就呈顯出「禮」在人間秩序實踐上具有著普遍性，因此人們自然也會認為「禮」是恆常的建制。

4、「禮」的恆常性。「禮」由「天」出，這一認知始出《尚書》，前已述及；《左傳》、《禮記》遺有承續之跡，但於孔、孟、荀處未見。自古以來，「天」代表「至高無上」〔註82〕的實體。從《尚書》僅有的記載已能明顯得知，「天」參與了人間世事的運作，且是公理正義的最後裁斷者。〈皋陶謨〉「天工人其代之」一段，說明了人間一切美好制度皆由「天」所降，此包括了「禮」，為「禮」本身賦予理論上極致的根源。至於何以如此？則不見探討。同時，對於「天」本身的探究，亦未見及文獻上的研析。

《左傳》對於「禮」與「天」的關係，譬如：

> 禮以順天，天之道也。……不畏于天，將何能保？以亂取國，奉禮以守，猶懼不終，多行無禮，弗能在矣。(文公十五年)

> 夫禮，天之經也，地之義也，民之行也。天地之經，而民實則之。(昭公二十五年)

> 禮，上下之紀，天地之經緯也，民之所由生也。(昭公二十六年)

《左傳》認為「禮」是順應「天之道」，故人當遵奉而行之。《左傳》另將「天」

〔註81〕《穀梁傳・定公十三年》亦載此言。
〔註82〕 許慎，《說文解字》，說一上，頁 1 右。

「地」並稱，認定「天經」、「地義」，皆爲恆常義，「禮」之上下與「天地經緯」是等同的，民得以有意義的存在，就是依「禮」「實則之」。因此，就《左傳》認知，「禮」是恆常的。《禮記》亦有類似見解，譬如〈禮運〉云：

　　夫禮，先王以承天之道，以治人之情。

「天之道」，依〈哀公問〉所記，意指運行不已的恆常性。〔註83〕「禮」既效法「天之道」的運行，故當亦具有恆常性。〔註84〕「以治人情者」，前已論述，因爲「禮」基於人生實情，故而有所規範與導引。

　　是以從《尚書》探究，「禮」由「天」出呈顯「禮」具恆常的特性。《左傳》與《禮記》的見解與之稍有不同。前已指出，「禮」乃後起，爲聖人承天道制作，故「禮」本身富含著某種神聖性。其目的在爲民，治人之情，是用來「正民」的。〔註85〕因此，以「禮」安邦定國、治化百姓亦具神聖性、恆常性。依此而建立的宗法家族，以及爾後發展成不可逾越的「三綱五常」之教，愈來愈神聖化，孔穎達即宣稱「天地未分之前已有禮」，使原本僅在「以治人情」素樸的思維，成了更爲神聖不可觸犯的天理之則。由之亦可見「禮」本身在歷史傳承中內涵上的轉化。

　　從本節的探討觀之，我們可以發現「禮」是一個十分抽象的字眼，包含著非常複雜的意蘊。從字形上查考，我們僅能確知其與「履」具有密切關連。但從字義面的查考，意義便豐富許多，簡言之是合乎道理而可履行的一套人生實踐的方法或政治社會之制度。從歷史面向上，我們僅能確定祭祀是「禮」源起之一。周人宗法制度的建立，以及種種禮制儀度，亦可作爲探究「禮」的另一側面。可以結論地說，從歷史面的查考上，得以確認稱呼「禮」代表了中國文化整體當不致過譽。從哲學面上的查考，得出四個要點，（1）「禮」基於人生實情而立論，（2）「禮」由宗教意識昇華爲人文品質的開展，（3）「禮」展現社會整體秩序之美，（4）「禮」具恆常的特性。因此，可說「禮」是我族文化的標誌。總之，「禮」包含的面向十分廣泛，內涵十分豐富，其決不是單

〔註83〕《禮記‧哀公問》：「公曰：敢問君子何貴乎天道也？孔子對曰：貴其不已。如日月東西相從而不已也，是天道也；不閉其久，是天道也；無爲而物成，是天道也；已成而明，是天道也。」

〔註84〕然而，《禮記》的深意乃指制「禮」之聖人效法「天道」運行，並無私意。參見本文第五章第二節的討論，頁313｜五。因此，《禮記》認知與《尚書》、《左傳》不太相類。

〔註85〕《左傳‧莊公二十三年》：「夫禮，所以整民也。」《國語‧晉語》：「夫禮，所以正民也。」

純地儀文數度的累加，而是一套立基於人情、人性之上，從宗教情懷昇華爲人文品質的開展與人格之美的體現，期望創造出整全秩序之美的群體。《禮記‧禮運》之「大同」與「小康」的理想，更是一直爲歷代中國人所企求的目標。其中動力，就在於「禮」所展現的「人文精神」，如是精神，在本節的探究中多少已經呈顯出來。以下，本文將從先秦典籍入手，探究其對「禮」的見解，以明先秦儒家諸子之核心主張──「禮」，在其所處之時代所呈顯的特殊意義。

第二節　孔子前之典籍對「禮」的見解

一、《尚書》、《詩經》與《易經》

（一）《尚書》

《今文尚書》出現「禮」字九次，大體皆指禮儀或禮典。例如〈金縢〉：「今天動威以彰周公之德；惟朕小子其新逆，我國家禮亦宜之。」以國家之禮迎接周公，這是合宜的，顯見「禮」已有身分貴賤的區別。另兩度提到「殷禮」，一是〈洛誥〉：「王肇稱殷禮，祀于新邑，咸秩無文。」另一是〈君奭〉：「在武丁，時則有若甘盤，率惟茲有陳，保乂有殷；故殷禮陟配天，多歷年所。」注解多稱周初祭祀依襲殷禮。〔註86〕〈洛誥〉之意是周王在祭祀時「各有等差，皆次序之，無有紊亂也」〔註87〕，因此，〈洛誥〉爾後出現的兩次禮都指上述的禮典。〔註88〕倒是〈君奭〉指「殷禮」「配天」，顯示禮之神聖性。其意旨在於殷王運用賢人，而能「格于皇天」，使上天知曉。例如武丁舉甘盤，使天下治，殷得以保存天命在身。故聖明殷王過世，其神靈升天足

〔註86〕如鄭玄、孔穎達〔《尚書正義》（臺北：藍燈文化事業公司，十三經注疏，重刊宋本尚書注疏附校勘記），書疏十五，頁 17 右～18 左〕、孫星衍〔《尚書今古文注疏》（臺北：臺灣商務印書館，1970 年）卷十九，頁 301〕、屈萬里〔《尚書釋義》（臺北：中國文化大學出版部，1984 年修訂），頁 141〕等，多如是言之，或直言即殷人祭祀之禮，或曲言周公制禮承殷而來，故仍稱殷禮。另有論者認爲此「殷禮」是諸侯見君王的「殷見之禮」，如曾運乾，《尚書正讀》（臺北：華正書局，1982 年），頁 203。但無論如何注解，「殷禮」指禮典一類明矣。

〔註87〕王引之語，其並指出「文」當作「紊」。見《經義述聞》（臺北：臺灣商務印書館，1979 年），卷四，頁 152～153。

〔註88〕「惇宗將禮，稱秩元祀，咸秩無文。」「四方迪亂未定，于宗禮亦未克敉公功。」

以與天匹配而受人們祭祀。〔註89〕基本上，此二文實是周人安撫殷遺民的誥示，故稱誦「殷禮」；輔以周人自警，是以舉武丁等殷王舉賢人之事蹟爲例。此處，「禮」與「天」配，無疑使「禮」具有神聖性。另一方面，殷王具體事蹟，使周人認知人世間當努力的方向所在。〈皋陶謨〉即云：「天秩有禮，自我五禮有庸哉！」〔註90〕上天所定之秩爵有一定的禮法，遵循這五種禮法施行作爲，並經常地維持著，便是人間當努力的方向。此外，〈堯典〉有所謂「修五禮」〔註91〕、「岱禮」、「西禮」，當皆指禮儀或禮典，可惜內容不明。

至於《古文尚書》中所出現的「禮」，有數點值得提出探討：（1）「以禮制心」。人心會放蕩，故以「禮」制之。〈仲虺之誥〉云：「以義制事，以禮制心。」更將禮義並言。（2）不由「禮」是「悖天道」的行爲。〈畢命〉言：「世祿之家，鮮克由禮，以蕩陵德，實悖天道。」世祿之家而不能行「禮」，放蕩邈德，是悖逆天道的。此呈顯貴族世家的風範，當時時自我提醒，以「禮」行事。（3）「禮煩則亂」，〈說命〉：「黷于祭祀，時謂弗欽；禮煩則亂，事神則難。」已注意到禮文節度繁雜則會造成混亂，結果自是難以事神。四、「禮」由人治。〈周官〉云：「宗伯掌邦禮，治神人，和上下。」〔註92〕此與《周禮・春官・大宗伯》所載相呼應，「禮」是國家由專人所統領。〈舜典〉的「典朕三禮」〔註93〕、〈微子之命〉的「修其禮物」等，皆是如是看法。

《今文尚書》出現的「禮」皆指禮儀或禮典。《古文尚書》則指出「禮」的功效與限制，比《今文尚書》所呈顯對於「禮」的意蘊更爲豐富，此或許與後人所見而僞造有關，〔註94〕但不失其價值。但二者均指出「禮」與「天」有密切關連，如前已經指出的，《左傳》與《禮記》亦有承續的看法。值得注意是，此看法於孔、孟、荀處則未見及。

〔註89〕屈萬里云：「竹書紀年於帝王之歿皆曰陟。陟，升也；謂其神靈升於天也。」《尚書釋義》，頁160。

〔註90〕鄭注「五禮」爲公侯伯子男之禮，見《尚書正義》，書疏四，頁22右。

〔註91〕鄭注言此「五禮」爲吉、凶、軍、賓、嘉，見《尚書正義》書疏三，頁9右。

〔註92〕「治神人」之「治」，當爲「辭」，意爲通達神與人。按《漢書・曹參傳》：「帝讓參曰：與窋胡治乎？乃者我使諫君也。」王先謙《補注》：「陳景雲曰：漢人以辭掠爲治，治即辭耳。錢大昕曰：與窋胡治，猶言胡與窋辭也。」

〔註93〕鄭注「天地人之禮」，見《尚書正義》，書疏三，頁25左。

〔註94〕清人閻若璩《古文尚書疏證》及惠棟《古文尚書考》等書出，證明了《古文尚書》是後人所僞作的。見張心澂，《僞書通考》（上海：上海商務印書館，1954年重印），頁126～198、206～209；屈萬里，《尚書釋義》，「敘論」，頁10～11。

（二）《詩經》

《詩經》中〈小雅〉之〈楚茨〉、〈賓之初筵〉與〈周頌〉之〈豐年〉、〈載芟〉出現之禮乃指禮儀，例如〈豐年〉：「爲酒爲醴，烝彼祖妣，以洽百禮，降福孔皆。」無特殊意義。但〈小雅〉中的〈十月之交〉所載十分特別：即周（幽）王卿士皇父破毀本詩作者的房屋、荒蕪了他的田地，之後卻說這不是在傷害他，而是「禮則然矣」。此當是一首諷刺皇父等當政之人的詩，〔註 95〕所呈顯之「禮」明顯已帶有制度意義，只是爲當政者所濫用而已。另《詩‧鄘風‧相鼠》指出：「人而無儀，不死何爲？」「人而無禮，胡不遄死？」人無禮、儀，存活於世上又有何意義？顯見《詩經》作者認爲「禮」對人是極爲重要的。「人而無禮，胡不遄死」一語，亦爲後代典籍引用以證明「禮」的重要。〔註 96〕

（三）《易經》

此所論之《易經》包含《易傳》。按《易經》本身並未出現「禮」字，但有一「履」卦，或與禮有關，前已述及。《易傳‧序卦傳》云：「物畜然後有禮，故受之以履。履者，禮也。」履者，可行之道，即是「禮」，前亦已述之。「物畜然後有禮」，高亨指出：「有財物而後有禮。」〔註 97〕類於《管子‧牧民》所言「倉廩實則知禮節，衣食足則知榮辱」，是以「禮」於衣食足後方起。「禮」辨上下尊卑，是以「有上下，然後禮義有所錯」（仝上），故可明「禮」爲後起。

《易傳》談「禮」，皆由人立身處事陳述，如「德言盛，禮言恭」、「知崇禮卑，崇效天，卑法地」（〈繫辭上傳〉）、「履以和行，謙以制禮」（〈繫辭下傳〉）、「君子以非禮弗履」（大壯卦〈大象傳〉）、君子「嘉會足以合禮」（乾卦〈文言傳〉）等等。至於「觀其會通，以行其典禮」（〈繫辭上、下傳〉），當指某種儀度。總之《易經》言「禮」，（1）「禮」爲後起，爲可行之道。（2）「禮」爲人立身處事的準則。

〔註 95〕屈萬里，《詩經釋義》（臺北：中國文化大學出版部，1980 年），頁 250。

〔註 96〕《左傳》引用兩次，分別於昭公三年及定公十年，《禮記‧禮運》引用一次，《晏子春秋》引用兩次，分別出現於卷一「景公飲酒酣願諸大夫無爲禮晏子諫第二」。及卷七「景公飲酒命晏子去禮晏子諫第一」，旨均在佐證「禮」的重要。

〔註 97〕高亨，《周易大傳今注》（濟南：齊魯書社，1979 年），卷六，頁 645。

二、《儀禮》與《周禮》

（一）《儀禮》

《儀禮》十七篇，包括冠、婚、喪、祭、朝、聘、鄉、射等八禮，除四篇外文後皆有「記」，〔註98〕以明禮儀之意旨，〈喪服〉「記」下又有「傳」，顯見先人對於「喪禮」的重視。「記」、「傳」皆是對「經」本文加以解釋說明的。《儀禮》基本上是記載上古貴族生活的各個層面，且以「士」為主，乃屬儀度一類，但從字裡行間猶可見制禮者的苦心。例如冠禮，「記」云：

> 適子冠于阼，以著代也。醮于客位，加有成也。三加彌尊，諭其志
> 也。冠而字之，敬其名也。

阼是主位，嫡子加冠於此，目的在使其明白其是父親的接續者，負有承繼家業、光大門楣的重責大任。醮是客位，於此向冠者行禮，以示其已成人，當自重自行其行為。三次所加之冠，〔註99〕在於希望其德行與日俱進。加冠後賓（鄉中有德望的老賢人）為其取字以行世，是因為敬重其父母所取之名。〔註100〕諸此深義，《儀禮》或多或少均曾作說明。但是，《儀禮》一書主旨畢竟是記錄古代社會生活實況，對於宮室、服飾、飲食、喪服、車旗、禮器及樂器形制與組成多有描述，故其主要價值在於歷史學及考古學方面。儘管如此，從《儀禮》仍可見及其對「禮」意的大旨；而對《儀禮》所載禮制意義的闡釋，則是後來成書的《禮記》。

《儀禮》所指出的要旨約略有二。（1）重視血統宗族秩序，（2）藉由外在隆重儀度以明人生責任所在。《儀禮‧喪服‧傳》云：

> 大宗者，尊之統也。禽獸知母而不知父。野人曰，父母何算焉。都
> 邑之士則知尊禰矣，大夫及學士則知尊祖矣，諸侯及其大祖，天子
> 及其始祖之所自出。尊者尊統上，卑者尊統下。大宗者，尊之統也。

因受教知「禮」，所以瞭解尊祖敬宗之意。地位愈尊者，其所尊之祖愈尊於上（如天子追溯至始祖所出，諸侯僅追溯至太祖），地位愈卑者，其所尊之祖便愈尊於下（如士僅追溯至其父親）。「大宗」，則是宗族的所尊之統。由此明血

〔註98〕這四篇是〈士相見禮〉、〈大射禮〉、〈少牢饋食禮〉以及〈有司徹〉。

〔註99〕冠禮有三，依序是緇布冠、皮弁、爵弁，由卑而尊，故云「三加彌尊」，目的在使其志存修德，日進而上。詳參〈士冠禮〉一文。

〔註100〕請參考賈公彥，《儀禮注疏》，卷三，十二右；彭林譯注，《儀禮全譯》（貴陽：貴州人民出版社，1997年），頁33～5。

統宗族秩序。《禮記・大傳》對此有更詳盡的記載。另禽獸僅知母不知其父，未受禮教之野人亦不知父母有什麼可尊敬的，由此顯見「禮」之教化對人文品質的重要。其次，從《儀禮》中所顯示「婚禮」的六道程序（納采、問名、納吉、納徵、請期、親迎），以及「喪服」的五服之制（斬衰、齊衰、大功、小功、緦麻），繁冗細微，以明上下尊卑之隆崇敬意。旨在使人透過禮制的規定，瞭解婚姻之要〔註101〕以及親疏遠近的意義，〔註102〕人生責任即在於此。

　　《儀禮》對於「禮」的見解，旨在於明白禮制的意義。許多禮制，人們至今依然遵循，例如前述之婚禮與五服制，顯見影響至深。唯本文主旨不在名物數度之查考，故約略談論至此。

　　（二）《周禮》

　　《周禮》主言官制，「禮」是由國家掌管，且集中於春官宗伯。《周禮》云：「乃立春官宗伯，使帥其屬而掌邦禮。」《周禮》對於「禮」
　　的見解，旨在以某制度典禮處理某事。例如：

> 以吉禮事邦國之鬼神……以凶禮哀邦國之憂：以喪禮哀死亡，以荒禮哀凶札，以弔禮哀禍災，以襘禮哀圍敗，以恤禮哀寇亂。以賓禮親邦國：春見曰朝，夏見曰宗，秋見曰覲，冬見曰遇，時見曰會，殷見曰同，時聘曰問，殷覜曰視。以軍禮同邦國：大師之禮，用眾也；大均之禮，恤眾也；大田之禮，簡眾也；大役之禮，任眾也；大封之禮，合眾也。以嘉禮親萬民：以飲食之禮親宗族兄弟，以婚冠之禮親成男女，以賓射之禮親故舊朋友，以饗燕之禮親四方之賓客，以脤膰之禮親兄弟之國，以賀慶之禮親異姓之國。（春官宗伯）

此中舉出「吉禮」、「凶禮」、「賓禮」、「軍禮」與「嘉禮」，後人稱為「五禮」，各包含許多細目，但對「禮」本身僅作簡單敘述，並未對「禮」作出更深一層意義的闡釋。值得注意是，《周禮》作者凸顯以國家力量規範人生的一切，理想性甚高。

〔註101〕《儀禮・士昏禮》對「婚禮」的六道程序有詳盡說明。《禮記・昏義》明白指出其意：「昏禮者，合二姓之好，上以事宗廟，而下以繼後世也。」

〔註102〕關係愈親者，服制形式愈粗陋，以示思念親人之心而無意於文飾；反之，關係愈疏者，思念之情愈淡，故服制就較為精緻，詳見〈喪服〉一文。鄭玄云：「不忍言死而言喪，喪者棄亡之辭。」見賈公彥，《儀禮注疏》卷二十八，頁1右。

三、《左傳》與《國語》

（一）《左傳》

《左傳》言禮近五百次，多次斷言「禮也」與「非禮也」。《左傳》是孔子前之典籍中出現「禮」字最多的一部經典。徐復觀即就此論述「春秋時代是以禮爲中心的人文世紀」，〔註103〕不無道理。綜合《左傳》對「禮」的見解，其大旨如下：

1、「禮」與「儀」的區分，此標誌著「禮」意義的深化。《左傳・昭公五年》載：

> 公如晉，自郊勞至于贈賄，無失禮。晉侯謂女叔齊曰：「魯侯不亦善于禮乎？」對曰：「魯侯焉知禮！」公曰：「何爲？自郊勞至于贈賄，禮無違者，何故不知？」對曰：「是儀也，不可謂禮。禮，所以守其國，行其政令，無失其民者也。今政令在家，不能取也；有子家羈，弗能用也；奸大國之盟，陵虐小國，利人之難，不知其私。公室四分，民食于他。思莫在公，不圖其終。爲國君，難將及身，不恤其所。禮之本末將于此乎在，而屑屑焉習儀以亟。言善于禮，不亦遠乎？」君子謂叔于是乎知禮。

「自郊至于贈賄」，均有一定的規定，魯昭公於禮之始終、揖讓周旋皆合乎儀度，〔註104〕人皆以爲善禮。女叔齊謂是「儀」非「禮」，並指出「禮」是「所以守其國，行其政令，無失其民者也」。今昭公無法守國、無法行其政令與不失於民，卻急於瑣細之儀，故言「焉知禮」。是以此處「禮」有二意，一指禮儀，如「自郊勞至于贈賄，無失禮」之「禮」，〔註105〕只是恐怕此禮當時已流爲形式，有識者因而區分「禮」、「儀」亦屬必然；二是女叔齊界定之「禮」——守國、行政、無失民。然細究之，女叔齊所言之「禮」，乃指國君當行的分內職責，同時也指出治國安民是「禮」的功效與目的。〔註106〕基本上，《左

〔註103〕徐復觀，《中國人性論史・先秦篇》（臺北：臺灣商務印書館，1990年十版），頁46～51。

〔註104〕楊伯峻云：「小國君朝大國之君，至郊，先有郊迎。行朝聘之禮已畢，臨行，主國又有贈送。此言魯昭公於禮之始終、揖讓周旋皆合儀度。」見《春秋左傳注（修訂本）》（北京：中華書局，1989年第二版），頁1266。

〔註105〕按《左傳・昭公五年》楚大夫薳啓彊言「禮之至」即有「入有郊勞，出有贈賄」二項，顯示這樣的儀度是當時普遍認可之「禮」。

〔註106〕張其淦於《左傳禮說》（臺北：力行書局，1970年）即云：「故君盡君之禮，

傳》對於「禮」的見解大都是建立在這樣認知之上的。

另昭公十五年，子大叔答趙簡子之問「揖讓周旋」是「儀」非「禮」，並指出：

> 吉也聞諸先大夫子產曰：「夫禮，天之經也，地之義也，民之行也。」天地之經，而民實則之。則天之明，因地之性，生其六氣，用其五行。……是故爲禮以奉之……爲君臣上下，以則地義；爲夫婦外內，以經二物；爲父子、兄弟、姑姊、甥舅、昏媾、姻亞，以象天明；爲政事、庸力、行務，以從四時……禮，上下之紀，天地之經緯也，民之所以生也，是以先王尚之。故人之能自曲直以赴禮者，謂之成人。

「禮」並非指表現出恰當的「揖讓周旋」，那只是「儀」。此處子太叔對於「禮」作了進一步闡釋，一先引子產之說，明「禮」是法效「天地之經」而適合人所遵行而制定出來的。何以見得？「則天之明，因地之性」，可知天地之經爲人所「則」所「因」。「是故爲禮以奉之」，故有君臣、上下、尊卑等儀度產生，人依之而行，此皆法效天地之經而來。二、子太叔統言「禮」是「上下之紀，天地之經緯也，民之所以生也」，「禮」本身之根源來自於恆常的天地，民以「禮」得以有意義地存在。人若能「自曲直以赴禮」，那就是「成人」，意指主動約束自身以合乎禮的規範。〔註107〕如是，《左傳》對於「禮」的見解，將其理論基礎建基於天經地義之上，而此使「禮」有了恆常性。另外，人「自曲直以赴禮」，又顯示出人能主動企求某一品質內涵，在此稱爲「成人」。

從「禮」、「儀」之分，已可見《左傳》對「禮」的見解至少有三義：（1）「禮」是永恆的。（2）「禮」之目的與功效在治國安民。（3）人必須依「禮」生活方有意義，對此人是可以自我主動實踐的。以下分別論述。

2、「禮」是恆常的。《左傳》同《尚書》般亦如是認知，因爲「禮」與「天」

> 而以禮義衛其國家，行其政令，則民心歸焉。不失其民，斯臣亦不敢分其權以強其私也。蓋有禮則公私分明而上下之分定，禮之本在是矣。」見卷七，頁12上。
>
> 〔註107〕孔穎達云：「性曲者以禮直之，性直者以禮曲之，故云曲直以弼其性也。」見《春秋左傳正義》（臺北：藍燈文化事業公司，十三經注疏，重刊宋本左傳注疏附校勘記），春秋疏，卷五十一，頁14左。此當得其旨，因前文有「淫則昏亂，民失其性」，又有「哀樂不失，乃能協于天地之性，是以長久」，此「性」乃指素樸義的質性，而非本質義的本性。徐復觀視此「性」爲本質義，故推出「含有『性善』的意義」，恐非其旨。見《中國人性論史‧先秦篇》，頁59。

有密切地關連，譬如：

> 鄭伯使許大夫百里奉許叔以居東偏，曰：天禍許國，鬼神實不逞于
> 許君，而假手于我寡人。……若寡人得沒于地，天其以禮悔禍于許，
> 無寧茲許公復奉其社稷。（隱公十一年）

此載魯、齊、鄭三國逼迫許，鄭先入境，齊欲將許予魯，魯辭之，遂予鄭，
背後充滿著諸侯彼此間的爭鬥。〔註108〕鄭莊公亦不敢受許，而言這場禍事是
「天」所降，因為鬼神不滿意許君的祭祀，故假手於鄭伯以討伐之。假若鄭
莊公得以壽終，或天依禮改變降禍於許之懲罰，即願使許公重執國家社稷。
故「天其以禮悔過于許」，顯示「禮」由「天」出，而此「禮」與祭祀（「天
禍許國，鬼神實不逞于許君」）、供職（「許不共」）〔註109〕有關。文公十五年
又云：

> 齊侯侵我西鄙，謂諸侯不能也。遂伐曹，入其郛，討其來朝也。季
> 文子曰：齊侯不免乎？己則無禮，而討於有禮者，曰「女何故行禮」？
> 禮以順天，天之道也。己則反天，而又以討人，難以免矣。詩云：「胡
> 不相畏？不畏于天。」君子之不虐幼賤，畏于天也。在周頌曰：「畏
> 天之威，于時保之。」不畏于天，將何能保？以亂取國，奉禮以守，
> 猶懼不終；多行無禮，弗能在矣。

〔註108〕隱公八年傳：「鄭伯請釋泰山之祀而祀周公，以泰山之祊易許田。三月，鄭伯
　　　　使宛來歸祊，不祀泰山也。」依楊伯峻見解：「鄭桓公為周宣王母弟，因賜之
　　　　以祊，使於天子祭泰山時，為助祭湯沐之邑。周成王營王城（今洛陽市），有
　　　　遷都之意，故賜周公許田，以為魯君朝見周王時朝宿之邑。……鄭莊公或者
　　　　見周王泰山之祀廢棄已久，助祭湯沐之邑無所用之，祊又遠隔，而許近之，
　　　　因欲以祊易許。許有周公之別廟，恐魯以廢祀周公為辭拒之，故以捨泰山之
　　　　祀而祀周公為辭。」「鄭先歸祊，魯此時尚未以許田與鄭。至桓元年，鄭始以
　　　　璧假許田。」見《春秋左傳注（修訂本）》，頁58。故於隱十一年，魯、齊、
　　　　鄭伐許，鄭入許後，「齊侯以許讓公」，楊伯峻注：「魯本有許田……此或齊侯
　　　　以許讓魯之故歟？」見上書，頁74。然則，魯隱公不受，理由是「君（指齊
　　　　侯）謂許不共，故從君討。許既伏其罪矣，雖君有命，寡人弗敢與聞」。遂予
　　　　鄭人。原因是許不供職貢，不守周禮故。今既已討伐，當可赦之。是以此與
　　　　許田尚未予鄭乙事應當無關。而鄭亦不敢納許，而使許叔居許國東部，並以
　　　　鄭大夫公孫獲佐之於許國西部，以存許國，遂有以下冠冕之言。張其淦即有
　　　　「豈尚能許之（指鄭桓公）為有禮」之言，見《左傳禮說》，卷一，頁6。
〔註109〕楊伯峻言「不共猶言不法」，見《春秋左傳注（修訂本）》，頁74。然未言如
　　　　何不法。杜預注：「不供職貢。」見《春秋左傳正義》，春秋疏卷四，頁22
　　　　右。按周禮，諸侯依時必須向周王供職貢，許未行，故引起討伐。

齊侵魯，因已賄賂諸侯，故「諸侯不能」，不會派師干涉。於是伐曹，理由是是年「夏，曹伯來朝」，《左傳》認爲是「禮」，爲「古之制」。〔註110〕季文子認爲齊將不免於災禍，因爲「己則無禮，而討於有禮者」，反質問「女何故行禮」。但是季文子認爲，「禮以順天，天之道也」，是以人行禮是「順天」之道，不可違逆。引《詩經》之〈小雅・雨無正〉、〈周頌・我將〉明之。再者，戰戰兢兢治國守禮，「猶懼不終」，所以齊侯「多行無禮，弗能在焉」。果然，三年後「齊人弒其君商人」。〔註111〕由此顯示，《左傳》作者認爲「禮」不可違，因其是「順天之道」，違之必遭不測。「禮」與「天」之密切關係可見一般。是以晏子有這樣的說法：

> 禮可以爲國久也矣，與天地並。……
>
> 先王所稟於天地以爲其民也，是以先王上之。（昭公二十六年）

「禮」用來治國可以常久，且與天地並立。「天常地久」，〔註112〕顯示「禮」如天地般亦具恆常性。先王稟此用來治民，所以十分注重「禮」。

　　從上述三則資料，已然可證《左傳》認爲「禮」與「天」有密切關係，「禮」由「天」出，具有不可侵犯的神聖性以及恆常性。然此，並非言「禮」先天即具，而是聖人效法天地之經而制作的，因此「先王上之」，故人們當以「禮」治國；此與《尚書》「天秩有禮」的認知似又不類。而「禮」之內涵，除治國之制度與方法外，亦包含了祭祀，並未脫於先前對「禮」之字義、歷史與哲學諸面向查考所得之範域。

　　3、「禮」之目的與功效在於治國安民。類此例子《左傳》甚多，譬如：

　　（甲）禮，經國家，定社稷，序民人，利後嗣者也。（隱公十一年
　　　　　　《左傳》作者評語）

　　（乙）夫名以制義，義以出禮，禮以體政，政以正民。是以政成而
　　　　　　民聽，易則生亂。（桓公二年晉大夫師服語）

　　（丙）夫禮，所以整民也。……君舉必書，書而不法，後嗣何觀？

〔註110〕文公十五年：「諸侯五年再相朝，以修王命，古之制也。」楊伯峻言：「諸侯五年再相朝，其他古書無徵，或春秋前曾行此制。」見《春秋左傳注（修訂本）》，頁609。張其淦言：「諸侯五年再相朝，非周禮所有。左氏言古之制也，即據變禮以爲禮，以見東遷之後列國相沿已久矣。」《左傳禮說》，卷三，頁9下～10上。見解與楊氏不同。

〔註111〕見文公十八年夏五月經傳。

〔註112〕語出於《老子》第七章。

（莊公二十三年魯曹劌語）

（丁）禮，國之幹也。敬，禮之輿也。不敬則禮不行，禮不行則上下昏，何以長世？（僖公十一年周內史過語）

（戊）平國以禮不以亂。伐而不治，亂也。以亂平亂，何治之有？無治何以行禮？（宣公四年《左傳》作者評語）

（己）會朝，禮之經也。禮，政之輿也。政，身之守也。怠禮失政，失政不立，是以亂也。（襄公二十一年晉叔向語）

（庚）古之治民者，勸賞而畏刑，恤民不倦。……三者，禮之大節也。有禮，無敗。（襄公二十六年蔡歸生語）

此皆指出「禮」乃是身為國君當行之道。（甲）文所言，前已指出（見第一節）是《左傳》作者評論鄭莊公入許後的作為，因其「相時而動，無累後人，是知禮也」，對公孫獲亦告誡「凡而器用財賄，無寘于許，我死乃亟去之」（隱公十一年），符合「利後嗣」的為君之道。（乙）文所言起於晉穆侯為其子命名而起，師服故而發揮之。「名以制義」，顯示正確名命的重要，與孔子強調之「正名」頗為相類。「義以出禮」，表示「禮」是從合宜行為與法則而來，可以用之為政、匡正人民。這樣的政治才有成效，人民才會聽從信服，改變這樣的原則必遭禍亂。依《左傳》記載，後來果然生亂。〔註113〕此指晉國君未依禮義法則進行作為，因而遭禍。（丙）之言，指魯莊公到齊國觀看「社祭」，此舉非禮。〔註114〕魯大夫曹劌諫之不可去，因為禮的功效在於「整民」（齊整治理人民）。今魯君行不合禮，而國君有任何舉動，史官必書之於策，以作為後世之警示。（丁）周內史過之言，乃因奉周襄王命賜晉惠公玉，但晉惠公怠惰，不合於禮故有是言。內史過認為「禮」是國家的主幹，「敬」就像是使「禮」得以施行的車子。不莊敬、恭敬，禮即無法施行；禮無法施行，上下分別之序便昏亂不明，那就無法使後世延長。此認知顯示作為儀度之禮亦是十分重要。（戊）宣公四年，魯宣公與齊惠公欲調停莒與郯，莒不肯，魯宣公遂伐莒，佔領了向這個地方。《左傳》作者認為「非禮也」。理由是調停諸侯間之不和，

〔註113〕桓公二年：「惠之二十四年，晉始亂，故封桓叔于曲沃……惠之三十年，晉潘父弒昭侯，而立桓叔，不克，晉人立孝侯。惠之四十五年，曲沃莊伯伐翼，弒孝侯，翼人立其弟鄂侯。鄂侯生哀侯，哀侯侵陘庭之田，陘庭南鄙，啟曲沃伐翼。」

〔註114〕依襄公二十四年傳，有「齊社，蒐軍實，使客觀之」語，故「社祭」或伴隨軍事訓練。

當以「禮」而不可以「亂」為之。以亂調停亂，何來之治？無治，禮則無法施行。此「禮」當指諸侯間之禮節。（己）魯襄公二十一年會晉侯、齊侯、衛侯等八個諸侯國，齊、衛不敬，晉叔向而有是言，並認定此不敬之二君必不能免去災禍。諸侯會面之禮，當時為禮之大經大法。叔向認為，禮是用來處理政治的，政治是使國君得以身安。今怠惰於禮，政治施行便會失當；政治失當，國君之身即難以安立，因而產生紛亂。果然，二十五年「齊弒光」，二十六年「衛弒剽」，齊侯、衛侯均無法免禍。（庚）這段引文是蔡歸生與楚伍舉對話中的一段。歸生認為古代治民者重視「禮」的三大節目，「勸賞」、「畏刑」與「恤民不倦」，均是治民大端，若皆能做好則無禍敗，故言「有禮，無敗」。從這些引文綜合觀之，《左傳》所載之「禮」，無論出於何人之口，治國安民是「禮」最重要的功效，而此則是身為國君應當承荷的責任。《左傳》已然認定，依「禮」而行自可免禍，並能達到治國安民之效，正所謂「禮，履也」。於此，「禮」也包含一些儀度內容，譬如社祭、接受周王賜命的態度、諸侯調停、會朝之禮等等。

4、《左傳》認為，人必須依「禮」生活方有意義，而此人是可以自我主動實踐的。昭公二十五年的一則記載可證：

> 春，叔孫婼聘于宋，桐門右師見之。語，卑宋大夫而賤司城氏。昭
> 子告其人曰：「右師其亡乎！君子貴其身，而後能及人，是以有禮。
> 今夫子卑其大夫而賤其宗，是賤其身也，能有禮乎？無禮必亡。」

桐門右師在與叔孫婼的談話中，表現對於宋本國大夫的卑視，並視其宗主司城氏為賤。叔孫婼認為右師將亡。「君子貴其身，而後能及人，是以有禮」，君子自重而及人，所以才以「禮」規約自身。如今右師卑視自己的大夫、作賤自己的宗主，等於是賤視自身，豈能夠有禮？其評斷標準是「無禮必亡」。顯然，人必須依「禮」之規定暨展現其精神的生活方有意義，而其是否踐行亦在自身而已。

何以人必須依「禮」生活方有意義呢？前已述及，「禮」與「天」有密切地關連，古人認為「天」是公理正義的最後裁斷者，「禮」既由「天」出，是以其神聖性自當不容或疑。再者，「禮」是聖人依據天道、順應人情而制作出來的，絕對符應人之實情而可以據以施行。昭公七年孟僖子臨終有言：

> 禮，人之幹也，無禮無以立。

人無禮，即無法立身於世上。孟僖子並要求其二子師事孔子，「使事之，而學

禮焉，以定其位」，〔註115〕學「禮」以貞定人的本位。是以言人必須依「禮」
生活方有意義。

　　另一方面，《左傳》論「禮」已包含日後所強調的道德德目，例如：

　　（甲）恕而行之，德之則也，禮之經也。（隱公十一年《左傳》作者
　　　　　評語）

　　（乙）禮樂，德之則也。（僖公二十七年晉趙衰語）

　　（丙）忠信，禮之器也；卑讓，禮之宗也。（昭公二年晉叔向）

　　（丁）君令、臣恭、父慈、子孝、兄愛、弟敬、夫和、妻柔、姑慈、
　　　　　婦聽，禮也。（昭公二十六年齊晏子語）

　　（戊）襄仲如齊納幣，禮也。凡君即位，好舅甥，脩昏姻，娶元妃，
　　　　　以奉粢盛，孝也。孝，禮之始也。（文公二年《左傳》作者評
　　　　　語）

（甲）言記周桓王向鄭國取田而失去鄭國的支持，因為周王所予之田並非周
王自身的田，卻拿來給予鄭人，《左傳》作者故而有是言，強調寬恕之道是德
行的準則，行禮的大經，作為自省之警惕。（乙）言「禮」、「樂」是「德」的
原則。（丙）是晉叔向所引之古語，旨在讚美魯叔弓知禮。忠信卑讓均是禮的
內容。（丁）所列之德目，均為日後倫常所強調的，《左傳》認為這都是合於
禮的。（戊）指出「孝」是「禮之始」，其內容包括「好舅甥，脩昏姻，娶元
妃，以奉粢盛」，自以祭祀目的為要，然後世「孝」之意蘊已有轉變。文公元
年曾謂：「忠，德之正也；信，德之固也；卑讓，德之基也。」顯見實踐德行、
德性等道德德目皆屬於「禮」。由是可知，《左傳》已然注意到人之價值性生
活的意義所在。管仲言於齊侯曰：「臣聞之：招攜以禮，懷遠以德。德、禮不
易，無人不懷。」（僖公七年）「德」與「禮」則併言之了，儘管此「禮」較
近於以敬意對人之意義而言。總之，「禮」對於人生的重要，可以下面這段話
作為注腳：

　　　　夫禮，死生存亡之體也，將左右周旋進退俯仰於是乎取之，朝祀喪
　　　　戎於是乎觀之。今正月相朝，而皆不度，心已亡矣。嘉事不體，何
　　　　以長久？……（定公十五年）

這話是子貢觀看邾隱公來魯國朝見，其與魯定公的容貌及儀度表現都不合乎
法度，故有是言。「禮」是死生存亡的表現，也就是說，有禮則生、則存，無

〔註115〕事見昭公七年九月記載。

禮則死、則亡，是以左右周旋、俯仰進退之節是否取法於禮，朝覜喪戎等儀典進行是否合乎法度則由禮觀之。而魯、邾之儀不合法度，非不能也，只是「心已亡矣」。子貢認爲，連朝見之嘉禮都無法體現禮意，其人焉能長久？旨在指出「禮」是爲人之生死存亡的關鍵。對於此意，《左傳》亦兩度引用《詩經・相鼠》所言「人而無禮，胡不遄死」之語，以作爲「禮」對人生重要之佐證。〔註116〕

　　5、「國之大事，在祀與戎」，此乃成公十三年語。「祀」爲祭祀，屬「吉禮」；「戎」爲軍事，屬「軍禮」。〔註117〕《左傳》何以特重此二者？讓我們審視一下此語出處的內容。

　　　　公及諸侯朝王，遂從劉康公、成肅公會晉侯伐秦。成子受脤于社，
　　　　不敬。劉子曰：「吾聞之：民受天地之中以生，所謂命也。是以有動
　　　　作禮義威儀之則，以定命也。能者養以之福，不能者敗以取禍。是
　　　　故君子勤禮，小人盡力。勤禮莫如致敬，盡力莫如敦篤。

　　　　敬在養神，篤在守業。國之大事，在祀與戎。祀有執膰，戎有受脤，
　　　　神之大節也。今成子惰，棄其命矣，其不反乎！」

魯定公及其他諸侯朝見周簡王，就隨從周的兩位卿士劉康公、成肅公會同晉侯欲伐秦，但成肅公於周社廟中受祭肉表現出不恭敬，〔註118〕劉康公而有是言。「民受天地之中以生，所謂命也」，「中」者不知其謂，論者所言恐怕皆爲測度。〔註119〕「命」者，命定之謂。〔註120〕其旨當指人降生存於天地

〔註116〕　見注96。
〔註117〕　《周禮・春官・大宗伯》即作此言。
〔註118〕　「受脤于社」，依楊伯峻云：「古代出兵祭社，其名爲宜。祭畢，以社肉頒賜諸人，謂之受脤。」《春秋左傳注（修訂本）》，頁271。
〔註119〕　例如楊伯峻言「古人以爲天地有中和之氣，人得之而生」，《春秋左傳注（修訂本）》，頁860；此說實出於孔穎達《春秋左傳正義》，春秋疏，卷二十七，頁10左。另張其淦、李宗侗等認爲是「天地正氣」，分見《左傳禮說》，卷四，頁16上，《春秋左傳今註今譯（校訂本）》（臺北：臺灣商務印書館，1993年），頁696。諸說均無法提出佐證。竹添光鴻雖舉「中」釋「正」，猶將「天地之中」視爲「天地中正之氣」，亦應屬猜度，見《左傳會箋》（臺北：天工書局，11卷第十三，頁11。倘若如論者釋「中」爲「中和之氣」、「天地正氣」等，則下文之「命」與「定命」即難言矣！
〔註120〕　「命」當非指「天命」，惟論者多如是言。張其淦，《左傳禮說》，卷四，頁16上；李宗侗，《春秋左傳今註今譯（校訂本）》，頁696；竹添光鴻，《左傳會箋》，卷第十三，頁11。倘若「命」指「天命」，何能拋棄？又何需「定」之？

之間必有所授受，是以有命定之處，因此需以「動作禮義威儀之則」以貞定之。有能力者「養」之得福，不能者「敗」之而取禍。身為君子者當「勤禮」，為小人者應「盡力」；勤禮最重要的在於「致敬」，盡力最重要的在於「敦篤」；而敬的目的在於「事神」，篤的目的在於「守業」。國家大事在於「祀」與「戎」，「祀有執膰」、「戎有受脤」，各有規矩。今身為君子的成肅公竟怠惰於禮，是棄其當貞定之命，故而斷言其打仗大概無法安然返回。劉康公所言主旨，（1）指出社會有「君子」、「小人」之分，各有當盡之責，不可隨意拋責棄任，否則後果嚴重。（2）個人的責任與義務不可怠惰，成與不成均在自身是否願意行之。（3）國之大事的「祀」與「戎」，目的在於「養神」，祈求庇祐；〔註121〕至於何以如此重視，此處未言。從另文公二年傳另一記載，或可得到答案。

> 秋八月丁卯，大事於大廟，躋僖公，逆祀也。於是夏父弗忌為宗伯，尊僖公，且明見曰：「吾見新鬼大，故鬼小。先大後小，順也。躋聖賢，明也。明、順，禮也。」君子以為失禮。禮無不順。祀，國之大事也，而逆之，可謂禮乎？子雖齊聖，不先父食久矣。故禹不先鯀，湯不先契，文、武不先不窋。宋祖帝乙，鄭祖厲王，猶上祖也。是以魯頌曰：「春秋匪解，享祀不忒，皇皇后帝，皇祖后稷。」君子曰「禮」，謂其后稷親而先帝也。詩曰：「問我諸姑，遂及伯姊。」君子曰「禮」，謂其姊親而先姑也。

此事起於太廟祭祀，將僖公牌位擺在閔公之上，此不合禮，故言「逆祀」。夏父弗忌身為宗伯，不依禮行，一因尊僖公，言其聖賢，躋聖賢為「明」；二言其見新鬼大（指僖公）、舊鬼小（指閔公），故祀先大後小為「順」，認為其所作的是完全合禮。但《左傳》作者不以為然，故有「祀，國之大事也，而逆之，可謂禮乎」的反詰。原因在於做兒子的雖然聰明聖哲，但在祭祀中也不能比其父親先受祭祀之享，依此施行時已甚久（「子雖齊聖，不先父食久矣」）。舉三例證之，禹不在鯀先，湯不先於契，周文武亦不先於不窋。宋以帝乙（微子之父）為祖，鄭以厲王（鄭桓公之父）為祖，這是尊重祖先。引《詩經・魯頌・閟宮》句，明四時祭祀不可懈怠差誤，周祖為后稷，雖親，但祭祀（郊祭）時亦當以上帝為先。引《詩經・邶風・泉水》句，明即使姐妹為親，亦

〔註121〕楊伯峻言：「執膰與受脤均為與鬼神交際之大節。」《春秋左傳注（修訂本）》，頁861。

當先問候姑姑。此方是合乎「禮」，以明尊尊意。換言之，以親親害尊尊是不合於禮的。於此，已然明白「祀」為國之大事，旨在明尊卑之序，尊卑定，一切制度可成。所以，「禮」的實質內涵之一就是維持上下區分的社會秩序，如前引「禮不行則上下昏」，或如僖公二十二年所言「無別不可謂禮」等等。這樣的見解，《左傳》所載亦多。僖公三十一年載：

> 夏，四月，四卜郊，不從，乃免牲，非禮也。猶三望，亦非禮也。
> 禮不卜常祀，而卜其牲日。牛卜日曰牲，牲成而卜郊，上怠慢也。
> 望，郊之細也，不郊亦無望可也。

「禮不卜常祀，而卜其牲日」，這是原則綱領。常祀者不卜，故郊祭不應卜。因此卜郊即已違禮，又四次卜郊，占皆不從，竟免去祭祀之牲口，非禮之至矣。「卜其牲日」，指所用祭牛之牲的日子當卜其是吉是凶。有牲後卻再去占卜郊，這是上位者的怠慢。至於「望」祭，為郊祭的細節，若不舉行郊祭，即無望可言。因此，前郊已不成祭，故「猶三望」是非禮。由此顯示，祭祀卜筮均有一定儀度，不可隨意躐等。

祭祀如此，由之引申人間一切儀度亦然。按「禮」所出自於天子，孔子即云：「天下有道，則禮樂征伐自天子出；天下無道，則禮樂征伐自諸侯出。」（《論語·季氏》）然而，春秋已降，周天子失禮卻處處可見，例如莊公十八年傳云：「春，虢公、晉侯朝王。王饗醴，命之宥。皆賜玉五瑴、馬三匹，非禮也。王命諸侯，名位不同，禮亦異數，不以禮假人。」虢、晉諸侯不同位，周惠王賜予同物，是為「非禮」。天子的職權在於「王命諸侯，名位不同，禮亦異數」，因此言「不以禮假人」，不可假借他人之禮賜之。又如桓公十五載：「春，天王使家父來求車，非禮也。諸侯不貢車服，天子不私求財。」周桓王派大夫家父來魯國要求貢車，這是不合禮的，理由是「諸侯不貢車服，天子不私求財」。是以天子所作所為亦有一定軌範，亦不可隨意躐等。

簡言之，在「禮」的要求下，什麼身分做什麼事，不可逾越，否則即是「失禮」。例如莊公二十三年「秋，丹宮公之楹」、二十四年「刻其桷」，「皆非禮也」。〔註122〕又如出使晉國的魯叔弓，昭公二年傳云：

〔註122〕「丹宮公之楹」，意指將桓公之廟的柱子漆為紅色。按《穀梁傳·莊公二十三年》云：「禮：天子、諸侯黝堊，大夫倉，士黈。丹楹，非禮也。」「刻其桷」者，指刻桓公之廟屋角的斜枋。據《穀梁傳·莊公二十四年》云：「禮：天子之桷，斲之礱之，加密石焉；諸侯之桷，斲之礱之。大夫斲之，士斲本。刻桷，非正也。」故言「皆非禮也」。

叔弓聘于晉，報宣子也。晉侯使郊勞，辭曰：「寡君使弓來繼舊好，
固曰『女無敢爲賓』，徹命於執事，敝邑弘矣，敢辱郊使，請辭。」
致館，辭曰：「寡君命下臣來繼舊好，好合使成，臣之祿也，敢辱大
館。」叔向曰：「子叔子知禮哉！吾聞之曰：『忠信，禮之器也；卑
讓，禮之宗也。』辭不忘國，忠信也。先國後己，卑讓也。詩曰：『敬
慎威儀，以近有德。』夫子之近德矣。」

叔弓奉命出使晉國進行聘問，晉國依禮行郊勞、予館舍，叔弓一一辭謝，言
其工作是代魯君「來繼舊好」。晉叔向引古語佐證叔弓知禮，並引申之「辭不
忘國」是忠信，爲「禮之器」；「先國後己」是卑讓，爲「禮之宗」。並論叔弓
是「近德」之人。故其行爲舉止合乎其身分，可謂知禮。而隱公五年「春，
公將如棠觀魚者」，被譏爲「非禮」，因爲「觀魚」非隱公當爲之事。〔註123〕
隱八年「四月甲辰，鄭公子忽如陳逆婦嬀。辛亥，以嬀氏歸。甲寅，入於鄭。
陳鍼子送女，先配而後祖。鍼子曰：是不爲夫婦，誣其祖矣。非禮也，何以
能育？」鄭公子忽娶妻，不先告祖而先完婚，也是不合於禮的。諸此等等，
不一而足。總之，「禮」要求上下之別、尊卑之分，以顯封建秩序。若人人各
在其位盡其當盡之義務，如此，秩序自然美，社會自然和，人間自然完善。
這是《左傳》論「禮」的理想。

其次，「戎」何以重要？莊公八年春，「治兵于廟，禮也」，此當指授兵而
言，隱公十一年「鄭伯將伐許，五月甲辰，授兵于大宮」可證。〔註124〕依楊
伯峻先生所言：按《左傳》言治兵者凡十一次，其中有每三年講大武，隱公
五年「三年而治兵，入而振振」是也；亦有將戰前習武，僖公二十七年「晉
楚治兵遇於中原」及昭公五年「寡君聞君將治兵于敝邑」是也；亦可曰治戎，
成公三年「二國治戎」、十六年「今兩國治戎」是也，此爲將戰前之治兵，蓋
以伐郲。與僖二十七年楚之治兵于睽、于蔿，宣十五年晉侯治兵于稷，襄十
九年楚子庚帥師治兵于汾，昭十三年晉治兵于邾南等有所不同。諸治兵皆于
郊野，而此則於廟。故《五經異義》引左氏說，甲午治兵爲授兵於廟，則此

〔註123〕楊柏峻言：「此僅謂國君一舉一動，必與國家大事有關，而觀魚者乃戲樂之事。」
《春秋左傳注（修訂本）》，頁43。
〔註124〕「古者兵器藏于國家，有兵事則頒發；事畢，仍須繳還。周禮夏官司兵所謂
『掌五兵五盾，各辨其物與其等以等其待軍事。及授兵，從司馬之法以頒之；
及其受兵輸，亦如之；及其用兵，亦如之』是也。詳孫詒讓《周禮正義》。」
見楊伯峻，《春秋左傳注（修訂本）》，頁72～73。

治兵僅指授兵而言。〔註125〕

　　從治兵於廟的觀點來看，或能瞭解《左傳》將「戎」（軍事）視爲國家大事的意義所在。實隱公五年載臧僖伯的話已然透露出來：

　　　　故春蒐、夏苗、秋獮、冬狩，皆於農隙以講事也。三年而治兵，入
　　　　而振振，歸而飲至，以數軍實，昭文章，明貴賤，辨等列，順少長，
　　　　習威儀也。

「蒐、苗、獮、狩」皆指田獵，古人於田獵時講究習戰練武，〔註126〕其舉行時機則在農閒之時。三年舉行一次大的軍事演習，演畢整隊回宗廟舉行飲酒禮，並計算田獵所得，顯然是藉由外在的軍事垂鍊使人明白封建秩序，以彰顯文章有制、貴賤有序、等列有別、少長有分的禮意，以此「習威儀」。

　　竹添光鴻先生對莊八年「治兵于廟禮也」注云：「愼戰故曰禮，非以于廟爲禮也。」〔註127〕「愼戰故曰禮」，此可理解，畢竟戰事必有傷亡，不可不愼。然注云「非以于廟爲禮也」則待商榷。其據以爲「軍旅之眾，非廟內所容，止應告於宗廟，出在門巷習之」，〔註128〕亦非無理。此乃承孔穎達等之說。然孔疏明意，言「此治兵於廟，欲就尊嚴之處，使之畏威用命耳」。〔註129〕傅隸樸先生言左氏「治兵于廟」正同於獻俘於王，引僖公二十八年晉文公「獻楚俘于王，駟介百乘，徒兵千，鄭伯傅王，用平禮也」爲證，云「所謂獻俘，不過舉行獻俘之禮於王前罷了，并不必將俘虜人車一一交王過目。同樣『治兵于廟』，不過告治兵之禮於廟罷了，并不必將人車全部操演於廟中」〔註130〕。其說爲確。

　　總之，「國之大事，在祀與戎」，實當以「祀」、「戎」爲藉，指出依禮、行禮、爲禮之要。然「禮」之內蘊甚多，實亦非「祀」、「戎」所能蓋括。

　　6、《左傳》中其餘對「禮」的見解，我們整理如下。（1）無禮則伐，如桓公二年：「秋七月，杞侯來朝，不敬。杞侯歸，乃謀伐之。」「九月入杞，討不敬也。」莊公十年：「齊師滅譚，譚無禮也。」僖公二十七年：「秋，入

〔註125〕楊柏峻，《春秋左傳注（修訂本）》，頁173。
〔註126〕楊伯峻，《春秋左傳注（修訂本）》，頁42。楊寬〈「大蒐禮」新探〉可資參究，
　　　　見《西周史》（臺北：臺灣商務印書館，1999年），頁661～682。
〔註127〕竹添光鴻，《左傳會箋》，卷第三，頁17上。
〔註128〕仝上。
〔註129〕孔穎達，《春秋左傳正義》，春秋疏，卷八，頁15右。
〔註130〕傅隸樸，《春秋三傳比義》（臺北：臺灣商務印書館，1983年），頁176～177。

杞，責無禮也。」僖公三十年：「九月甲午，晉侯、秦伯圍鄭，以其無禮於晉，且貳於楚也。」僖公元年云：「凡侯伯，救患、分災、討罪，禮也。」易言之，對於諸侯而言，「禮」的內容包含救患、分災與討罪，無禮則伐便屬討罪一項。

（2）救患、分災者，例如隱公六年：「冬，京師來告饑，公為之請糴於宋、衛、齊、鄭，禮也。」是可證。（3）為尊者諱，如襄公二十八年：「癸巳，天王崩。未來赴，亦未書，禮也。」僖公元年：「諱國惡，禮也。」（4）諸侯遇大事、出入國等必告於太廟。例如桓公二年：「冬，公至自唐，告于廟也。凡公行，告于宗廟。反，行飲至，舍爵策勳焉，禮也。」（5）諸侯間有彼此告知之義務，如昭公二年：「春，晉侯使韓宣子來聘，且告為政而來見，禮也。」（6）即使諸侯間有所恩怨，但遇大事亦當依禮而行。譬如僖公二十七年：「夏，齊孝公卒。有齊怨，不廢喪紀，禮也。」〔註131〕襄公四年載楚欲伐陳，聞陳成公亡，有喪，故止。（7）諸侯有難，當有哀戚之心，如莊公十一年秋宋大水「公使弔焉」，宋君答「孤實不敬，天降之災，又以為君憂，拜命之辱」，頗有自省之意，故臧文仲贊言：「宋其興乎！禹、湯罪己，其興也悖焉；桀、紂罪人，其亡也忽焉。且列國有凶，稱孤，禮也。言懼而名禮，其庶乎！」旨明身為國君當時時自惕自警自身所承當的責任。（8）諸侯國彼此間相互幫助，例如昭公三十年：「禮也者，小事大、大字小之謂。」（9）時序當以告明，否則非禮，如文公六年：「閏月不告朔，非禮也。閏以正時，時以作事，事以厚生，生民之道於是乎在矣。不告閏朔，棄時政也，何以為民？」是可證。（10）「禮」亦有所區分，如「周禮」、「夷禮」。宣公二年晉韓宣子「觀書於太史事，見易象魯春秋，曰：周禮盡在魯矣！吾乃今知周公之德與周之所以王也」，是「周禮」，為稱讚語。僖公二十七年「杞桓公來朝，用夷禮，故曰子。公卑杞，杞不共也」，是「夷禮」，為貶抑。諸此等等。

《左傳》論「禮」甚多，其旨當已如上所述。容或有闕漏，當亦不失《左傳》論「禮」之大節矣。張其淦先生謂：「孔子作春秋紀二百四十二年之事，明天理，正人倫，誅亂臣賊子，尊周室，外夷狄，筆削之旨皆本乎禮。左氏作傳亦言禮特詳。鄭康成曰『左氏善於禮』，誠哉是言也。」又謂：「左氏於國之存亡興衰，人之榮辱生死，每以禮斷之，而不爽銖累焉。」〔註132〕當可

〔註131〕「有齊怨」，乃指析僖公二十六年春「齊人侵我西鄙」，夏「齊孝公伐我北鄙」之事。
〔註132〕張其淦，《左傳禮說》，序，頁1下。

作《左傳》論「禮」之注腳。

（二）《國語》

　　《國語》廿一卷，記載西周末年至春秋期間周、魯、齊、晉等八國史事，一如《左傳》記史性質。然而，《國語》對於「禮」的見解，則無《左傳》深刻。查《國語》一書出現超過六十個「禮」字，大多指涉二意，一是以禮相待的敬意或禮遇，二是典禮、儀度。例如〈齊語〉之「桓公知諸侯之歸己也，故使輕其幣而重其禮」、〈晉語三〉之「晉君無禮於（秦）君」、〈晉語四〉之「過衛，衛文公有邢、狄之虞，不能禮焉」、「禮賓旅」、〈晉語五〉「宣子召而禮之」等等，皆指禮遇或以禮相待意。而〈周語中〉之「見其君必下而趨，禮也」、〈周語中〉之「王室之禮」、「親禮」〔註 133〕、「典禮」等，〈魯語下〉之「君以諸侯之故，貺使臣以大禮」、〈晉語五〉之「殞命之禮」〔註 134〕、〈楚語下〉之「禮節之宜、威儀之則」、「卿大夫祀其禮」、〈吳語〉之「征諸侯之禮」〔註 135〕等等，則指典禮或儀度。並無深意。

　　《國語》對於「禮」的見解稍具深意者，並不脫《左傳》範域。譬如〈魯語上〉載魯莊公往齊觀社，曹劌諫曰不可，故有言「夫禮，所以正民也」等，與《左傳》同。〔註 136〕魯「莊公丹桓宮之楹，而刻其桷」，《左傳》斷言其非禮，〔註 137〕《國語》則未作此判斷。〔註 138〕大體而言，《國語》對於「禮」的重要見解，大體有以下數點。

　　1、「禮」是維繫國家的根本。

　　　　夫禮，國之紀也……國無紀不可以終。（〈晉語四〉衛卿甯莊子語）

　　　　愛親明賢，政之幹也。禮賓矜窮，禮之宗也。禮以紀政，國之常也。

　　　　（〈晉語四〉曹大夫負羈語）

一如《左傳》所言，「國之大事，在祀與戎」，《國語》也注意到了。〈魯語上〉展禽言：「夫祀，國之大節也；而節，政之所成也。故慎制祀以為國典。」〔註

〔註 133〕意指「親戚宴饗之禮」，見韋昭注，《國語韋氏解》（臺北：世界書局，1975年），頁 49。

〔註 134〕指征伐所獲國君之獻禮，見韋昭注，《國語韋氏解》，頁 293。

〔註 135〕指天子徵稅於諸侯之禮，見韋昭注，《國語韋氏解》，頁 425。

〔註 136〕見《左傳・莊公二十三年》。

〔註 137〕見《左傳・莊公二十四年》。

〔註 138〕見〈魯語上〉。

〔註 139〕所謂「國典」，乃指「禘、郊、祖、宗、報」五者，詳見《國語・魯語上》。

139〕對於「戎」事，例如〈晉語五〉晉伐宋，晉靈公「乃發令于太廟」，並「使旁告於諸侯，治兵振振」等。

2、「禮」的實質內涵依然是尊卑上下之別。〈晉語八〉謂「從其等，禮也」，即謂「禮」是從尊卑之等。又〈楚語上〉有「教之禮，使知上下之則」、「明等級以導之禮」之語，亦可為證。因此，強調「為臣必臣，為君必君」之正名以及其所承荷之責任自然凸顯出來，「寬肅宣惠，君也；敬恪恭儉，臣也」（見〈周語中〉）。反之，「為君不君，為臣不臣，亂之本也」（〈齊語〉）。

3、「禮」亦包含了日後的德行、德性之內容。〈周語上〉周內史興言：「且禮所以觀忠、信、仁、義也。」同時也強調「禮」對人極為重要，如〈晉語一〉言「非禮不終年」，言人無禮不能終其天年。唯《國語》論此較為鬆散，不似《左傳》主旨集中。

總之，《國語》談「禮」較為簡單，基本大則如上所述，並不超出《左傳》對「禮」的見解。

本節探討孔子前之典籍對「禮」的見解，最重要的看法可歸納為三點。（1）「禮」具有恆常性，因其乃聖人順天應人而制作出來，故「禮」之施行足以治理國家天下，得以指引人們未來。（2）因此，人必須依「禮」的規範生活方有意義，「無禮必亡」幾乎是這些典籍所一致強調的。（3）也是最特殊的一點，「禮」與日後所強調的德行與德性，如君令、臣恭、父慈、子孝、兄愛、弟敬、夫和、妻柔、姑慈、婦聽、忠、信、仁、義等德目均有密切關連。錢穆先生曾謂：「春秋時代，中國社會上之道德觀念與夫道德精神，已極普遍存在，並極洋溢活躍，有其生命充沛之顯現。孔子正誕生於此種極富道德精神之社會中。」〔註140〕此言不虛。自然，「禮」的目的及宗旨在於表顯於世，使人間社會得以完滿美好。在前述的探討中，我們已見及孔子前之士子已認為「禮」是否得以實踐，乃在於自身的意願是否願意為之之上。《尚書》有「以禮制心」之語，顯然注視到人心飄忽不定的事實。《左傳》指出「禮」是人生死存亡的表現，不依禮而存活著，雖存猶亡；已隱然注意到「禮」的實踐乃在人「心」是否亡失這一點上。諸此，可謂先秦儒家思想的先聲。由上述的探討，所謂周文之禮當曾經普遍存在，對於這點，在下一節探討先秦諸子其他學派對於「禮」的見解時將會呈顯得更為清楚。

〔註140〕〈論春秋時代人之道德精神〉，《中國學術思想論叢（一）》（臺北：東大圖書公司，1976 年），頁 192〜193。

第三節　先秦諸子對「禮」的見解

一、墨　家

　　墨家學思以墨子爲主，言論集中於《墨子》一書。〔註141〕《韓非子‧顯學》曾言：「孔子、墨子俱道堯舜，而取舍不同。」此不同的取舍，使儒、墨學思產生相當大的差距，故而引發彼此攻詰，論者闡釋已明。〔註142〕墨子學思主旨在「兼愛」一義上，〔註143〕其他一切說法均以之爲依歸，認爲「天下交相愛則治，交相惡則亂」（〈兼愛上〉），故我們可說墨子學思是一「實事求是」的素樸思維，其論「禮」亦然。〈魯問〉言：

> 凡入國，必擇物而從事焉。國家昏亂則語之尚賢、尚同，國家貧則
> 語之節用、節葬，國家憙音湛湎則語之非樂、非命，國家淫僻無禮
> 則語之尊天、事鬼，國家務奪侵陵則語之兼愛、非攻。故曰擇務而
> 從事焉。

顯見墨學以救世之術爲本，後人稱文中「尚賢」、「尚同」等十者爲「墨子十論」。〔註144〕本文探究的重點是「禮」，不再深論。引文中墨子言「國家淫僻無禮則語之尊天、事鬼」，可見墨子並不反對「禮」，而是在國家淫亂邪僻無禮之際，方提倡尊天、事鬼。因此，可見墨子猶希望天下是個有禮的世界。

　　查考《墨子》全書，論「禮」處不多，亦不深刻，但認爲「禮」仍不可少。〈非儒下〉墨子批評儒者：「且夫繁飾禮樂以淫人，久喪僞哀以謾親，立

〔註141〕此據孫詒讓著《墨子閒詁》（上海：上海書店，1986 年，據三十年代上海世界書局「諸子集成」編印）。

〔註142〕儒、墨學思之異，汪中論其先，見《述學內外編》（臺北：臺灣中華書局，1981年，四部備要版），內篇三，〈墨子序〉及〈墨子後序〉。近世以來，梁啓超、胡適之、馮友蘭等對之均曾討論，分別見於《墨子學案》〔收於嚴靈峰主編，《無求備齋墨子集成》（臺北：成文出版社，1975 年），第十八冊〕、《中國古代哲學史》（臺北：臺灣商務印書館，1979 年臺十版）第六篇、《中國哲學史》（臺北：臺灣商務印書館，1993 年增訂臺一版）第一篇第五章。

〔註143〕《孟子‧盡心上》：「墨子兼愛，摩頂放踵，利天下而爲之。」徐復觀云：「墨子的思想，是以兼愛爲中心而展開的。」見《中國人性論史‧先秦篇》，頁318。

〔註144〕例如梁啓超於《墨子學案》言：「此十題，二十三篇，是墨學大綱目，墨子書之中堅。」見頁29。陳柱《墨子十論》承之，頁29；欒調甫《墨子研究論文集》亦有是言，頁116～119。收於嚴靈峰主編，《無求備齋墨子集成》，第三十三冊。

命緩貧而高浩居，倍本棄事而安怠傲，貪於飲食，惰於作務，陷於飢寒，危於凍餒，無以違之。」認為儒者之禮虛偽欺人，不事生產，不知趨利避害等。又批評孔子「盛容修飾以蠱世，絃歌鼓舞以聚徒，繁登降之禮以示儀，務趨翔之節以觀眾……」，將孔子描繪為虛文詐偽之人。此誠然並非事實，其目的「可能在於製造諸侯對儒者之惡劣印象」。〔註145〕墨子又批評依儒家喪禮而行，「君子何日以聽治？庶人何日以從事？」（〈公孟〉）同時認為其虛文過度。〔註146〕另批評儒家婚禮，「顛覆上下，悖逆父母，下則妻子，妻子上侵事親，若此可謂孝乎」，諸此等等。實就儀度表面評議，並不明儒家論禮精義所在。

　　然而，《墨子》書中多處言及「禮」的必要，例如〈辭過〉言「宮牆之高足以別男女之禮」，〈尚同中〉言「至如禽獸然，無君臣上下長幼之節，父子兄弟之禮，是以天下亂焉」，可見墨子亦認為「禮」是維繫社會的必要規範。《墨子》書也指出「禮」的意蘊，與儒家論禮並無甚大差異。例如〈修身〉言「喪雖有禮，而哀為本焉」，〈經上〉言「禮，敬也」（亦見〈經說下〉）。儘管如此，墨子對「禮」仍有所見，如在〈三辨〉中指出「昔者堯舜有茅茨者，且以為禮，且以為樂」，堯舜以茅屋作為行禮奏樂處所，後世則愈顯愈繁，是以在〈節用中〉，墨子指出：

> 古者堯治天下，南撫交阯，北降幽都，東西至日所出入，莫不賓服。
> 逮至其厚愛，黍稷不二，羹胾不重，飯於土塯，啜於土形，斗以酌。
> 俛仰周旋威儀之禮，聖王弗為。

以堯不審細食、不講究飲食處所方式，否定所謂的繁文儀度，故言「俛仰周旋威儀之禮，聖王弗為」。由此可知，若符合墨子之「節用」原則，「禮」亦當可存。墨子論「禮」，僅此而已。考究其因，自是受限於其人生立場。墨子認為，「去無用之費，聖王之道，天下之大利也」（〈節用上〉），「諸加費，不加於民利者，聖王弗為」（〈節用中〉），如此實用態度，自然反對儒家所提倡的喪禮（以為久喪，人無法從事生產，見〈節葬〉）、儀度（以為浪費無益，見〈節用〉）、音樂（以為無用於民生，見〈非樂〉）等等。

〔註145〕勞思光語，見《新編中國哲學史》（臺北：三民書局，1985年增訂四版），（一），頁304。

〔註146〕〈非儒下〉云：「其親死，列尸弗斂，登屋窺井，挑鼠穴，探滌器，而求其人矣，以為實在則贛愚甚矣；如其亡也必求焉，偽亦大矣！」

　　孫詒讓在《墨子閒詁・序》中指出：「墨子……亦喜稱道詩書，及孔子所
不修百國春秋；惟於禮則右夏左周，欲變文而反之質，樂則竟屛絕之。此其
與儒家四術六藝必不合者耳。」認爲墨子所釋之禮爲夏禮，與儒家維護之周
禮不同。此實乃據《淮南子・要略》。〈要略〉云：「墨子學儒者之業，受孔子
之術，以爲其禮煩擾而不悅；故背周道而用夏政。」恐依《墨子・公孟》云
「且子法周未法夏也」而來。畢沅於此句下注云：「謂節葬、節用之屬，墨氏
之學出于夏。」〔註147〕後人或因之加於《淮南子・要略》所言而據以爲信。
查〈公孟〉文意，「且子法周未法夏也」一語乃墨子反問公孟子只知法周、何
以不法夏？以譏其「法古非古」。而此，汪中〈墨子後序〉即已指正。〔註148〕
另考《墨子》文中所論之禮，均未指出何爲夏禮。墨子固然反對繁文縟節之
禮以回復樸質，是「欲變文而反之質」，亦強調「非樂」，然此並無法證明墨
子主張「右夏左周」，故此說當無據爲證。而「欲變文而反之質」之見，乃是
受到漢人質文改制之觀點的影響，〔註149〕或可作爲一說。

二、道　家

（一）老　子

　　《老子》〔註150〕一書八十一章，僅有兩章出現「禮」字，一出於第三十
一章，一出於第三十八章。第三十一章兩度提及「喪禮」，在於提醒爲政者「兵
者不祥之器」，萬不得已才用之。老子言：

　　　　夫佳兵者不祥之器，物或惡之，故有道者不處。君子居則貴左，用
　　　　兵則貴右。兵者不祥之器，非君子之器，〔註151〕不得已而用之，恬
　　　　淡爲上。勝而不美，而美之者，是樂殺人。夫樂殺人者，則不可以
　　　　得志於天下矣。吉事尚左，凶事尚右。偏將軍居左，上將軍居右。
　　　　言以喪禮處之。殺人之眾，以哀悲泣之，〔註152〕戰勝以喪禮處之。

〔註147〕孫詒讓，《墨子閒詁》，頁274。
〔註148〕汪中，《述學內外編》，內篇三，頁3下。
〔註149〕見董仲舒《春秋繁露》之〈三代改制質文〉，《白虎通德論》之〈三正〉、〈三
　　　　教〉與〈三綱六紀〉。
〔註150〕《老子》原文，以今通行之王弼注解之《老子道德經》（上海：上海書店，1986
　　　　年，據三十年代上海世界書局「諸子集成」編印）爲據。
〔註151〕嚴靈峰認爲此二句當爲注文混入正文，見《老子研讀須知》（臺北：正中書
　　　　局，1992年），頁21。
〔註152〕「泣之」，帛書本作「立之」。羅運賢云：「『泣』者，『莅』之譌。（六十章：

對於歌頌戰爭勝利，是得意於殺人，不可能得志於天下的。老子認為軍事為不祥之器物，〔註153〕人們都討厭之，因為其殺人眾多，萬不得已需用之，則當以哀悲之心參與，即使打了勝仗，要以喪禮的儀度安排處理。〔註154〕此雖僅言及喪禮儀度，卻頗富深意。由是可見老子對「禮」並非採取否定的排斥立場。

然而第三十八章言「夫禮者，忠信之薄而亂之首」，將「禮」的產生視為禍亂的根源，似又否定了「禮」的意義及其功效。但是，據我們先前的探究，「禮」與忠、信之德目並不處於對立之態，〔註155〕老子據何將之相對？此不解之一。其次，若語句果然如此，不正與第三十一章所見衝突？是為不可解之二。所以讓我們審視一下《老子》第三十八章所言意義究竟為何。

> 上德不德，是以有德；下德不失德，是以無德；上德無為，而無以
> 為；下德為之，而有以為。上仁為之，而無以為；上義為之，而有
> 以為；上禮為之，而莫之應，則攘臂而扔之。故失道而後德，失德
> 而後仁，失仁而後義，失義而後禮。夫禮者，忠信之薄而亂之首。
> 前識者，道之華而愚之始。是以大丈夫處其厚，不居其薄；處其實，
> 不居其華。故去彼取此。

首先必須指出，王弼以「體用」注解，強調「以無為用」，當非本章意旨，〔註156〕應排除討論。其次，從本章文意觀之，老子似乎否定「仁、義、禮」，但問題已如前述，否定「禮」即與第三十一強調「戰勝以喪禮處之」之立場與態度產生衝突。因此，據以斷言老子否定「仁、義、禮」〔註157〕或單純地否

『以道莅天下。』按今本作「莅」）字當作『埭』，說文：『臨也。』『埭之』與下句『處之』正同。」見高明，《帛書老子校注》（北京：中華書局，1996年），頁396引。朱謙之引「泣」作「泊」，見《老子校釋》（北京：中華書局，1984年），頁128。然查羅運賢僅存著作《老子餘誼》未見，不知何字孰是，此收於嚴靈峰主編，《無求備齋老子集成／續編》（臺北：藝文印書館，1970年），第九十冊。

〔註153〕《老子》第三十章指出：「以道佐人主者，不以兵強天下，其事好還。」因兵者之事易於引起報復（其事好還），是為不祥。

〔註154〕高明云：「按殺人眾則庶民殃，老則失其子女，幼則喪其父母，悲哀降臨無辜。故此，戰勝不可贊，亦不可頌，當以喪禮處之。以喪禮處之者，以示其殘害百姓，荒廢田畝，不祥甚矣，不可美矣，不可以殺人為美。」《帛書老子校注》，頁396。

〔註155〕例如《左傳・昭公二年》：「忠信，禮之器也。」《國語・周語上》：「且禮所以觀忠、信、仁、義也。」未見「禮」與忠、信對立之主張。

〔註156〕見王弼，《老子道德經》，下篇，三十八章，頁23。

〔註157〕譬如勞思光言：「『仁、義、禮』等，在老子眼中皆為守道者所不取。其否定

定「禮」，﹝註158﹞恐皆不甚確當。按本章提出德、仁、義、禮，皆以「上」稱
之，順而提出以之施政作為的效果，例如「上德」者「不德」、「無為」，其效
果是人民「有德」、「無以為」；以「上仁」、「上義」、「上禮」為之，人民或「無
以為」、「有以為」，或是「莫之應」，效果自然有所差異。特別的是以「上禮」
為之，人民沒有反應，「則攘臂而扔之」，意為推讓而導引之。﹝註159﹞另又提
出以「下德」為之，結果人民是「無德」、「有以為」。或許仁、義、禮亦有「下」
者，此處略之。﹝註160﹞因此，文中所謂「道」，當指德、仁、義、禮，「失道」

態度已極明顯。」見《新編中國哲學史》，（一），頁 250。陳鼓應亦是如是見
解，見《老子註釋及評介》（北京：中華書局，1984 年），頁 217；《老子今註
今譯及評介（三次修訂本）》（臺北：臺灣商務印書館，2000 年三次修訂版），
頁 195；然於〈先秦道家之禮觀〉一文中則提出與之截然不同的看法，刊於
《漢學研究》第十八卷第一期（總號第三十五號／2000 年 6 月），頁 2～7。

﹝註158﹞ 蔣錫昌謂：「忠信質衰，則務外飾；務外飾，則生詐偽；生詐偽，則亂起焉。
是禮產於忠信之薄，而為亂之首。」見《老子校詁》（成都：成都古籍書店，
1988 年），頁 250。高明續之，言：「按德、仁、義三者，雖相遞次，然皆發
之於內，守忠而篤信。夫禮者，形之於外，飾非而行偽。故曰禮行德喪仁義
失。則質殘文貴，本廢末興，詐謅日盛，邪惡爭生，因而謂為『亂之首』。」
見《帛書老子校注》，頁 6。實則充滿猜度，並無佐據。任繼愈的批評更顯輕
忽，其言：「老子離開周王朝後，背離了他原來的階級，不再循循守禮，反而
轉過來激烈地抨擊當時周禮的虛偽。他說『禮者忠信之薄而亂之首』（三十八
章）。從精通周禮的老子，轉變為菲薄周禮的老子，在社會大變動時代，階級
地位的轉變影響到思想的轉變，是不難理解的。」見《中國哲學史》（北京：
人民出版社，1985 年第四版），第一冊，頁 59。朱謙之亦言：「老子蓋知禮而
反禮者也。」見《老子校釋》，頁 153。

﹝註159﹞ 「則攘臂而扔之」，魏源謂：「攘，古讓字。扔，古通作仍字。言再推讓而就
之也。」《老子本義》（上海：上海書店，1986 年，據三十年代上海世界書局
「諸子集成」編印），頁 31。蔣錫昌謂：「出臂拱手，強行敬禮，而就人也。」
《老子校詁》，頁 248。時人多主蔣說，今從魏說，原因在於文脈義理上。

﹝註160﹞ 考釋者所見不同，例如高明言：「據帛書甲、乙本分析，德仁義禮四者的差別
非常整齊，邏輯意義也很清楚。今本衍『下德』一句，不僅詞義重疊，造成
內容混亂，而且各本衍文不一，眾議紛紜。如王弼諸本衍作『下德為之而有
以為』，則同『上義為之而有以為』相重；傅奕諸本衍作『下德為之而無以為』，
則同『上仁為之而無以為』相同。由此可見，『下德』一句在此純屬多餘，絕
非《老子》原文所有，當為後人妄增。驗之《韓非子‧解老篇》，亦只言『上
德』、『上仁』、『上義』、『上禮』，而無『下德』，與帛書甲、乙本相同，足證
《老子》原本即應如此，今本多有衍誤。」見《帛書老子校注》，頁 3。然考
老子「正言若反」蘊味，常視價值為一相對的判斷，如美惡、善不善、有無、
難易、長短、高下等等，既有上德，必有下德，於意似亦可通，故有是疑，
聊備一說。

自然是指遺棄德、仁、義、禮這樣的方法。那麼，問題在於「失道而後德」以下六句。論者視「道、德、仁、義、禮」爲一每下愈況的狀態，〔註161〕但從上述對文句的剖析，「德、仁、義、禮」乃是並陳闡釋，差別僅在施行後的效果不同，是以是否存在著論者認爲每下愈況的認知，不無疑義。對此，魏源在「失義而後禮」句下注云：「韓非子四『而後』下俱有『失』字。」在「夫禮者」句下注云：「昶按汪仲伊云：『夫字單以虛詞發端，老子無此句法。上下篇但云夫惟，不單云夫也。』夫，乃『失』之誤。失禮者句。前識句對文見義，於上文失仁、失義，亦意脈相貫。」〔註162〕若此，整章語句幾可言通，並呈顯出完全不同的意義。而「失禮者，忠信之薄而亂之首」，與第三十一章老子對「禮」的立場及態度相一致，「禮」與忠、信等德目亦不衝突，符合前述所探究。因此，所謂忠信澆薄、造成混亂之禍根來自於「失禮」，而非是因爲「禮」的產生。倘若如是理解，所謂失「德、仁、義、禮」即非每下愈況的狀態，而是人們逐漸喪失人文中最具核心的層面。但這樣的論點可否成立？讓我們看看韓非在〈解老〉一文中所作的說明。

> 道有積而德有功，德者道之功。功有實而實有光，仁者德之光。光有澤而澤有事，義者仁之事也。事有禮而禮有文，禮者義之文也。
> 故曰：「失道而後失德，失德而後失仁，失仁而後失義，失義而後失禮。」〔註163〕

〔註161〕 高明謂：「從經文分析，此章主要講論老子以道觀察德、仁、義、禮四者之不同層次，而以德爲上，其次爲仁，再次爲義，最次爲禮。德仁義禮不僅遞相差次，每況愈下，而且相繼而生。如下文云：『失德而後仁，失仁而後義，失義而後禮。夫禮者，忠信之薄而亂之首也。』德仁義禮之間各自差距如何？老子用『無爲』作爲衡量四者的標準，以『無爲而無以爲』最上，『爲之而無以爲』其次，『爲之而有以爲』再次，『爲之而莫之應，則攘臂而扔之』最次。」見《帛書老子校注》，頁3。余培林、陳鼓應等均作如是觀，分見《新譯老子讀本》（臺北：三民書店，1993年第十版），頁69；《老子譯註及評介》與《老子今註今譯及評介（三次修訂本）》，頁216～217與頁191～193。

〔註162〕 魏源，《老子本義》，頁31。劉師培亦有相似見解，見《老子斠補》，頁14右。收於《劉申叔遺書》（臺北：華世書局，1975年），總頁1041。

〔註163〕 對之，許多學者提出反駁之見，如王先慎《韓非子集解》（上海：上海書店，1986年，據三十年代上海世界書局「諸子集成」編印）注云：「盧文弨曰：『凡「而後」下俱不當有「失」字。』顧廣圻曰：『傳本及道德經無下「失」字。』」，頁97。馬敍倫於《老子覈詁》中承此云：「倫案：後漢書崔駰傳注引無四『而』字，朱穆傳注引有，輔行記一之三引更有『失禮而後智，失智而後信』兩句。然各本及莊子知北遊篇引並同此。又論義亦不當有此兩句及四『失』字。」

　　「道有積」，「積，聚也」，〔註164〕既是累積而成，當爲經驗意。韓非明白指出：「道者，萬物之所然也，萬理之所稽也。」「故曰道，理之者也。」（《韓非子‧解老》）故「道」是指將萬事萬物理出頭緒的抽象規則或理則。因爲「萬物之所然也，萬理之所稽也」，乃指所認可（或言理解）的萬物以及所稽徵驗證的事理這一事情，〔註165〕韓非稱之爲「道」。因此，「道」只能是經驗歸納得出的規則或理則。故而韓非將「道」與「理」連稱爲「道理」。〔註166〕「德」是使抽象原則或理則（道）正確展現出來的作爲，故言「德者道之功」。正確方法的展現所產生的光輝就是「仁」；使德之光輝披澤於事，這就是「義」；事有文理、禮有文飾，「禮」就是依事之文理以文飾之。故「道、德、仁、義、禮」在韓非看來無非一事，只是側重的面向不同而已。因此「失道而後失德」等四句，是爲必然的事實。由此觀之，「失道」必然蘊含「失禮」。

　　此外，韓非在解釋「夫禮者」段指出：

　　禮繁者實心之衰也。然則爲禮者，事通人之樸心者也；眾人之爲禮也，人應則輕歡，不應則責怨。今爲禮者，事通人之樸心，而資之以相責之分，能毋爭乎？有爭則亂。故曰：「夫禮者，忠信之薄也，而亂之首乎？」

韓非此段之見，後人認爲老子否定「禮」之理由所承續之跡即在此。〔註167〕然則，此處將爲禮區分爲二，一是「事通人之樸心者」，二是「資之以相責之分」，故而有爭，因此造成混亂。「忠信之薄而亂之首」乃指第二種爲禮的方式。若此，亦不能證明老子否定「禮」，而是否定那些爲禮者「人應則輕歡，不應則責怨」的澆薄心態，因而產生混亂。更進一步言，韓非所見之「禮」

　　見「老詁三」，頁154下～15上。收於嚴靈峰主編，《無求備齋老子集成／續編》，第八十四冊。高明續之而言：「帛書甲、乙本經文與今本相同，均無四『失』字，則爲馬說得一確證。可見韓非子解老篇所引老子之文，未必全是，皆應具體考證。」見《帛書老子校注》，頁5。諸此等等。

〔註164〕許慎，《說文解字》，說七上，頁8右。
〔註165〕此爲「所」加動詞的用法，用來表示動作的對象，參見余心樂、宋易麟主編，《古代漢語虛詞詞典》（南昌：江西教育出版社，1996年），頁311起；王力主編，《古代漢語（修訂本）》（北京：中華書局，1981年第二版），頁365。故依句意，「所然」的對象是「萬物」，「所稽」的對象是「萬理」。因此，文中「之」字，當作爲「的」解，參見《古代漢語》，頁458～460。
〔註166〕例如「夫緣道理以從事者，無不能成」，「嗇之謂術也，生於道理」等，具見〈解老〉。
〔註167〕如註158所指出的。

實爲「儀」，其謂「禮繁」即可證之。由此觀之，魏源所見爲確，此即爲「失禮」。而「失禮」之因在於「心之衰」，人心的焦距不放在對「禮」的執行之上故而失之。

綜上討論所述，我們很難認定老子是否定「禮」的，也很難同意老子認爲「禮」的產生是禍亂的根源。老子在第三十八章後半段言：「前識者，道之華而愚之始。是以大丈夫處其厚，不居其薄；處其實，不居其華。故去彼取此。」批評那些所謂有見識者，不過是拿虛浮華麗的規則談論世事，這是愚蠢的開端。所以大丈夫當立身於「厚」（敦厚）與「實」（樸實）之上，不應朝「薄」（澆薄）與「華」（虛華）的路上前行，故云「去彼取此」，所去者即澆薄浮華之心態，所取者即回歸於敦厚樸實之生活。若這樣理解無誤的話，老子是贊成如韓非所言「事通人之樸心者」之「禮」的。只是此「禮」內容不明，當是簡單、素樸而無繁文縟節之儀度束縛著。〔註168〕

然論者或以第十九章爲據反駁，其言「絕仁棄義，民復孝慈」，可見老子否定仁、義；又作爲與仁、義並生之「禮」，自然老子亦是否定的。對此，我們必須謹慎理解，因爲《老子》第十九章所言的主旨在於「見素報樸，少私寡欲」，試看原文：

　　絕聖棄智，民利百倍；絕仁棄義，〔註169〕民復孝慈；絕巧棄利，盜
　　賊無有。此三者以爲文不足，故令有所屬。見素報樸，少私寡欲。

「此三者以爲文不足，故令有所屬」，顯見爲政者亦須有令。「此三者」指前述主張「絕聖棄智」、「絕仁棄義」、「絕巧棄利」，以之爲文令仍不足以治理天下，所以才強調「見素抱樸，少私寡欲」，注視於平淡、保持於樸質，減少私念、寡少欲求。於此，我們僅能見及老子認爲「見素抱樸，少私寡欲」是治理天下最好的方式，一般所強調的聖、智、仁、義，甚至包括禮等，並不是其認爲最好的治國方式。何以證明？老子說：「大道廢，有仁義；智慧出，有大僞；六親不和，有孝慈；國家昏亂，有忠臣。」（第十八章）治理天下的方法廢弛（大道廢），於是人們就掌握仁義之則；巧智詰慧出現，人們的虛文僞詐於是發生；親屬失

〔註168〕老子曾言：「服文綵，帶利劍，厭飲食，財貨有餘，是謂盜夸，非道也哉。」
　　　　或可爲證。見《老子》第五十三章。
〔註169〕1993年出土的郭店楚墓竹簡，文中「絕聖棄智」作「絕智棄辯」，「絕仁棄義」
　　　　作「絕僞棄詐」。見荊門市博物館編，《郭店楚墓竹簡》（北京：文物出版社，
　　　　1998年），頁111。然無論絕棄爲何，並不影響所要強調的「見素抱樸，少私
　　　　寡欲」之旨。

和，故而強調孝慈；國家昏亂無道，方能顯現忠貞大臣。如此觀之，此主旨乃在指出，當天下昏亂、價值損喪之際，方「有仁義」、「有大僞」、「有孝慈」、「有忠臣」，故顯然認定當社會價值產生損喪之時、如仁義之則等便具有其必要性。老子所認定的價值，如前所指出的是「見素抱樸，少私寡欲」，當這樣的價值損喪時，一切的文爲制度於焉產生，而此正顯示了社會出現了問題。爲釜底抽薪地解決社會問題，老子認爲統治者當有下面的思維與作法：

> 不尚賢，使民不爭；不貴難得之貨，使民不爲盜；不見可欲，使民心不亂。是以聖人之治，虛其心，實其腹，弱其志，強其骨。常使民無知無欲。使夫智者不敢爲也。爲無爲，則無不治。（第三章）

> 上善若水，水善利萬物而不爭，處眾人之所惡，故幾於道。居善地，心善淵，與善仁，言善信，正善治，事善能，動善時。夫唯不爭，故無尤。（第八章）

> 以聖人欲不欲，不貴難得之貨；學不學，復眾人之所過。（第六十四章）古之善爲道者，非以明民，將以愚之。民之難治，以其智多；故以智治國國之賊，不以智治國國之福。（第六十五章）

諸此，可以「絕學無憂」（第二十章）一句概括。人應「爲無爲」、「欲不欲」、「學不學」，如此方能「不爭」，也就不會產生混亂了。老子所認爲的理想治世是「小國寡民」，雖有一切文明的制作卻備而不用。〔註170〕而此牽涉老子政治哲學問題，非關本文主旨，茲不再述。

從上述的考證與討論，我們可以肯定號稱知禮的老子，〔註171〕其當不否定「禮」的實質與效果，對於一切道德價值反而是稱頌的、至少是不反對的。只是老子有更深一層的想法，即是希望世界爲一無知、無欲、無智、無巧詐的理想圖像，而那樣的世界根本不需要仁、義、禮、智種種德行、德性，以及一切的文明制度。對此我們必須釐清，否則即易陷於老子反對周文故而否定「禮」的論述。而老子所見，當是其對於宇宙人生透過深度地理解而產生的。

（二）莊　子

今本《莊子》卅三篇，〔註172〕出現「禮」字僅三十五則，頻率不高。概

〔註170〕參見《老子》第八十章。

〔註171〕老子以知禮聞名，傳說孔子曾問禮於老子，見《史記‧老莊申韓列傳》、《莊子‧天道》、《禮記‧曾子問》及《列子‧黃帝》等記載。

〔註172〕此以王先謙註之《莊子集解》（上海：上海書店，1986 年，據三十年代上海

略言之，「內篇」部分論「禮」較爲平和，例如〈大宗師〉言：「以禮爲翼者，所以行於世也。」乃指一般人情禮節，並無深意。而「外篇」與「雜篇」攻擊「禮」甚爲激烈，例如〈騈拇〉言：「屈折禮樂，呴俞仁義，以慰天下之心者，失其常然也。」但不論從「內篇」或「外、雜篇」中皆可看出莊子對於人生的深度見解。以下分別釋之。

《莊子》「內七篇」談及「禮」者僅出現五個段落，〈人間世〉二段，〈大宗師〉三段。〈人間世〉中所言，均指儀度。〔註173〕〈大宗師〉一段上已引之，其餘兩段可見莊子對「禮」的見解及其態度爲何。

> 子桑戶、孟子反、子琴張三人相與爲友。……莫然有閒而子桑戶死，未葬。孔子聞之，使子貢往侍事焉。或編曲，或鼓琴，相和而歌曰：「嗟來桑戶乎！嗟來桑戶乎！而已反其眞，而我猶爲人猗！」子貢趨而進曰：「敢問臨尸而歌，禮乎？」二人相視而笑曰：「是惡知禮意！」……孔子曰：「彼遊方之外者也，而丘遊方之內者也。外內不相及，而丘使女往弔之，丘則陋矣。彼方且與造物者爲人，而遊乎天地之一氣。彼以生爲附贅縣疣，以死爲決肒潰癰，夫若然者，又惡知死生先後之所在！假於異物，託於同體；忘其肝膽，遺其耳目；反覆終始，不知端倪；芒然彷徨乎塵垢之外，逍遙乎无爲之業。彼又惡能憒憒然爲世俗之禮，以觀眾人之耳目哉！」

莊子藉孔子之口言人有「遊方之內」與「遊方之外」的分別，二者對於人倫事理的態度以及世界的認知完全不同，故而孔子悔叫子貢弔喪，因爲喪禮對於遊方外之士而言乃是多此一舉。子貢以遊方內之士的認知探問「敢問臨尸而歌，禮乎」？自然受到揶揄，言子貢「惡知禮意」！此話自然是反諷語，故無法證明莊子否定或肯定「禮」，或者對「禮」蘊涵著某一深意的見解。〔註

〔註173〕「擎跽曲拳，人臣之禮也」、「以禮飮酒者，始乎治，常卒乎亂，泰至則多奇樂」。

〔註174〕郭象注認爲「夫知禮意者，必遊外以經內」，成玄英疏云「夫大禮與天地節，不拘制乎形名，直致任眞，率情而往」等等，實爲臆度。見郭慶藩，《莊子集解》（上海：上海書店，1986 年，據三十年代上海世界書局「諸子集成」編印），頁 121。陳鼓應言：「在這段對話裡，一方面透露出莊子並不眞正反對禮本身，他著意的是禮的眞實的內涵──『禮意』。」關於這點，我們認爲詮解過度了。見〈先秦道家之禮觀〉，頁 9。然〈庚桑楚〉中的「至禮而不人」或可視爲莊子對「禮」的肯定，筆者認爲仍有疑義，請參見註190。

174〕從文句分析來看，莊子認爲遊方外之士必然不會認同其所識之儒家的世俗之禮，故言「彼又惡能憒憒然爲世俗之禮，以觀眾人之耳目哉」。這樣的態度，乃建基於其對世界的看法上。引文已明，「而已反其眞，而我猶爲人猗」，「而」指子桑戶，其過世是「反其眞」；相對的，孟子反、子琴張猶是人，尚未「反其眞」。何謂「眞」，依下文所釋，「彼方且與造物者爲人，而遊乎天地之一氣」，指遊方外之士將與造物者相伴（爲人）〔註176〕，一同遊於天地之氣中。因爲「一氣循環」，〔註177〕故視是生是死爲累贅，所以生死之先後根本無法判別，假借於其他物體而存在，寄託於同體一氣之中，「反覆終始，不知端倪」，〔註178〕生時於「无爲之業」中逍遙，死時於「塵垢之外」茫然飄盪。因爲如是認知，人間世中之「禮」又何足掛焉？〔註179〕實根本不值一提。莊子這樣的看法，顯然比老子的見解更爲透徹，同時也顯得十分虛無。依莊子之見，人生原來不過是「反覆終始，不知端倪」的一個小小段落，連其本眞面貌是什麼我們都無法捉摸清楚，〔註180〕此人生不顯十分荒誕？

另一段〈大宗師〉內文，藉由顏回與孔子的對話，指出人在如此荒謬的人生中當有的作爲。

> 顏回曰：「回益矣。」仲尼曰：「何謂也？」曰：「回忘仁義矣。」
> 曰：「可矣，猶未也。」他日，復見，曰：「回益矣。」曰：「何謂
> 也？」曰：「回忘禮樂矣。」曰：「可矣，猶未也。」他日，復見，
> 曰：「回益矣。」曰：「何謂也？」曰：「回坐忘矣。」仲尼蹵然曰：
> 「何謂坐忘？」顏回曰：「墮肢體，黜聰明，離形去知；同於大通。
> 此謂坐忘。」仲尼曰：「同則無好也，化則無常也。而果其賢乎？
> 丘也請從而後也。」

「忘仁義」、「忘禮樂」等，對人生猶顯有爲，「坐忘」則不然，因爲忘了自身與外在的區別。「墮肢體，黜聰明，離形去知」，故而忘己身；「同於大通」，指己與外無別，同爲一氣。莊子認爲，「同則無好也，化則無常也」，「同」即

〔註176〕王先謙注云：「王引之云爲人猶言爲偶。」《莊子集解》，頁44。
〔註177〕王先謙注引「宣云」，《莊子集解》，頁44。〈知北遊〉云：「通天地一氣耳。」
〔註178〕王先謙云：「往來生死，莫知其極。」是矣。《莊子集解》，頁44。
〔註179〕〈漁父〉即言：「禮者，世俗之所爲也。眞者，所以受於天也。」
〔註180〕〈大宗師〉有言：「若人之形者，萬化而未始有極也。」即指形形色色的變化沒有終極處，或爲人，或爲鼠肝，或爲蟲臂，並無一定。

無好惡，「化」即無滯理，〔註181〕此爲「坐忘」。是以「禮」在莊子看來，根本不值一顧。〔註182〕

　　莊子在「外篇」中，對「禮」的批評就顯得直接而嚴厲，〈駢拇〉所見（如前引），認爲禮樂仁義曲折煦嫗，〔註183〕以之治慰天下，將使其喪失本性，此本性指先天即具的質性，如莊子言：「天下有常然。常然者，曲者不以鉤，直者不以繩，圓者不以規，方者不以矩，附離不以膠漆，約束不以纆索。」意即天下萬物原本之曲直圓方附離約束，不以人爲造作之鉤繩規矩膠漆纆索而改變，是爲「常然」，亦是莊子所謂之質性。此處完全否定「禮樂仁義」的功效。在〈馬蹄〉一篇中，莊子認爲禮樂等文明制作，方是利益衝突的原因，使人喪失其原始質樸之性。莊子言：「及至聖人，蹩躠爲仁，踶跂爲義，而天下始疑矣；澶漫爲樂，摘僻爲禮，而天下始分矣。……道德不廢，安用仁義？性情不離，安用禮樂？」〔註184〕又言：「及至聖人，屈折禮樂以匡天下之形，縣跂仁義以慰天下之心，而民乃始踶跂好知，爭歸於利，不可止也。」亦是否定聖人制作「禮樂仁義」的功效。〔註185〕〈在宥〉一方面輕視禮，認爲「說禮邪，是相於技也」，禮助長浮華技能；〔註186〕另一方面卻又認爲禮仍有必要，「節而不可不積者，禮也」，〔註187〕「應於禮而不諱」，〔註188〕則不否定「禮」之功效，與前述意旨衝突，故論者疑其非莊子之見。〔註189〕〈天道〉認爲「禮

〔註181〕王先謙注引「宣云」，《莊子集解》，頁 47。

〔註182〕陳鼓應的見解是：「『忘禮樂』、『忘仁義』其深層意義則是意謂行禮作樂、行仁爲義之安然投入而達於適然忘境。」見〈先秦道家之禮觀〉，頁 10。倘如其所見，〈大宗師〉所言「反覆終始，不知端倪」、「若人之形者，萬化而未始有極也」等，便無法解釋了。王叔岷認爲此「非欲摒棄禮樂、仁義，蓋意在不爲禮樂仁義所圍，圍則弊生」，見《莊子校詮》（臺北：中央研究院歷史語言研究所，1994 年二版，中央研究院歷史語言研究所專刊第八十八冊），頁 271。所見爲是。

〔註183〕王先謙注云：「昫俞，猶煦嫗，假仁義也。」《莊子集解》，頁 55。

〔註184〕王先謙注云：「李云：蹩躠、踶跂皆用心爲仁義之貌。」「李言澶漫猶縱逸也。」「摘者摘取之。僻者分析之謂，煩碎也。」《莊子集解》，頁 57。

〔註185〕〈胠篋〉云：「聖人不死，大盜不止。」可爲注腳。

〔註186〕王先謙注引成玄英疏云：「說禮乃助華浮技能。」《莊子集解》，頁 62。

〔註187〕王叔岷以爲「乃類儒家之說」，「當非莊子所自言」，《莊子校詮》，頁 340。

〔註188〕「不諱即不違」，見王先謙，《莊子集解》，頁 68。

〔註189〕王先謙注云：「宣云此段意膚文雜，與本篇義不甚切，不似莊子之筆，或後人續貂耳。案宣疑是也。然郭象有注，則晉世傳本已然。」《莊子集解》，頁 69。

法度數，形名比詳，治之末也」，需動用精神心術方能爲之。同篇記孔子問禮於老聃，最後得到的結論是：「通乎道，合乎德，退仁義，賓禮樂，至人之心有所定矣。」退卻仁義、擯除禮樂，通曉道、合乎德，至人之心方能有所定止，此當是就個人修養而論，與上述治道不一。〈天運〉指出「禮義法度」乃「應時而變者」，非恆久之道。〈繕性〉則認爲「中純實而反乎情，樂也；信行容體而順乎文，禮也。禮樂遍行，則天下亂矣」，亦是否定禮樂。〈田子方〉兩度提及「明乎禮義而陋乎知人心」，意指儒者對禮義道理甚明、卻對人心之實的瞭解十分淺陋。綜觀《莊子》「外篇」對「禮」的看法，基本上是採取否定態度，即使認爲「禮」仍有可爲，但也只是末技之流。最重要的一點是，莊子認爲「禮」（包括仁義）掩蔽了人性之實，故而否定之。莊子在〈馬蹄〉中指出何爲人性之實：「夫至德之世，同與禽獸居，族與萬物並，惡乎知君子小人哉！同乎無知，其德不離；同乎無欲，是謂素樸；素樸而民性得矣。」原來人性之實是指無知、無欲、無分別意識之素樸的存活狀態，因此自然反對文明制作，故作爲文明標誌之一的「禮」當然被予以否定。

　　《莊子》中「雜篇」中對「禮」的見解，不出於「內篇」及「外篇」對「禮」的看法。〈知北遊〉認爲「禮相僞」，直言「禮者，道之華而亂之首也」，〈漁父〉言「禮者，世俗之所爲也」，〈外物〉更以「儒以詩禮發冢」諷之，顯見《莊子》「雜篇」對「禮」之攻訐更形激烈。〔註190〕

〔註190〕筆者認爲莊子對於人間之「禮」採取不值一顧的看法，在《莊子》文中，唯一可以作爲反駁之據的，則是「雜篇」〈庚桑楚〉的一段話：「蹍市人之足，則辭以放驁，兄則以嫗，大親則已矣。故曰：至禮有不人，至義不物，至知不謀，至仁無親，至信辟金。」從「至禮」、「至義」、「至知」、「至仁」、「至信」的語句，莊子似顯然主張「至禮」之禮的，故可説其對禮當是肯定態度的。然而，〈庚桑楚〉所言「至禮有不人」的概念，與「禮」的一般意不類。郭向注：「不人者，視人若己。視人若己則不相辭謝，斯乃禮之至也。」見王先謙，《莊子集解》，雜篇庚桑楚第二十三，頁 351。按此以蹍足喻之禮義五者之設，言踩及陌生人之足必自責辭謝，兄履弟足僅嫗詡憐之，若父履子足則連嫗詡均略省了。以蹍足之小事，喻疏者有過辭謝，親者有過不相辭謝，從這樣前提斷言「至禮有不人，至義不物……」，極致之禮、義……無人己之別、物我不分……等，恐怕是難以成立的。即使至親間視人若己，實亦難保證任何事均不相辭謝，僅以蹍足之喻不足爲證。若僅就「至禮而不人」言，意決無法涵攝另主張有「禮」，而是主張「不人」，莫有人我之分意。又因〈庚桑楚〉此段文字爲孤出之例，與前後文似無關連，故林希逸言「此數行又別一項説話」。見林希逸著、周啓成校注，《莊子鬳齋口義校注》（北京：中華書局，1997 年），頁 367。崔大華認爲莊子及其後學，對於仁、義、禮、孝等儒

然而，莊子哲學的關注焦點事實上不在於對「禮」的否定，而在於對宇宙事實的認知，〈知北遊〉言：

> 今已爲物也，欲復歸根，不亦難乎！其易也，其唯大人乎！生也死之徒，死也生之始，孰知其紀！人之生，氣之聚也；聚則爲生，散則爲死。若死生爲徒，吾又何患！故萬物一也，是其所美者爲神奇，其所惡者爲臭腐；臭腐復化爲神奇，神奇復化爲臭腐。故曰：「通天下一氣耳。」聖人故貴一。

天下萬物原來都是「氣」所構成，故云「通天下一氣耳」、「萬物一也」。人的存活與死亡只是「氣」的聚散，對於存活人們認爲神奇，面對死亡人們認爲臭腐，實則萬物就是在神奇與臭腐間不斷地流轉（臭腐復化爲神奇，神奇復化爲臭腐），所以說存活著可說是接續死亡而來，死亡是另一個存活的開始，誰能知其起始與終點的端緒！因此說「死生爲徒」。今既然爲人，欲反「眞」固然困難，然人當瞭解宇宙事實的眞相。因此，對於人間文明制作自然也就無所謂了。因爲「人生天地之間，若白駒之過郤，忽然而已……已化而生，又化而死。生物哀之，人類悲之」（〈知北遊〉），既然如此，人生又有何意義可探？「禮」之重要與否更顯得微不足道。聖人所貴之「一」即此。

從以上的探究，我們可說莊子對於「禮」的見解並不深刻，因爲其哲學的關懷不在這一點上。「外篇」與「雜篇」對「禮」的激烈否定，或爲莊子後學爲文，因其與「內篇」意旨不太相類。在「內篇」中我們看到莊子對「禮」根本不願提及，因爲人生有更爲重要的任務，即認清宇宙的事實，明白人自身安身立命之所在。依莊子所見，人所能做的就是「知不可奈何而安之若命」（〈德充符〉）、「終其天年而不中道夭」（〈大宗師〉），僅此而已。此亦是莊子哲學關注的焦點。

（三）列子

《列子》九篇，〔註191〕談及「禮」的部分不多，大略以禮遇或禮儀爲準，

家強調的德目，亦有所兼容，或可參究。見《莊學研究》（北京：人民出版社，1992年）一書，頁 194～204、260～265 等。

〔註191〕此據張湛注，《列子》（上海：上海書店，1986年，據三十年代上海世界書局「諸子集成」編印）。今《列子》一書可能是僞書，見楊伯峻，《列子集釋》（北京：中華書局，1979年），「前言」，頁 2～4。嚴靈峰認爲《列子》非僞書，見《列子辯誣及其中心思想》（臺北：文史哲出版社，1994年）乙書所述。鄭良森撰《〈列子〉眞僞考述評》一文可參，刊中央研究院文哲研究所《中

例如〈仲尼〉言「使上卿厚禮而致之」、「王備禮以聘之」,〈力命〉言「(齊)桓公禮之(管仲)」等指禮遇,〈湯問〉言「執禮甚卑」、「執禮愈謹」、「執僕御之禮」等是爲禮儀。《列子》談「禮」較特別的觀點有三:(1)提出「禮法相持」的論點,(2)對「禮」採取正面態度,(3)人生不應執著於詩書禮樂等治亂之方,甚至不值一提。

「禮法相持」的觀點出於〈周穆王〉一篇,寓言西方有一「古莽之國」,「有君相臨,禮法相持」,指他國君主或客人拜訪,以「禮」以「法」相待。此「禮」與「法」當指迎接他國國君或客人的既定規範。二、《列子》對「禮」採取正面態度,譬如〈湯問〉中贊美齊國是「禮義之盛,章服之美」,〈楊朱〉篇子產言「人之所以貴於禽獸者,智慮。智慮之所將者,禮義。禮義成,則名位至矣」,等等。三、《列子》於〈仲尼〉篇中談及「樂天知命有憂之大」,言前「修詩書,正禮樂」以治魯,但「魯之君臣日失其序,仁義益衰,情性益薄」,遂感「吾始知詩書禮樂無救於治亂,而未知所以革之之方。此樂天知命者之所憂」,知詩書禮樂不足以爲治天下之方,但不知用什麼方法取代之,這是樂天之命者的「憂」。於是悟及「無樂無知,是眞樂眞知。故無所不樂,無所不知,無所不憂,無所不爲」,無私意的專橫,因而得以無所不樂、不知、不憂、不爲,〔註192〕若此,「詩書禮樂,何棄之有?革之何爲?」何需捨棄詩書禮樂治亂之方?革除詩書禮樂又能如何?意指詩書禮樂雖不足以治天下,但猶其有其效用,何需另思以他方代之,人生本即不需執著於此。〔註193〕〈楊朱〉篇中亦有假公孫朝、公孫穆之口,言「欲尊禮義以夸人,矯情性以招名,吾以此爲弗若死矣」,不如受享人生歡樂;其認爲「夫善治外者,物未必治,而身交苦。善治內者,物未必亂,而性交逸。以若之治外,其法可暫行於一國,未合於人心。以我之治內,可推之於天下,君臣之道息矣」,遂被稱爲「眞人」。由此可見,《列子》的人生關懷亦不在現世,故「禮」之重要與否,亦如莊子態度一樣,根本不值一提,即使文中有些對「禮」採取較爲正面的陳述。

國文哲通訊》第十卷第四期(2000年12月),頁209～235。

〔註192〕楊伯峻言:「知天命之所無可奈何而安其分以不憂者,君子之常心也。」見《列子集釋》,頁116。

〔註193〕張湛注云:「若欲捐詩書、易治術者,豈救弊之道?即而不去,爲而不恃,物自全矣。」《列子》,頁40。

三、法　家

（一）《管子》

　　《管子》〔註194〕一書十分重「禮」，從〈牧民〉舉「禮義廉恥」為「國之四維」即可證之。就「禮」而言，《管子》認為必須在人民富足之後方能講究，「倉廩實則知禮節，衣食足則知榮辱」，〔註195〕〈正世〉更言「夫民不心服體從，則不可以禮義之文教也」。換言之，「禮」為後起。而所謂「心服體從」，乃指服上之教，〈正世〉言「君道立，然後下從；下從，故教可立而化可成也」，〈君臣上〉亦明白指出：「禮形成於上，而善下通於民，則百姓上歸親於主，而下盡力於農。……布政有均，民足於產，則國家豐矣。」按《管子》全書焦點，集中於如何使國家獲治與人民富足，〈治國〉提到：「凡治國之道，必先富民。民富則易治也，民貧則難治也。……是以善為國者，必先富民，然後治之。」「富民」，意指人民生活條件達到一定標準；「然後治之」，然後方施以如「禮」等的教化。〈小匡〉中提及「鄉建賢，士使教於國，則民有禮矣」。《管子》清楚地認識到，只有當人民生活條件達到一定標準時，「禮」之教化方能達到成效。這點是《管子》談「禮」最具特色的見解。

　　《管子》認為人民應使之先富而後教化之，那麼教化內容為何？依〈五輔〉所言，所教內容有「義之七體」〔註196〕與「禮之八經」，主要談論如君臣、父子以及人際關係之規範。對之，我們當稱其為政治社會之共同準則。本文論「禮」，茲將「禮之八經」引述如下：

> 曰：民知義矣，而未知禮，然後飾八經以導之禮。所謂八經者何？
> 曰：上下有義，貴賤有分，長幼有等，貧富有度，凡此八者，禮之經也。故上下無義則亂，貴賤無分則爭，長幼無等則倍，貧富無度則失。上下亂，貴賤爭，長幼倍，貧富失，而國不亂者，未之嘗聞也。是故聖王飾此八禮，以導其民。八者各得其義，則為人君者，

〔註194〕此據戴望著之《管子校正》（上海：上海書店，1986年，據三十年代上海世界書局「諸子集成」編印）。

〔註195〕〈牧民〉、〈輕重甲〉均有是言，〈事語〉有「倉廩實則知禮節」一語。

〔註196〕「義之七體」：「曰：民知德矣，而未知義，然後明行以導之義。義有七體，七體者何？曰：孝悌慈惠，以養親戚。恭敬忠信，以事君上。中正比宜，以行禮節。整齊撙詘，以辟刑僇。纖嗇省用，以備飢饉。敦懞純固，以備禍亂。和協輯睦，以備寇戎。凡此七者，義之體也。夫民必知義然後中正，中正然後和調，和調乃能安，處安然後動威，動威乃可以戰勝而守固，故曰：義不可不行也。」

中正而無私；爲人臣者，忠信而不黨；爲人父者，慈惠以教；爲人子者，孝悌以肅；爲人兄者，寬裕以誨；爲人弟者，比順以敬；爲人夫者，敦懞以固；爲人妻者，勸勉以貞。夫然則下不倍上，臣不殺君，賤不踰貴，少不陵長，遠不閒親，新不閒舊，小不加大，淫不破義，凡此八者，禮之經也。夫人必知禮然後恭敬，恭敬然後尊讓，尊讓然後少長貴賤不相踰越。少長貴賤不相踰越，故亂不生而患不作，故曰：禮不可不謹也。

在此，《管子》已然指出「禮」的原則性，「上下有義，貴賤有分，長幼有等，貧富有度」，〈心術上〉亦言「登降、揖讓、貴賤有等、等疏有體謂之禮」，〈形勢解〉說「禮義者，尊卑之儀表也」，〈禁藏〉也說「禮儀足以別貴賤」等等，均是就「禮」之儀度內容及其功效的展現而言，故認爲「上下亂，貴賤爭，長幼倍，貧富失，而國不亂者，未之嘗聞也」。〈版法解〉指出：「凡人君者，欲民之有禮義也。夫民無禮義，則上下亂而貴賤爭。」以「禮」之治國效果即能止亂止爭，故結論言「夫人必知禮然後恭敬，恭敬然後尊讓，尊讓然後少長貴賤不相踰越。少長貴賤不相踰越，故亂不生而患不作」，階級身分不相僭越，各守其分，則禍亂自止，國家即治，其根本精神《管子》認爲即在於「敬」。〔註197〕〈君臣下〉言「選賢遂材而禮孝弟，則奸僞止」，「禮」足以阻奸止僞，所以說「禮不可不謹也」。

自然，邏輯上亦然，《管子》認爲身爲國君亦不能置身於「禮」的規範之外，反應更該以身作則，爲臣民表率。例如〈修權〉言：「厚愛利足以親之，則智禮足以教之，上身服以先之，審度量以閑之，鄉置師以說道之，然後申之以憲令，功之以慶賞，振之以刑罰，故百姓皆說爲善。」〈法法〉亦言：「凡民從上也，不從口之所言，從情之所好者。上好勇則民輕死，上好仁則民輕財，故上之所好，民必甚焉。是故明君知民之必以上爲心也，故置法以自治，立儀以自正也。故上不行則民不從彼，民不服法死制則國必亂矣。」〔註198〕「上行下效」儼然與孔子所言君子德風、小人德草之意相同。〔註199〕

〔註197〕《管子》認爲「守禮莫若敬」，見〈心術下〉、〈內業〉。

〔註198〕另如〈形勢解〉言：「人主身行方正，使人有禮，遇人有理，行發於身，而爲天下法式者，人唯恐其不復行也。……」〈立政九敗解〉言：「滋味也，聲色也，然後爲養生。然則從欲妄行，男女無別，反於禽獸，然則禮義廉恥不立，人君無以自守也。……」諸此觀點，在《管子》書中隨處可見。

〔註199〕《論語·顏淵》孔子回應季康子問政云：「……子欲善而民善矣。君子之德風，小人之德草。草上之風，必偃。」

　　如上所述，《管子》論「禮」的見解與《左傳》、孔子等說法頗有雷同相似處。但更值得注意的是，《管子》將「貧富有度」亦視爲「禮」的內容之一，並注意到「貧富失」國必亂的事實，此與孔子先富而教（見《論語・子路》）、孟子爲民制產後施以庠序之教（見《孟子・滕文公上》等）的說法相類，只是孔、孟未將此視爲「禮」的內容，而荀子則有相類的見解。〔註200〕這點，是《管子》論「禮」的另一大特點。其次，《管子》「禮之八經」乃一原則性的綱領，其理論基礎，依〈心術上〉所言：

　　　　禮者，因人之情，緣義之理，而爲之節文者也。故禮者謂有理也，理
　　　　也者，明分以諭義之意也。故禮出乎義，義出乎理，理因乎宜者也。

「禮」因於人情之實，《禮記・禮運》亦如是言之。因人之實情，故有「上下、貴賤、長幼」之分，對於「貧富」則應有所調度。「禮」又「緣義之理」，依《管子》所見，「義者，謂各處其宜也」，即「禮」是順隨著各人本分所當依循之理而踐行，「禮之八經」引文中「八者各得其義」即足明之。所以，「禮」指的是「有理」，「理」指的是「明分以諭義」。結論則是「禮出乎義」，此又與《左傳》所言相類。〔註201〕

　　因此，在教民一意上，《管子》認爲應自小處爲之，從小處止邪，〈權修〉云：

　　　　凡牧民者，欲民之正也；欲民之正，則微邪不可不禁也；微邪者，
　　　　大邪之所生也；微邪不禁，而求大邪之無傷國，不可得也。凡牧民
　　　　者，欲民之有禮也；欲民之有禮，則小禮不可不謹也；小禮不謹於
　　　　國，而求百姓之行大禮，不可得也。凡牧民者，欲民之有義也；欲
　　　　民之有義，則小義不可不行；小義不行於國，而求百姓之行大義，
　　　　不可得也。凡牧民者，欲民之有廉也；欲民之有廉，則小廉不可不
　　　　修也；小廉不修於國，而求百姓之行大恥，不可得也。凡牧民者，
　　　　欲民之有恥也；欲民之有恥，則小恥不可不飾也；小恥不飾於國，
　　　　而求百姓之行大恥，不可得也。凡牧民者，欲民之修小禮、行小義、
　　　　飾小廉、謹小恥、禁微邪，此屬民之道也。民之修小禮、行小義、
　　　　飾小廉、謹小恥、禁微邪，治之本也。

〔註200〕參見本文第四章第一節的討論，頁225～234。
〔註201〕《左傳・桓公二年》：「夫名以制義，義以出禮，禮以體政，政以正民，是以
　　　　政成而民聽。」

「民之修小禮、行小義、飾小廉、謹小恥、禁微邪」，《管子》稱爲「厲民之道」，意指勵勉人民的方法，〔註202〕《管子》認爲這才是治國的根本，因爲日久積習自有成功之望，〈侈靡〉言「其小行之則俗也，久之則禮義」。此深知人情之實的治理之方，《禮記·坊記》亦如是持之。

從上述討論得以發現，《管子》所論之「禮」主要在於社會規範的一面。但《管子》認爲這個規範具有恆常性，〈君臣上〉言：「天有常象，地有常形，人有常禮，一設而不更。此謂三常兼而一之，人君之道也；分而職之，人臣之事也。」「禮」如天象、地形般具恆常性，故國君治國當以之爲原則，〈侈靡〉言「禮義者，人君之神也」。然治國有方，人君掌其要，「分而職之」，由人臣治理，此又頗富《尙書》、《周禮》的想法。〔註203〕或許因爲《管子》論「禮」著重於社會的規範面，因此將「禮」與「法」並陳，討論「禮」由「法」出或「法」由「禮」出。〈任法〉言：「仁義禮樂者皆出於法，此先聖所以一民也。」「法」先於「禮」。然而，〈樞言〉卻謂：「人心之悍。故爲之法。法出於禮，禮出於治。治、禮，道也。萬物待治、禮而後定。」又將「法」視由「禮」出。《管子》書中固然對「法」頗爲強調，〔註204〕然見〈牧民〉所舉之「國之四維」，〈五輔〉云「民知禮矣，而未知務，然後布法以任力」，「法」顯然是用來輔助「禮」，使「禮」得以更完滿地施行。《管子》本身有此衝突之見，當是《管子》一書爲後人編輯的證據之一。

由是觀之，《管子》固然十分重視「禮」，亦認爲其乃教化的內容之一，但是，《管子》對「禮」的見解顯然著重於社會規範的意義一面上，並未深入到「禮」的精神實質面談論。僅管《管子》認爲要注意人之情實，但所關注的焦點僅在於民欲富不欲貧的經濟意義上，而未論及更深入的人之事實爲何。〔註205〕另外，《管子》注意到「禮」之上下尊卑的規範義，也提到其根本

〔註202〕李勉云：「厲，勵也。」譯云：「鼓勵人民向善的道理。」見《管子今註今譯》（臺北：臺灣商務印書館，1990 年），頁 44、48。

〔註203〕《尚書》的「堯典」與「舜典」等，即呈顯欲使天下大治必當「設官分職」。《周禮》更明言「體國經野，設官分職」。

〔註204〕例如言「法者，天下之儀也」（〈禁藏〉）、「法者，天下之程式也，萬民之儀表也」（〈明法解〉）、「法者，天下之道也」（〈任法〉）、「先王之治國也，不淫意于法之外，不爲惠于法之內也。動無非法者，所以禁過而外私也」（〈明法〉）、「法令者，君臣之所共守也」（〈七主七臣〉），等等。

〔註205〕〈明法解〉云：「明主之道，立民所欲，以求其功，故爲爵祿以勸之；立民所惡，以禁其邪，故爲刑罰以畏之。」爲政之道僅在掌握人民好惡即可。此即

精神在「敬」，也認爲「禮」具有恆常性，同時明白指出「貴而無禮者復賤」（〈霸言〉）、「成功立事，必順於禮義」（〈七法〉）等的原則性宣示，但卻未能進一步談論這樣規範的實質內蘊以及其恆常性的根基何在。總之，《管子》論「禮」特色當僅是就其功效談論而已。

（二）商鞅與慎到

商鞅學思集中於《商君書》乙書，[註206]其論「禮」的特色有二：（1）「禮」之內容必隨時代更迭而有所改變，不可拘溺固執於既定之禮。（2）「禮」當去之，因爲其是國家蠹蟲。商鞅對「禮」的態度基本上是採敵視態度，即使如此，他仍認爲某些儀度不可盡棄，例如〈算地〉篇中猶言「臣子之禮」。以下即就商鞅論「禮」的兩特色分論之。

商鞅認爲「禮」之內容必隨時代更迭而有所改變，此論述集中體現於〈更法〉一篇，其言：

> 三代不同禮而王，五霸不同法而霸。故知者作法，而愚者制焉；賢者更禮，不肖者拘焉。拘禮之人不足與言事，制法之人不足與論變。……前世不同教，何古之法？帝王不相復，何禮之循？伏羲、神農教而不誅，黃帝、堯、舜誅而不怒。及至文、武，各當時而立法，因事而制禮。禮法以時而定，制令各順其宜，兵甲器備各便其用。臣故曰：「治世不一道，便國不必法古。」湯武之王也，不脩古而興；殷夏之滅也，不易禮而亡。然則反古者未可必非，循禮者未足多是也。

此已明顯指出「禮」、「法」內容必依時代不同而有所變更，不可拘泥於古代文明的傳承。商鞅提出其變更的原則除引文之「治世不一道，便國不必法古」外，更在於：「法者，所以愛民也；禮者，所以便事也。是以聖人苟可以強國，不法其故；苟可以利民，不循其禮。」（仝上）。然則，考商鞅所謂「愛民」、「便事」者，乃使民趨於「農」、「戰」，其稱爲「壹」。商鞅言：「凡人主之所

〈禁藏〉所言之「人情」：「凡人之情，得所欲則樂，逢所惡則憂，此貴賤之所同有也。」故〈權修〉云：「人情不二，故民情可得而御也。審其所好惡，則其長短可知也；觀其交游，則其賢不肖可察也；二者不失，則民能可得而官也。」所以說，《管子》雖注意到人情之實，但僅止於表面意，並未進一步深入探究。

〔註206〕此據嚴可均校之《商君書》（上海：上海書店，1986年，據三十年代上海世界書局「諸子集成」編印）。

以勸民者，官爵也；國之所以興，農戰也。……善爲國者，其教民也皆作壹而得官爵，是故不官無爵。」（〈農戰〉）商鞅以之趨控人民，目的在於集中國家力量、執行君主意志。〔註207〕這是商鞅學思的主旨。

因此，對於不屬「農」、「戰」者，商鞅皆視爲蠹蟲，例如〈農戰〉篇言：「詩、書、禮、樂、善、修、仁、廉、辯、慧，國有十者，上無使守戰。國以十者治，敵至必削，不至必貧。」〈去彊〉篇言：「國彊而不戰，毒輸於內，禮樂蝨官生，必削；國遂戰，毒輸於敵國，無禮樂蝨官，必彊。」「國有禮有樂，有詩有書，有善有修，有孝有弟，有廉有辯，國有十者，上無使戰，必削至亡；國無十者，上有使戰，必興至王。……國用詩書禮樂孝弟善修治者，敵至必削國，不至必貧國。」〈靳令〉篇言：「六蝨：曰禮樂，曰詩書，曰修善，曰孝弟，曰誠信，曰貞廉，曰仁義，曰非兵，曰羞戰。國有十二者，上無使農戰，必貧至削。」顯見其對於「禮」的文明建制等認爲妨礙了國家的富強，故不可使之存在。商鞅對於「禮」的看法，更以「淫佚之徵也」（〈說民〉）稱之，足見其對「禮」的敵視。

至於愼到學思，今僅存《愼子》一卷七篇、逸文一卷。〔註208〕愼到將「禮」、「法」並提，認爲其目的相同，都在於「立公義」。《愼子·威德》云：「法制禮籍，所以立公義也。凡立公，所以棄私也。明君動事分功必由慧，定賞分財必由法，行德制中必由禮。」國君的賞罰與財物的分配依「法」而行，「行德制中」則依「禮」的原則，至於何謂「行德制中」，並無據說明，或爲德目之施行、中道之軌範。愼到認爲此目的在於「立公義」，故當「棄其私」。態度立場顯然較商鞅平和甚多，同時肯認「禮」與「法」在施行上具有同樣的功效，但所規範的內容不一。在「逸文」中，愼到指出：「禮從俗，政從上，使從君。國有貴賤之禮，無賢不肖之禮；有長幼之禮，無勇怯之禮；有親疏之禮，無愛憎之禮也。」此格言式的斷言，亦可證愼到對於「禮」是持肯定的態度。

（三）韓非子

從《韓非子》一書觀之，韓非認爲「禮」是治國所不可缺少的一部分。

〔註207〕例如〈農戰〉篇云：「是以明君修政作壹，去無用，止浮學事淫之民，壹之農，然則國家可富，而民力可摶也。」又所謂依「法」者，如〈畫策〉言「聖王者，不貴義而貴法」，但此「法」乃是國君藉由「主法之吏」去掌控人民（見〈定分〉），國君則以「術」監控官吏，「操殺生之柄，課群臣之能」（見〈定法〉）。

〔註208〕據錢熙祚校，《愼子》（上海：上海書店，1986年，據三十年代上海世界書局「諸子集成」編印）。

然則其所見之「禮」，實則爲禮則儀度之類。例如：

> 禮者，所以貌情也，群義之文章也，君臣父子之交也，貴賤賢不肖
> 之所以別也。……禮者，外節之所以諭內也，故曰禮以貌情也。……
> 眾人之爲禮也，以尊他人也，故時勸時衰。君子之爲禮也，以爲其
> 身……（〈解老〉）

> ……三曰，行僻自用，無諸侯禮，則亡身之至也。……十曰，國小
> 無禮，不用諫臣，則絕世之勢也。（〈十過〉）

> 人主之左右不必賢也，人主於人有所賢而禮之，因與左右論其行，
> 是與不肖論賢也。（〈孤憤〉）

> 儒以文亂法，俠以武犯禁，而人主兼禮之，此所以亂也。（〈五蠹〉）

韓非所識之「禮」，僅視其爲階級儀度、文飾外貌或禮遇態度而已，並無深意。
但〈外儲說右上〉有段話云：「夫禮，天子愛天下，諸侯愛境內，大夫愛官職，
士愛其家，過其所愛曰侵。」視「禮」爲人職當盡之責，並以「愛」稱之，
是較爲特殊者。然考《韓非子》所言「愛」，亦非其所稱者。〔註209〕基本上，
韓非哲學以權力集中於國君爲目的，其言：「凡人主之國小而家大，權輕而臣
亡者，可亡也。」（〈亡徵〉）又言：「上操度量，以割於下。故度量之立，主
之寶也。」（〈揚權〉）因此，國君必需具備御臣之術，〔註210〕掌「二柄」以賞
罰，〔註211〕是以韓非所稱之「禮」，實只是用來執行國君權力遂行的工具而已。
事實上，韓非對於儒者所提倡之理論視爲「亂法」，爲「五蠹」之一。從〈顯
學〉與〈五蠹〉兩篇觀之，韓非認爲以儒、墨之法治世必亂，故而敵視之，
提出當以「法」爲治。〔註212〕考其因，當是韓非對人生實情之認識僅注意到

〔註209〕例如〈姦劫弒臣〉云：「夫施與貧困者，此世之所謂仁義；哀憐百姓不忍誅罰
　　　　者，此世之所謂惠愛也。夫有施與貧困，則無功者得賞；不忍誅罰，則暴亂
　　　　者不止。……吾以是明仁義愛惠之不足用，而嚴刑重罰之可以治國也。」

〔註210〕〈外儲說右上〉：「君所以治臣者有三：一、勢不足以化則除之。……二、人
　　　　主者，利害之軺轂也，射者眾，故人主共矣。是以好惡見則下有因，而人主
　　　　惑矣；辭言通則臣難言，而主不神矣。……三、術之不行，有故。不殺其狗
　　　　則酒酸。……」

〔註211〕〈二柄〉：「明主之所導制其臣者，二柄而已矣。二柄者，刑、德也。何謂刑
　　　　德？曰：殺戮之謂刑，慶賞之謂德。爲人臣者畏誅罰而利慶賞，故人主自用
　　　　其刑德，則群臣畏其威而歸其利矣。」

〔註212〕韓非所謂的「法」，「憲令著於官府，刑罰必於民心，賞存乎慎法，而罰加乎
　　　　姦令者也，此人臣之所師也」（〈定法〉），「法令行，則私道廢矣」（〈詭使〉）。

人的好利這一面，〔註213〕故而純以外範之「法」規約的主張亦屬自然。由此可知，韓非即使注意到「禮」對治國的功效，

但其對「禮」的認識僅止於儀度禮節一面，故可說其對「禮」的認識甚為淺薄。

四、其 他

（一）《尹文子》

在現存的《尹文子》〔註214〕中，計出現四則「禮」字，較具特殊見解者是「禮義成君子，君子未必需禮義」（〈大道上〉），意顯然指「禮義」得以使君子內蘊更為充滿，惜未加以闡釋。另提出「仁義禮樂、名法刑賞，凡此八者，五帝三王治世之術也」（〈大道下〉），云「禮以行之」，「禮者，所以行恭謹亦所以生惰慢」，然「用得其道則天下治，失其道則天下亂」（全上），將「禮」視為治道之一。

（二）《晏子春秋》

《晏子春秋》〔註215〕論「禮」，較特殊的有：

1、人無禮是禽獸，例如：

（甲）晏子蹴然改容曰：君之言過矣！群臣固欲君之無禮也。力多足以勝其長，勇多足以弒君，而禮不使也，禽獸以力為政，彊者犯弱，故日易主：今君去禮，則是禽獸也。群臣以力為政，彊者犯弱，而日易主，君將安立矣？凡人之所以貴於禽獸者，以有禮也：故詩曰：「人而無禮，胡不遄死。」禮不可無也。（內篇諫上第一〈景公飲酒酣願諸大夫無為禮晏子諫第二〉）

（乙）晏子對曰：「君之言過矣！群臣皆欲去禮以事君，嬰恐君之不欲也。今齊國五尺之童子，力皆過嬰又能勝君，然而不敢亂

〔註213〕例如〈姦劫弒臣〉云：「夫安利者就之，危害者去之，此人之情也。」〈六反〉亦云：「且父母之於子也，產男則相賀，產女則殺之。此俱出父母之懷衽，然男子受賀、女子殺之者，慮其後便，計之長利也。」另〈備內〉、〈愛臣〉等篇，均可見韓非對人生實情的認識僅止於好利一義上。

〔註214〕據錢熙祚校之《尹文子》（上海：上海書店，1986 年，據三十年代上海世界書局「諸子集成」編印）。

〔註215〕據張純一著之《晏子春秋校注》（上海：上海書店，1986 年，據三十年代上海世界書局「諸子集成」編印）。

者，畏禮義也。上若無禮，無以使其下，下若無禮，無以事其上。夫麋鹿維無禮，故父且同麀，人之所以貴于禽獸者，以有禮也。嬰聞之，人君無禮，無以臨邦；大夫無禮，官吏不恭；父子無禮，其家必凶；兄弟無禮，不能久同。詩曰：『人而無禮，胡不遄死。』故禮不可去也。」（外篇重而異者第七〈景公飲酒命晏子去禮晏子諫第一〉）

（甲）（乙）二文，其所引之事件爲同一事，即齊景公飲宴，欲左右不需行君臣之禮，晏嬰諫之。從（甲）與（乙）之內容觀之，是爲不同記者記之。（甲）（乙）二文均指出「凡人之所以貴於禽獸者，以有禮也」，並引《詩經·相鼠》佐之。（乙）文更言「上若無禮，無以使其下，下若無禮，無以事其上」，指出禮之儀度必需具備，不可隨意去除。

2、「禮」爲治國之要。晏子云：

（甲）君子無禮，是庶人也；庶人無禮，是禽獸也。夫臣勇多則弒其君，子力多則弒其長，然而不敢者，維禮之謂也。禮者，所以御民也，轡者，所以御馬也，無禮而能治國家者，嬰未之聞也。（內篇諫下第二〈景公登射思得勇力士與之圖國晏子諫第二十五〉）

（乙）禮之可以爲國也久矣，與天地並立。君令臣忠，父慈子孝，兄愛弟敬，夫和妻柔，姑慈婦聽，禮之經也。君令而不違，臣忠而不二，父慈而教，子孝而箴，兄愛而友，弟敬而順，夫和而義，妻柔而貞，姑慈而從，婦聽而婉，禮之質也。（外篇重而異者第七〈景公問後世孰將踐有齊者晏子對以田氏第十五〉）

（甲）指出「禮」是用來統御人民的，故國家上下都需循禮。（乙）文指出以「禮」治國是恆久的，「與天地並立」；〔註216〕同時指出「禮之經」與「禮之質」，內容與儒家所倡無異。因爲「禮」爲治國之要，所以晏嬰云：「夫禮者，民之紀，紀亂則民失，亂紀失民，危道也！」（內篇諫下第二〈景公爲泰呂成將以燕饗晏子諫第十二〉）

《晏子春秋》僅論及「禮」的重要，餘論「禮」皆就禮之儀度禮節面言

〔註216〕《左傳·昭公二十六》亦記晏嬰是語。

之，雖提及「禮之經」與「禮之質」，但只有綱目而無實質探究，故對「禮」
的見解亦未深入。

（三）《呂氏春秋》

《呂氏春秋》〔註217〕論「禮」頗爲單純，無甚特殊處。考其要如下：（1）
提出「禮煩則不莊，業煩則無功」（〈離俗覽〉），類於《古文尚書・說命》。（2）
「禮」作爲人之品質的判準，「凡論人，通則觀其所禮……」（〈季春紀〉）。（3）
指出「禮」的目的，「故先王之制禮樂也，非特以歡耳目、極口腹之欲也，將
以教民平好惡、行理義也。」（〈仲夏紀〉）餘論「禮」者，大都指儀度禮節之
類，亦無深意。〔註218〕

（四）《戰國策》

《戰國策》〔註219〕一書三十三篇，約十二、三萬言，但出現「禮」字不
過二十餘次，且大多指涉人情節度，「與春秋時爲一切倫理政治準繩之禮，截
然不同」。〔註220〕《戰國策》所言之「禮」，一如《左傳》中子太叔所言是「儀」
非「禮」（見昭公二十一年）。唯一較有意義的是〈趙策二〉中趙武靈王與群
臣討論「禮治」的問題。〔註221〕所討論並未深入「禮」本身的內蘊，因趙武

〔註217〕據高誘注《呂氏春秋》（上海：上海書店，1986 年，據三十年代上海世界書
　　　　局「諸子集成」編印）。
〔註218〕張柳雲言：「呂氏對儒家道德哲學之發揮，言私於公，均有卓見。……惟獨于
　　　　『禮』，稍有闕失，或者參預呂書之編纂者，以儒禮多繁文縟節，棄而不採，
　　　　抑或以樂教之發達，即可寓禮于其中歟？未可知也。」見〈呂氏春秋與統一思
　　　　想〉乙文，刊於《中華文化復興月刊》第六卷第五期（1973 年 5 月），頁 31。
〔註219〕據漢高誘注之《戰國策》（臺北：臺灣中華書局，1972 年，四部備要版）。
〔註220〕羅根澤語，〈再論老子及老子書的問題〉「由禮教觀念考老子年代」一節。見
　　　　羅根澤主編，《古史辯》第六冊（臺北：藍燈出版公司，1993 年），頁 661。
〔註221〕趙武靈王「胡服騎射，以教百姓」，公子成謂「詩書禮樂之所用也」，諫不可
　　　　「襲遠方之服，變古之教，易古之道」。武靈王言：「……服者，所以便用也；
　　　　禮者，所以便事也。是以聖人觀其鄉而順宜，因其事而制禮，所以利其民而
　　　　厚其國也。……禮服無同，其便一也。是以鄉異而用變，事異而禮易。苟可
　　　　以利其民，不一其用：果可以便其事，不同其禮。儒者一師而禮異，中國同
　　　　俗而教離，又況山谷之便乎？」趙文亦提出勸諫：「當世輔民，古之常道也；
　　　　衣服有常，禮之修也：修法無愆，民之職也。」不可輕言改革。武靈王言：「……
　　　　勢與俗化，而禮與變具。……知學之人，能與聞遷：達禮之變，能與時化。」
　　　　趙適言胡服「非所以教民而成禮也」，「循法無過，修禮無邪」。武靈王言：「古
　　　　今無同俗，合古之法？帝王不相襲，何禮之循？宓戲、神農教而不誅，黃帝、
　　　　堯、舜誅而不怒。及至三王，各　觀時而制法，因事而制禮。……故禮世不

靈王僅是就外在事功是否有效面談論，頗類似法家如商鞅對「禮」的見解。趙之群臣所諫並非無理，只是過於拘泥外在服飾而無法提出深入的理論基礎，是以無法說服趙武靈王。《國策》論「禮」較特殊者僅此而已。

　　總結本節所論，先秦諸子對於「禮」，大多肯認其儀度禮節對社會之功效。持反對者僅法家之商鞅、韓非而已，其時序已進入戰國中晚期，此當與社會劇烈變動有關。莊子及列子部分見解，認為人生當面對無窮宇宙的變化事實，不應拘泥於任何的人間創制之上，對於「禮」自是不屑一顧，是較為特殊的看法。其餘諸子，其間容或有部分差異，但大體上肯定「禮」的正面意義是無可疑義的，此正顯示周文所建立之「禮」的影響尚未消逝，故為大多數學人所稱引。然而，除先秦儒家諸子外，先秦他家諸子所論之「禮」，大多是就外在儀度面談及，深度不足，即以反對孔子論禮最為激烈的墨子而論，也僅提出「禮，敬也」如是對禮的共通認識。老子所論爭議恐大，唯文獻有限，自是難以辯明。但從老子主治國之道切入，文中所論當可成立。至於戰國中末期的著作，如《管子》、《尹文子》、《晏子春秋》、《呂氏春秋》等，論及「禮」便愈來愈顯外範化，缺乏對「禮」之精神深入的探析。相較之下，先秦儒家論「禮」的精神，深入人情之實，體現「禮」之人文內蘊，故其論述反而更顯凸出。本節討論之意亦即在此。

結　語

　　本章分別討論了「禮」字的意義、孔子前之典籍對「禮」的見解，以及先秦諸子對「禮」的見解。首先，本文從「禮」之字義面查考，「禮」或許起於祭祀，但後代以訓「履、理、體」等意為顯。「禮者，履也」，幾乎是所見文獻中所共同認定的。換言之，「禮」是可以實踐的。既然是可以實踐，因此其必然是合宜的，同時也符應人之實情，是為「理」與「體」意。至於訓「序」與「養」者，皆可併於上述二說之中。從歷史面上查考「禮」字，其起於事神祭祀之跡更形明顯，但重要的意義在於「禮」為後起，絕非後人如孔穎達宣稱「天地未分前已有禮」，而是聖人觀察天文、體現人情制作出來、以導民於一有品質之境的作為。同時，「禮」的實質內容必隨時代更迭而有所變動，

必一其道，便國不必法古。聖人之興也，不相襲而王；夏殷之衰也，不易禮而死。然則反古未可非，而循禮未足多也。」

「殷人尊鬼，率民以事神，先鬼而後禮」、「周人尊禮尚施，事鬼敬神而遠之」等即足證之。周人「制禮作樂」，內容複雜，然其一切作爲，誠如王國維所云，「其旨則在納上下於道德，而合天子諸侯卿大夫庶民以成一道德之團體」，「禮」之人文制作的精神由之可見大端。在哲學面查考「禮」的意義，我們提出：（1）「禮」的理論根源植基於「人情」（人生實情），（2）「禮」從「反本脩古」的宗教情懷，昇華爲人文品質的開展與人格之美的體現，範圍了人生一切標準。（3）「禮」的本質在於區分貴賤尊卑的人間秩序以展現整體的美感，理想在於人各安其位，盡其所能奉獻於社會，使社會整體達到一盡善盡美之境。（4）「禮」由「天」出，因此「禮」具恆常性。諸此，在我們探討孔子前之典籍以及先秦諸子對「禮」的見解，或多或少均能見及。

其次，本文系統地分別查考了孔子前之典籍以及先秦諸子對「禮」的見解，可以確定的是，除了少部分哲學家對「禮」持反對與否定的態度外，「禮」幾乎爲人人所稱引，而其稱引的內容與精神，不出於我們先前分析「禮」的四大哲學意義。從《尚書》、《左傳》，可見「禮」與「天」的關係，是以「禮」具恆常性。從《詩經》、《易經》、《左傳》、《國語》等，可知「禮」對人的重要，乃是人立身處事的準則，同時與日後所強調的德行、德性產生關連，如忠、信、仁、義等。從《儀禮》、《周禮》與《左傳》等，可知「禮」之儀度內容的複雜及其必要，不可遂意去除。從《左傳》的記載可知，「禮」與「儀」的區判，自然引出「禮」的意義、實質內容、目的及功效，而「國之大事，在祀與戎」，更指出當時人們的關懷所在，「禮」的豐富性可見一般。先秦諸子對「禮」的見解，不外於「禮」是治國的方法之一，其儀度禮節不可驟廢。墨子實事求是的主張，凡對人民無實質現實利益者皆欲去之，故反對其所認爲之儒家式的繁文縟節，是以其所倡之「禮」僅餘質樸之心。從《老子》之文觀之，老子應不否定「禮」的現實功效，故我們不認爲第三十八章所言之「道、德、仁、義、禮」是一漸次墮落的過程，而是施政作爲的不同方法。只是老子有更深層面地關懷，即欲擺脫人間社會的種種問題，欲使世界達到無知、無欲、無智與無爭的理想，如此世界即不需要任何的人間創制維繫之。莊子對之更進一步探究，認爲人應面對宇宙無窮地變化，所以人間一切追求自然顯得毫無意義，人所能做的就是好好保全身子，安享終年，用其話講即「終其天年而不中道夭」，是以對於人間創制如「禮」，根本無需費心求之。《管子》所見，乃就經濟基礎達到一定程度時方能講究教化，唯其所論之「禮」僅著重於社會規範一面，未能深入探究「禮」

的精神意義。至於其他諸子，從文獻觀之，大多持肯認態度，然所認知者皆當時人所同意的，並無新意。而極端的商鞅與韓非，認爲「禮」不足以治國，反是造成混亂的原因之一，故而提出以「法」治國，唯其所言之「法」均出於國君一人，以國君之意志爲意志，〔註222〕旨在集中國家權力於國君一身，結果造成文化倒退，〔註223〕形成恐怖統治（如秦朝所治）。附帶一提，先秦法家所論，與今日之法治理論，二者基礎是毫不相干的。

從本章的探究，可以結論地說：絕大多數的先秦諸子對於「禮」是持正面的肯定態度，雖然大都就禮儀節度之表面意義予以肯定的，而此正襯托出儒家論「禮」之特色。「禮」之理論植根於「人情」，儒家諸子直探人之心、性的事實，相較於認定人情僅在好富棄貧、貪利避禍之見，顯得十分耀眼。其次，「禮」之宗教精神昇華爲人格自我提升的動力，儒家藉由「慎終追遠」的宗教追思，以承續先祖努力之精神予以持續發揚。而儒家認爲人生一切以「禮」爲依歸，此絕非是儀文禮節面所能比擬。當然，限於時代所限，先秦時代探究人當如何生活時，所思考的常是社會整體的美感，「禮」之規定所呈顯的秩序正是儒家所欲追求的。也因此，強調「禮」的恆常性，理論上亦屬必然。總之，儒家論「禮」之內蘊，《左傳》一書中已有所見，但儒家諸子對「禮」深入地剖析，展現「禮」所蘊涵的人文精神，正顯示其與先秦其他思想家所見之相異處，亦可凸顯先秦儒家思想的特色爲何。以下章節即就先秦儒家諸子對「禮」之精神的闡發進行論述。

〔註222〕例如《商君書‧任法》云：「夫生法者，君也；守法者，臣也；法于法者，民也。」《韓非子‧姦劫弒臣》云：「人主誠明於聖人之術，而不苟於世俗之言，循名實而定是非，因參驗而審言辭。」〈用人〉篇亦云：「明主立可爲之賞，設可避之罰。」均可見「法」出於國君意志，客觀性顯然不足。

〔註223〕《韓非子‧五蠹》云：「故明主之國無書簡之文，以法爲教；無先王之治，以吏爲師；無私劍之悍，以斬首爲勇。」如是的世界圖像，傳統無從累積，文明無從開新，文化必然倒退。

第二章　孔子復禮啟仁的意義

　　孔子的偉大自不需再加筆墨。西哲雅斯培(Karl Jaspers)曾提出「軸心時代」(Axial Period)的說法，認為在公元前五百年左右，於中國、印度、伊朗、巴勒斯坦以及希臘等地，不約而同地出現了閃耀的人名，「在中國，孔子和老子非常活躍，中國所有的哲學流派，包括墨子、莊子、列子和諸子百家都出現了」，「直至今日，人們一直靠軸心期所產生、思考和創造的一切而生存。每一次新的飛躍都回顧這一時期，並被它重燃火焰。……軸心期潛力的蘇醒和對軸心期潛力的回憶，或曰復興，總是提供了精神動力。對這一開端的復歸是中國、印度和西方不斷發生的事情」。〔註1〕從二千五百年的文化累積來看，雅斯培氏的見解是一語中的。對我族而言，倘若歷史上未出現孔子抑或是孔子學說隱晦不彰，中國文化不知會以何種面貌呈現，那是很難想像的。誠如唐子西於一郵亭樑間所見的兩句話所形容：「天不生仲尼，萬古如長夜。」〔註2〕因此，不斷探討孔子學思，在學術開展與文化傳承上有其必要性與嚴肅性。

　　本文旨在論「禮的人文精神」，故焦點置於孔子對「禮」的見解之上。對於「禮」，孔子旨在重返周文「貴賤不愆」的秩序之美，這是第一節討論的焦點。指出其意義有二，（1）人應明白自身及職分所在並承荷其所當負之責任，（2）秩序的展現即建基於人人皆有如是的自省與自持之上。孔子談為

〔註1〕〔德〕卡爾・雅斯貝斯（Karl Jaspers）著，魏楚雄、俞新天譯，《歷史的起源與目標》（北京：華夏出版社，1989年），頁8、14。英譯本 Translated from the German by Michael Bullock, *The origin and goal of history*, （New Haven: Yale University Press, 1953）, p.2, 7.
〔註2〕見《朱子語類》卷九十三。

政之「正名」、「孝悌」，意義均在於此。正是基於這個意義，孔子主張「爲國以禮」。然而，禮的崩壞在春秋以降已是無法挽回的局勢，必須以新理念取代，以維繫整個文化傳統於不墜，於是孔子提出了「仁」的概念。〔註3〕所以，談論孔子論「禮」，最重要的意義就顯現在「復禮啓仁」一意上。啓迪「仁」之意義，以使人主動歸復於「禮」的精神之中，並遵行「禮」所規定的一切規範，以呈顯社會整全的秩序之美。

第二節探討「復禮啓仁」之「仁」的意義。通過對文獻的分析，我們所理解的孔子之「仁」，並不具有時人所認定之內在本質性的意義。在《論語》所載的脈絡中，「仁」都是圍繞著人在世間立身行世的態度與實踐方式而立說，所以，「仁」的意義當如清儒阮元所指出的「凡仁，必於身所行者驗之而始見」。〔註4〕基於此，我們認爲將「仁」視爲「全德」，無論在理論上抑或是文獻佐據上皆無法成立。對於以「眞實情感」作爲「仁」的基礎，以現代心理學之研究或可闡釋出新意，〔註5〕然猶有深入探討之空間。最後，本節並指出孔子論「仁」的特質，其與「禮」的實踐精神是極爲相似的，以導入第三節的討論。

第三節集中討論「克己復禮爲仁」的意義，指出「『克』己復禮」即是「爲仁」，明「己復禮」是個人自身意願行之，故訓「克」爲「能」，此正與「仁」之實踐意義是相同的。並以之討論孔子所認爲的「禮」、「仁」關係，欲證明「仁」的開顯正是「禮」的實踐，「禮」的實踐同時也就展現出「仁」的精神；易言之，「仁」、「禮」在開顯與實踐的層面上是可以互相涵攝的。而指向人心內在探究的「仁」，正是孔子繼承周文之「禮」所創發出的新探索面向。最後討論孔子「爲己之學」的教育理念，「禮」、「仁」的展現即建之於此。

在此，我們不在推翻時人所認定「仁」是孔子哲學核心的見解，只是提出「禮」的實踐義與社會義亦是孔子頗爲關心的面向。從先秦典籍與百家諸子對「禮」之儀度面的肯認，固然可以見及周文影響的遺緒，然而對於其中精義顯然已不能瞭解了，是以除儒家外之絕大多數諸子僅能就「禮」之外緣面加以肯認或否定。從孔子「入太廟，每事問」的謹慎，顯然其是特別著重

〔註 3〕 傅佩榮，《儒道天論發微》（臺北：臺灣學生書局，1985 年），頁 101。
〔註 4〕 阮元，《擘經室集》（北京：中華書局，1993 年），一集卷八，頁 176。
〔註 5〕 例如傅佩榮對於〈陽貨〉中宰我質疑三年之喪所作的解釋。見《論語》（臺北：立緒文化事業公司，1999 年），頁 456。

「禮」何以要如是展現。由此可見，孔子賦予「仁」全新的概念，欲使人回復於「禮」的精神與規範之中，是具有其時代背景的。當然，就孔子自身博學多聞，認定周文之盛，是爲「至德」，自是經過一番理智判斷。因此，談論孔子學思，僅論「仁」而不論「禮」，恐怕無法全面彰顯孔子學思精神，同時也就無法想像何以先秦儒學影響了爾後二千多年的王朝政治，因爲王朝政治的特色就是以《禮》治國。是此亦可見先秦儒家論「禮」的重要意義。

第一節　重返周文之禮的精神

　　春秋時代爲一亂世，周代所建立的文明價值逐一瓦解，新價值因長年戰亂尙未建立，有識者均試著追尋人們未來應當如何生活的方向，諸子百家故而蠭起。〔註6〕錢穆先生描述孔子所處之時代背景時說：

> 及至孔子之時，貴族階級已將次崩壞，──諸侯上僭於天子，卿大夫上僭於諸侯，陪臣亦上僭於卿大夫，──蓋貴族階級之自身，已不能自守其階級之限制，其至臣弒其君，子弒其父，亂臣賊子不絕跡，而貴族階級之自身，從此大亂。因貴族階級之擾亂，而平民受其殃禍。〔註7〕

這是孟子所稱「邪說暴行」（〈滕文公下〉）中之「暴行」。至於「邪說」，孟子

〔註 6〕　有論者以社會學家涂爾幹（Emile Durkheim）所提「脫序社會」（anomic society）的說法嘗試解釋之，或可爲一說。見張德勝，《儒家倫理與秩序情結──中國思想的社會學詮釋》（臺北：巨流圖書公司，1979 年）（注：作者譯 anomic society 爲「失範社會」，頁 38）。「脫序社會」出於涂爾幹著名的《自殺論》，書中提出許多社會現象，如乍逢貧困或富有之經濟危機，人們會因舊有的社會秩序出現重大變更，無論是驟然降臨的好運抑或是意外災難，因而產生無法適應，自殺率遂因而增加；或如人之欲望無盡，需藉由外力控制節制之以達到某種平衡，否則會因欲望隨之而來所形成之壓力發生驟變，自殺率亦會隨之增加；此外，離婚者比維持婚姻者、喪偶者比有伴者、離婚者的男性比女性、未婚者比已婚者等等，自殺率會來得較高。涂爾幹以之作爲研究對象，試圖證明當人們失去了原先的準則，現行規範已無法約制社會驟然產生的失序現象，如自殺率增高，稱之爲「脫序社會」。見 Emile Durkheim, Translated by John A. Spaulding and George Simpson, *Suicide-A Study in Sociology,* （The Free Press, Glencoe, Illinois, 1951）, p.p.241-76. 然以之解釋春秋戰國之社會劇變，是否妥當，猶待另行檢證。

〔註 7〕　錢穆，《論語要略》（臺北：臺灣商務印書館，1964 年），頁 52。《史記‧太史公自序》即言：「春秋之中，弒君三十六，亡國五十二，諸侯奔走不得保其社稷者不可勝數。」

攻擊甚爲激烈，言「楊朱爲我，是無君也；墨氏兼愛，是無父也。無父無君，是禽獸也」（仝上），言楊朱、墨翟之主張無任何文化水準，彷如禽獸一般。孔子態度則不然，其言：「攻乎異端，斯害也已。」〔註8〕（〈爲政〉），更「不

〔註8〕 對此文義解釋，歷來甚有分歧。何晏注：「攻，治也。」邢昺疏從之，見《論語注疏》（臺北：藍燈文化事業公司，十三經注疏，重刊宋本論語注疏附校勘記），語疏卷二，頁 5 左。朱熹承之，註云：「治木石金玉之工曰攻。異端非聖人之道而別爲一端，如楊墨是也。其率天下至於無父無君，專治而欲精之，爲害甚矣。」見《四書集注・論語爲政》（臺北：世界書局，1990 年第三十一版）之「攻乎異端」條下，頁 10。然孫奕《示兒編》云：「攻，如攻人惡之攻。已，如末之也已之已。已，止也。謂攻其異端，使吾道明，則異端之害人自止。孟子距楊墨，則欲楊墨之害止。韓子闢佛老，則欲佛老之害止者也。」乃採孟子、韓愈的態度。見《景印文淵閣四庫全書》（臺北：臺灣商務印書館，1983 年），第八百六十四冊。焦循亦有不同見解：「韓詩外傳云：『別殊類使不相害，序異端使不相悖。』蓋異端者各爲一端，彼此互異。惟執持不能通則悖，悖則害矣。有以攻治之，即所謂『序異端』也，『斯害也矣』，所謂『使不相悖』也。攻之訓治，見攷工記『攻木之工』注。小雅『可以攻玉』，傳云『攻，錯也』。繫辭傳『愛惡相攻』，虞翻云『攻，摩也』，彼此切磋摩錯，使紊亂而害於道者悉歸於義。故韓詩序字足以發明攻字之意。已，止也。不相悖，故害止也。楊氏爲我，墨氏兼愛，端之異者也。楊氏若不執於爲我，墨子若不執於兼愛，互相切磋，自不至無父無君，是爲攻而害止也墨子若不執於兼愛，互相切磋，自不至無父無君，是爲攻而害止也。」見《論語補疏》，收於阮元輯之《皇清經解》（臺北：藝文印書館，1962 年），卷一千一百六十四，頁 4 下～5 上。焦氏訓攻爲切磋，頗有現代學術討論的意義。劉寶楠《論語正義》（臺北：世界書局，1992 年四版）引之，並贊「焦說尤有至理」，見卷二爲政第二，頁 33。程樹德於《論語集釋》（北京：中華書局，1990 年），卷四，頁 106～107；侯外廬主編之《中國思想史》（北京：人民出版社，1957 年），第一卷「古代思想」，頁 187，皆引之。另，楊伯峻認爲：「《論語》共用四次『攻』字，像〈先進〉篇的『小子鳴鼓而攻之』，〈顏淵〉篇的『攻其惡，無攻人之惡』的三個『攻』字都當『攻擊』解，這裏也不應例外。」故其譯文爲：「批判那些不正確的議論，禍害就可以消滅了。」見《論語譯注》（北京：中華書局，1980 年第二版），頁 18。陳大齊亦言：「依朱說，『攻乎異端』是一件不可以做的壞事，依孫（指孫奕）說，則是一件不可不做的好事。兩家所釋全章意旨，非本書所敢苟同，若專就攻字的意義而論，則頗贊同孫說。論語……這些攻字、註家都用責字來解釋，且必唯有責字來解釋、纔可以解釋得通。同名務作同解，『攻乎異端』的攻字、亦以作如此解爲宜。」見《孔子學說》（臺北：正中書局，1983 年臺十版），頁 31。然而，問題是孔子的態度真如此激烈乎？傅佩榮譯注便較爲平和，其言：「批判其他不同立場的說法，難免帶來後遺症。」並言「孔子本人的態度在做人與爲學上顯然都是寬容的」，見《論語》，頁 34。傅先生的說法可能較近原義，因爲「斯害也已」之「已」，恐非作「止」解。程樹德言阮元校勘指出皇侃本與高麗本已下有矣字，作「也已矣」，「三字連文，皆語辭，與『吾未如之何也已矣』例同，可

語怪、力、亂、神」（〈述而〉），借孟子言孔子作《春秋》之語，「其義則丘竊取之矣」（〈離婁下〉），這是孔子身處亂世的作爲，取「義」以闡明人間事理。「感平民之困苦憔悴，而思有以拯救之，於是始倡爲『君君臣臣父父子子』『正名』『復禮』之主張。以爲使貴族階級能一一恢復其從前相傳之制度而恪守之……而爲平民者，亦得脫出於當時之禍殃，而安度其耕牧事上之生活，此孔子之理想所畢生竭力以趨赴者也」。〔註9〕

孔子面對春秋以來禮壞樂崩的局面，曾緬懷先古而言「周之德，其可謂至德也已矣」（〈泰伯〉）、「甚矣吾衰矣！久矣，吾不復夢見周公」（〈述而〉）、「郁郁乎文哉，吾從周」（〈八佾〉）、「如有用我者，吾其爲東周乎」（〈陽貨〉），孔子心中顯然亟欲重返「郁郁乎文」的周公之道，並已認定其爲「至德」，可知其心中對周文感慕至深。孔子嘗言：「文王既沒，文不在茲乎？天之將喪斯文也，後死者不得與於斯文也；天之未喪斯文也，匡人其如予何？」（〈子罕〉）「文」指的就是文明建制、文化水準。〔註10〕「天之未喪斯文也」，假使上天不欲毀棄周代建立起的文化與文明，孔子認爲即使受到如匡人之圍的厄難又能奈他何？孔子如此自持的使命感，自有其對「天」的信仰與認識，〔註11〕本文不究。但孔子所自持的態度無疑必須注意，其乃建基於「我非生而知之者，好古敏以求之者也」（〈述而〉）的信念上；「好古」是對有周文明傳承的關懷，「敏求」是對未來生活的期盼，無怪乎孔子自許爲「述而不作，信而好古」（〈述而〉），精確地闡述而不造作，以信實的態度愛好古代文化。正因爲有這樣的認知與理解，孔子主動承荷傳承文化的使命，認定這是「天」賦予他的人生任務；而其所承荷的使命，據引文所指出的，就是文王開始肇建、周公發揚光大之周代美好的典章制度（文），簡言之就是「周禮」。〔註12〕因此，身處春秋亂世中的孔子，面對舊價值的崩解、以及新價值尚未建立的時代，其所標舉的大纛是回歸周文之禮（周禮）所欲展現的秩序之美，同時賦

微已字不得訓止也」。見《論語集釋》，卷四，頁105。察阮校勘，是矣。見《論語注疏》，語疏卷二校勘記，頁4右。
〔註9〕 錢穆，《論語要略》，頁52～53。
〔註10〕 朱熹言：「道之顯者謂之文，蓋禮樂制度之謂。」《四書集注‧論語子罕》，「子畏於匡」條下，頁56。傅佩榮言：「文：文化傳統，包括禮樂制度與典籍文物。」《論語》，頁213。
〔註11〕 如〈述而〉篇孔子自云「天生德於予」，〈爲政〉篇有「五十而知天命」語等。
〔註12〕 馮友蘭云：「要之孔子自己所加於自己之責任，爲繼文王周公之業，則甚明也。」見《中國哲學史》（臺北：臺灣商務印書館，1996年增訂臺一版），頁80。

予其新的生命內容。

一、周禮「貴賤不愆」的意義

就孔子感慕至深的周禮而言，其所慨嘆的不在於儀文數度的變化，而在於維繫「禮」之精神的消逝。〔註13〕《左傳》中的兩則記載，當可作為孔子所嘆周禮精神消逝的線索，

1、是昭公六年記載鄭人鑄刑書，晉大夫叔向留書子產提出反對意見，原文如下：

> 三月，鄭人鑄刑書。叔向使詒子產書，曰：始吾有虞於子，今則已矣。昔先王議事以制，不為刑辟，懼民之有爭心也。猶不可禁禦，是故閑之以義，糾之以政，行之以禮，守之以信，奉之以仁，制為祿位，以勸其從；嚴斷刑罰，以威其淫。懼其未也，故誨之以忠，聳之以行，教之以務，使之以和，臨之以敬，蒞之以彊，斷之以剛，猶求聖哲之上，明察之官，忠信之長，慈惠之師，民於是乎可以任使也，而不生禍亂。民知有辟，則不忌於上，並有爭心，以徵於書，而徼幸以成之，弗可為矣。夏有亂政而作禹刑，商有亂政而作湯刑，周有亂政而作九刑，三辟之興，皆叔世也。今吾子相鄭國，作封洫，立謗政，制參辟，鑄刑書，將以靖民，不亦難乎？詩曰：儀式刑文王之德，日靖四方。又曰：儀刑文王，萬邦作孚。如是，何辟之有？民知爭端矣，將棄禮而徵於書。錐刀之末，將盡爭之。亂獄滋豐，賄賂並行，終子之世，鄭其敗乎？肸聞之：國將亡，必多制。其此之謂乎！

叔向之見，認為刑書鑄鼎，將使人們產生爭奪之心，「錐刀之末，將盡爭之」，結果人人必然「棄禮而徵於書」，此絕非治國之道。治國之道在於為政者必須負起教化之業，「閑之以義，糾之以政，行之以禮，守之以信，奉之以仁，制為祿位，以勸其從；嚴斷刑罰，以威其淫」，猶怕做得不足，而「誨之以忠，聳之以行，教之以務，使之以和，臨之以敬，蒞之以彊，斷之以剛，猶求聖

〔註13〕勞思光云：「孔子則雖熟知儀文，其思想興趣則不在此，而在於追尋儀文制度之基本意義。由此，孔子遂能建立儒學理論，……而成為古代中國思想史中第一巨人。」見《新編中國哲學史》（臺北：三民書局，1988年增訂四版），（一），頁108。

哲之上，明察之官，忠信之長，慈惠之師」，使民得以「任使」而不生禍亂，此是爲政者之責。今棄此責，而將人心導於訴之刑書，爭心必起，禍亂必生。因此，文旨並不在於否定刑書本身，因文中舉夏有「禹刑」、商有「湯刑」、周有「九刑」，刑律古已有之；而是在於否定只有刑律而無心於政教之作爲。叔向之見或有過於理想成分，如以文王爲典範，「如是，何辟之有」？然呈顯爲政者當承荷責任、並自重自持之見則相當明確。孔子的態度亦然。

2、昭公二十九年記載晉鑄刑鼎，刻范宣子所爲之刑書，孔子提出反對意見。原文如下：

> 冬，晉趙鞅、荀寅帥師城汝濱，遂賦晉國一鼓鐵，以鑄刑鼎，著范宣子所爲刑書焉。仲尼曰：晉其亡乎！失其度矣。夫晉國將守唐叔之所受法度，以經緯其民，卿大夫以序守之，民是以能尊其貴，貴是以能守其業。貴賤不愆，所謂度也。文公是以作執秩之官，爲被廬之法，以爲盟主。今棄是度也，而爲刑鼎，民在鼎矣，何以尊貴？貴何業之守？貴賤無序，何以爲國？且夫宣子之刑，夷之蒐也，晉國之亂制也，若之何以爲法？

孔子反對鑄刻刑書的理由，在於此舉會破壞周禮所建立「貴賤不愆」的秩序暨其精神，「今棄是度也，而爲刑鼎，民在鼎矣，何以尊貴」？民之心在鼎，而不在數度，尊貴之別自然消逝。因此，周文之禮的親親、尊尊之根本原則將無法可守。一個沒有秩序的國度，如何治理？再者，范宣子所制刑書乃是在晉夷之蒐的亂局中草率定制，〔註14〕失之嚴謹，既非唐叔法度，又非文公被廬之法，〔註15〕怎麼可以以之治國？可見孔子反對的理由，亦在於爲政者自失其教化人民之責，而非是否鑄刑書這一點上。再者，提出如是批評者不僅孔子，蔡史墨亦然。〔註16〕

〔註14〕晉「夷之蒐」一事，載於《左傳‧文公六年》。這是一次軍事演習，然三度變更主帥，造成彼此間及爾後的激烈衝突，宣子正於此時掌政，著刑書以爲常法。孔子質疑，在這樣的條件下制定出的刑書怎能治國。

〔註15〕竹添光鴻云：「唐叔之所受法度，周天子之所頒也。文公作執秩之官，以修其法，是以爲盟主。」見《左傳會箋》（臺北：天工書局，1993年），頁1745。文公修唐叔之法，事見僖公二十七年傳。

〔註16〕蔡史墨云：「范氏中行氏其亡乎！中行寅爲下卿而干上令，擅作刑器以爲國法，是法姦也。又加范氏焉，易之亡也。其及趙氏，趙孟與焉，然不得已，若德可以免。」見《左傳‧昭公二十九年》。數其罪有二，一、以下犯上，不守職務；二、擅爲刑器，以姦爲法。論與孔子所評相類。

　　《左傳》這兩則記載，標明了周文之禮的精神是「貴賤不愆」的秩序，這是表面意。而於鼎鑄刻刑書，將使人們產生徼幸之心，競相爭逐於微不足道之事，人心無法專注於內省自持之上，因此人文品質無由建立，叔向、孔子所反之理由即在於此。〔註17〕按周禮肇建之精神，即是依據親親與尊尊的原則，在「貴賤不愆」的意義下，藉由外在形式的規範，彰顯出社會整體的秩序之美，以及人文品質的不斷提升。孔子所談之「復禮」，其意在此。但更具深意的一點是，孔子強調人自我的內省。〔註18〕《論語》中著名的「德禮齊揚」之治，為之提供佐證。

　　　子曰：道之以政，齊之以刑，民免而無恥；道之以德，齊之以禮，

　　　有恥且格。（〈爲政〉）

《禮記・緇衣》云：「夫民，教之以德，齊之以禮，則民有格心；教之以政，齊之以刑，則民有遯心。」語似《論語》。「遯心」意爲逃避之心，即非誠心悅服。以外在政法刑罰規定之，效果僅止於此。但以德禮教導、齊整，民則有「格心」，《論語》更言「有恥且格」，「格」者「正也」，〔註19〕意即以德禮施政的效果，人人都知羞恥而自行走向正道，不願爲非作惡，與僅畏於政法刑罰而逃避惡行者，實不可道里計。〔註20〕由是之故，筆者認爲，對於《左

〔註17〕許多學者以爲孔子擁護周禮，所以其思想是保守、落後的；或以春秋戰國經濟快速發展，私有制度的形成，故而成文法愈形重要，《左傳》載孔子反鑄刑書，成了斷定其思想保守、陳腐之證，例如馮友蘭，《中國哲學史新編》（臺北：藍燈文化事業公司，1991年），第一冊，頁133～134，任繼愈主編，《中國哲學史》（北京：人民出版社，1985年第四版），頁66；趙吉惠等主編之《中國儒學史》（鄭州：中州古籍出版社，1991年），頁60～61。諸此之論，實就外緣面向闡述而已，未能就內緣面加以剖析。

〔註18〕人的自省自古以來即現，如《尚書》爲政者的「敬德保民」、《左傳》所養諸人對「禮」的見解，均可看出，孔子學思自然亦強調這點。勞思光則以「系統性自覺理論」詮釋之，見《新編中國哲學史》，（一），頁101。

〔註19〕朱熹訓「格」爲「至」，指「至於善」，又訓爲「正」，「革其非心」。見《四書集注・論語爲政》之「道之以政」條下，頁7。然考《論語》，孔子言「政者，正也」（〈顏淵〉），亦指施政，故訓「正」爲宜。陳大齊亦如是觀，見《孔子學說》，頁302～303。楊伯峻解釋爲「人心歸服」，見《論語譯注》，頁12。

〔註20〕《論語・爲政》有「爲政以德，譬如北辰居其所而眾星拱之。」論者以之認爲「德治，是孔子治國的手段」，如劉宗賢、謝祥皓之《中國儒學》（成都：四川人民出版社，1993年），頁42。這樣的觀點，論者所在多有。更甚者，竟有如是二分之見：「『道之以政，齊之以刑，民免而無恥；道之以德，齊之以禮，有恥且格。』（〈爲政〉）前一段話說的是法家對於老百姓的態度，後幾句話說的是儒家對老百姓的態度。」見馮友蘭，《中國哲學史新編》，第二冊，

傳》記載孔子反對鑄刑書之事，當以之爲據。

如是闡釋是否成立？先讓我們討論《論語》中所載「失禮」的情形。按〈季氏〉篇有段提到「禮樂征伐」而提出的議題：

> 孔子曰：天下有道，則禮樂征伐自天子出；天下無道，則禮樂征伐
> 自諸侯出。自諸侯出，蓋十世希不失矣。自大夫出，五世希不失矣。
> 陪臣執國命，三世希不失矣。天下有道，則政不在大夫。天下有道，
> 則庶人不議。

「有道」、「無道」，乃指施政作爲的方法是否正確而論。「天下有道」，政出一令，依當時想法自是當由天子號令，故言「禮樂征伐自天子出」。制禮作樂及征戰討伐之大事，均由天子號召決定之。此時庶人無所非議，因天下大治，無怨無求自然無所非議。〔註21〕但當「天下無道」時，國家大事令出多門，紛亂自然而起，保有「故家遺俗，流風善政」（《孟子·公孫丑上》）之竊國者猶能把持政權，其餘就很少能持續下去了。〔註22〕由之可見孔子的關懷所向。

頁 67。顯然詮解過度了。按此段文意當指以「德」爲政，效果較佳而已，絕非主張爲政「必」以德。譬如本處所討論的「道之以政，齊之以刑」，孔子並無反對之心，只是效果並不長久，人民只知避難於政法刑罰而已，頗顯消極。不若「道之以德，齊之以禮」之效果「有恥且格」來得積極，效果久長。毛子水即言：「孔子這章的話，是說禮治優於法治。禮治當然較合理想；但民眾善惡不齊，施行禮治，亦不能完全沒有法治。……若說孔子要用禮治不用法治，亦是誤解孔子！」見《論語今註今譯（修訂本）》（臺北：臺灣商務印書館，1984 年），頁 15。

〔註21〕 朱熹云：「上無失政，則下無私議，非箝其口使不敢言也。」《四書集注·論語季氏》之「天下有道」條下，頁 115。皇侃疏云：「君有道，則頌之聲興在路，有時雍之義，則庶人無所街群巷聚以評議天下四方之得失也。若無道，則庶人共有所非議也。」程樹德《論語集釋》引，卷三十三，頁 1144。

〔註22〕 關於「自諸侯出，蓋十世希不失矣。自大夫出，五世希不失矣。陪臣執國命，三世希不失矣」一段，何晏注：「孔曰：希，少也。周幽王爲犬戎所殺，平王東遷，周始微弱。諸侯自作禮樂，專行征伐，始於隱公，至昭公十世，失政死於乾侯矣。」「孔曰：季文子初得政，至桓子五世，爲家臣陽虎所囚。」「馬曰：陪，重也。謂家臣陽虎爲季氏家臣，至虎三世而出奔齊。」見《論語注疏》，語疏十六，頁 4 左。劉逢祿《論語述何》云：「自諸侯出蓋十世希不失矣：齊自傳公小霸，桓公合諸侯，歷孝、昭、懿、惠、頃、靈、莊、景，凡十世，而陳氏專國（筆者按：依序還有悼、簡二公，簡公爲陳桓所殺）。晉自獻公啓疆，歷惠、懷、文，而代齊霸，襄、靈、成、景、屬、悼、平、昭、頃，而公族復爲強臣所滅（筆者按：即韓、趙、魏、知、中行、范等六卿專權），凡十世。魯自隱公僭禮樂，滅極，至昭公出奔，凡十世。」「自大夫出五世希不失矣：魯自季友專政，歷文、武、平、桓子，爲陽虎所執。齊陳氏、

孔子的關懷，在於期盼「禮樂征伐自天子出」、「政不在大夫」以及「庶人不議」的「有道」社會。因此，其亟欲恢復「禮」的秩序之美。

孔子所處之世，其違禮、失禮之事頗多，《論語・八佾》中所載甚多：

（甲）孔子謂季氏：八佾舞於庭，是可忍也，孰不可忍也？

（乙）三家者以雍徹。子曰：「相維辟公，天子穆穆。」奚取於三家之堂？

（丙）季氏旅於泰山。

（丁）子曰：禘自既灌而往者，吾不欲觀之矣。

（戊）子貢欲去告朔之餼羊。子曰：賜也！爾愛其羊，我愛其禮。

（己）子曰：居上不寬，為禮不敬，臨喪不哀，吾何以觀之哉？

（甲）「八佾」為天子之禮樂，季氏為大夫，用天子禮樂故為「僭」。孔子認為，若對此事都能容忍，還有什麼事不能容忍的呢？故朱熹云此為「深疾之之辭」。〔註23〕（乙）「雍」是天子宗廟祭祀時所歌之詩，「徹」指祭祀完畢撤除祭品。魯三家大夫僭之，孔子引此詩「相維辟公，天子穆穆」（《詩經・周頌・雍》）諷刺之，詩意指諸侯助祭，天子肅穆地主祭；三家祭祖詠「雍」取何義為之？故朱熹注言「譏其無知妄作，以取僭竊之罪」。〔註24〕（丙）季氏為魯大夫，無資格祭祀山川。馬融言：「旅，祭名也。禮，諸侯祭山川在其封內者，今陪臣祭泰山，非禮也。」〔註25〕（丁）「禘」，朱熹注云：「趙伯循曰：禘，王者之大祭也。王者既立始祖之廟，又推始祖所自出之帝，祀之於始祖之廟而以始祖配之也。成王以周公有大勳勞，賜魯重祭，故得禘於周公之廟，以文王為所自出之帝而周公配之。然非禮矣。」〔註26〕言者已詳。「非禮」者，據《禮記》之〈大傳〉與〈喪服小記〉所言：「禮，不王不禘。」若此，「禘」

晉三家，亦專政而無陪臣之禍，終于竊國者，皆異姓公侯之後，其本國亡滅，故移于他國也。」「陪臣執國命三世不失矣：南蒯、公山不擾、陽虎，皆及身而失，計其相接，故曰三世。」見阮元輯，《皇清經解》，卷一千二百九十八，頁6左～7右。劉寶楠評言：「案十世、五世、三世，皆約略言之，故有及世而未失者，亦有未及世而失者，運有遲數，終於失之，匪為人事，抑天道矣！」見《論語正義》，卷十九季氏第十六，頁354～355。

〔註23〕見朱注，《四書集注・論語八佾》之「孔子謂季氏八佾舞於庭」條下，頁13。
〔註24〕《四書集注・論語八佾》之「三家者以雍徹」條下，頁13。
〔註25〕《論語注疏》，語疏卷三，頁3左。
〔註26〕《四書集注・論語八佾》之「禘自既灌而往者」條下，頁15。

爲天子之禮，魯當無資格舉行。是以魯舉行「禘」自是非禮，無怪乎孔子不觀。「灌」指祭祀之初用鬱鬯之酒灌地，以降神。〔註27〕魯舉行「禘」祭本身即違禮，何以孔子「自既灌而往者」才不觀呢？朱熹爲之辯解云：「魯之君臣當此之時（指灌）誠意未散，猶有可觀，自此以後則浸以懈怠而無足觀矣。蓋魯祭非禮，孔子本不欲觀，至此而失禮之中又失禮焉，故發此歎也。」〔註28〕可爲一說。（戊）「告朔」之禮爲古代大事之一，「古者天子常以季冬頒來歲十二月之朔於諸侯，諸侯受而藏之祖廟，月朔則以特羊告廟請而行之。」〔註29〕然魯自文公已不行此禮了，僅每月初一殺祭羊虛應而已，子貢見其禮已無實質意義而欲廢之，孔子稱「爾愛其羊，我愛其禮」。何以對僅徒留形式之禮，孔子仍要維護呢？包咸注云：「羊存，猶以識其禮；羊亡，禮遂廢。」〔註30〕（己）文之意乃就人格品質自我提升而言，邢昺疏云：「此章總言禮意。居上位者，寬則得衆，不寬則失於苛刻。凡爲禮事在於莊敬，不敬則失於傲惰。親臨死喪，當致其哀，不哀則失於和易。凡此三失者非禮意。人或若此，不足可觀。故曰吾何以觀之哉。」〔註31〕孔子論此，顯見當時人格品質必然低落，從季康子問「如殺無道以就有道」（見〈顏淵〉）、「季氏將伐顓臾」（見〈季氏〉）等事可見時人多有「爲上不寬」者；從《左傳》所載，「爲禮不敬」、「臨喪不哀」者甚多。〔註32〕綜合上述的探討，我們可以發現，違禮、失禮之舉不僅表現在形式上，連實質內容都違逆了。魯國陪臣肆無忌憚地僭越，禮意

〔註27〕全上。但亦有指「灌」爲「祼」者，見楊伯峻，《論語譯注》，頁26～27。然歷來說法不一，詳見程樹德，《論語集釋》，卷五，頁170～171。

〔註28〕《四書集注・論語八佾》之「禘自既灌而往者」條下，頁15。

〔註29〕朱熹注，《四書集注・論語八佾》之「子貢欲去告朔之餼羊」條下，頁17。《左傳》亦載，如文公六年「閏月不告朔，非禮也。」「告朔」除每月以朔告神外，祭後還有「聽朔」（聽治此月朔之政事，又稱「視朔」）、「朝廟」，此三事同日行之，又稱「月祭」。詳見楊伯峻，《春秋左傳注（修訂本）》（北京：中華書局，1990年第二版），頁543～543。

〔註30〕《論語注疏》，語疏卷三，頁10右。傅佩榮言：「羊是告朔禮的一部分，如果去掉，就等於告朔禮完全消失。」見《論語》，頁60。陳大齊之見亦然，見《孔子學說》，頁149。

〔註31〕《論語注疏》，語疏卷三，頁15左。

〔註32〕例如定公十五年「邾隱公來朝」，「邾子執玉高，其容仰；公受玉卑，其容俯」，子貢即評「以禮觀之，二君者皆有死亡焉」，是「爲禮不敬」之例。「臨喪不哀」者，《左傳》所載大多於國君身亡，群子忙於爭權，而無哀戚之心，例如齊桓公過世，五公子爭立，事見僖公二年。據《呂氏春秋・先識覽》言桓公過世：「蟲流出于戶，上蓋以楊門之扇，三月不葬。」

的消逝以及人格品質上的降落，在在顯示孔子所處時代，其所感受到的價值危機。〔註33〕試看「陳成子弒簡公」一例：

> 陳成子弒簡公。孔子沐浴而朝，告於哀公，曰：陳恆弒其君，請討之。公曰：告夫三子。孔子曰：以吾從大夫之後，不敢不告也；君曰告夫三子者。之三子告，不可。孔子曰：以吾從大夫之後，不敢不告也。（〈憲問〉）

此爲臣弒其君之大事，《左傳》亦載（見哀公十四年）。文中記孔子愼重其事，沐浴而朝，奔告魯君討伐，唯魯君無實權，三家無願，遂無疾而終。然則，可見孔子對「無道」之事的憤懣。在〈季氏〉篇中，孔子陳述魯君無法掌握政權已有一段時日了：「祿之去公室五世矣，政逮於大夫四世矣，故夫三桓之子孫微矣。」〔註34〕顯見孔子對政權旁落知之甚明，其仍以身作則依「禮」而爲，故有「以吾從大夫之後，不敢不告也」之語，因爲孔子身居大夫之位，自當負有謀政之責。但依當時景況，誠爲「知其不可而爲之者」（〈憲問〉）。正因爲如此，孔子強調治國當以「禮」，如其言：「爲國以禮。」（〈先進〉）又言：「能以禮讓爲國乎，何有？不能以禮讓爲國乎，如禮何？」（〈里仁〉）治國當以「禮」爲之。〔註35〕即使不以禮治國，對於較爲完滿之「禮」又能奈何？〔註36〕「禮」既是較爲完滿的，又是爲國治民之方，其意爲何即顯得特

〔註33〕 馮友蘭云：「孔子對於周禮，知之深而愛之切，見當時周禮之崩壞，即不禁太息痛恨。」《中國哲學史》，頁81。

〔註34〕 朱熹言：「魯自文公薨，公子遂殺子赤立宣公，而君失其政，歷成、襄、昭、定，凡五世。逮，及也。自季武子始專國政，歷悼、平、桓子，凡四世，而爲家臣陽虎所執。三桓，三家皆桓公之後。」《四書集注・論語季氏》之「孔子曰祿之去公室」條下，頁115。注說已明，其中細節，可參劉寶楠《論語正義》，卷十九季氏第十六，頁356～7。

〔註35〕 文「禮讓爲國」，「禮」、「讓」是否爲二事？據《左傳・襄公十三年》云：「讓，禮之主也。」《管子・五輔》言：「夫人必知禮然後恭敬，恭敬然後尊讓，尊讓然後少長貴賤不相踰越，少長貴賤而不相踰越，故亂不生而患不作。故曰禮不可不謹也。」劉寶楠《論語正義》云：「讓者，禮之實。禮者，讓之文。」見卷五里仁第四，頁80。若此，「禮」與「讓」實爲一事。

〔註36〕 「如禮何」，意指「奈禮何」，即對於「禮」莫可奈何。按「如禮何」一語，《論語》出現兩次，一是〈八佾〉：「人而不仁，如禮何？人而不仁，如樂何？」二是〈里仁〉：「能以禮讓爲國乎？何有？不能以禮讓爲國，如禮何？」蓋「如禮何」之意，關鍵字在於「如」字。王引之《經傳釋詞》（臺北：漢京文化事業公司，1983年）云：「昭十二年公羊傳注曰如猶奈也。凡經言『如何』、『如之何』者皆是。」卷七，頁148。然時人對之解釋有誤。以「人而不仁」條爲例，一般白話翻譯譯之如下：「人如果沒有仁心，即使有禮，又能怎麼辦呢？」

別重要，孔子對之又有何見解？這是下文所欲探討的焦點。

二、爲國以「禮」的主張

爲國以「禮」，而「禮」的重要表徵在於「貴賤不愆」，前已陳述。孔子對於「天下無道」之失禮、違禮的現象深惡痛絕，因此他認爲爲政者首先當以「正名」爲要，如是「禮」之「貴賤不愆」的秩序得以自然展現。

> 子路曰：衛君待子而爲政，子將奚先？子曰：必也正名乎！子路曰：有是哉，子之迂也！奚其正？子曰：野哉，由也！君子於其所不知，

見謝冰瑩、李鍌、劉正浩、邱燮友編譯，《新譯四書讀本》（臺北：三民書局，1976年修訂六版），頁69。正是有此認知，因而產生「禮是從屬仁的，禮的本質是仁」的說法，如杜維明，《人性與自我修養》（臺北：聯經出版公司，1992年），頁13、21等；方立天，《中國古代哲學問題發展史》（北京：中華書局，1990年），下冊，頁416。此論爲大多數的時人所接受，例如馮友蘭，《中國哲學史》，頁94；任繼愈主編之《中國哲學史》，第一冊，頁74；徐復觀，《中國人性論史‧先秦篇》（臺北：臺灣商務印書館，1990年十版），頁90；陳大齊，《孔子學說》，頁149；勞思光，《新編中國哲學史》，（一），頁122；匡亞明，《孔子評傳》（南京：南京大學出版社，1990年），頁193～198；蔡仁厚〈禮的涵義與功能〉及劉述先〈論儒家「內聖外王」的理想〉，收於劉述先主編，《儒家倫理研討會論文集》（新加坡：東亞哲學研究所，1987年），頁48、226；林義正，《孔子學說探微》（臺北：東大圖書公司，1987年），頁90、128；諸此等等。這樣的說法，事實上來自朱熹。朱熹引李氏之言說：「禮樂待人而後行，苟非其人，則雖玉帛交錯，鐘鼓鏗鏘，亦將如之何哉？」見《四書集注‧論語八佾》之「人而不仁」條下，頁13。但追溯包咸，其乃云：「言人而不仁，必不能行禮樂。」孫疏云：「言人而不仁，奈此禮樂何？謂必不能行禮樂也。」見《論語注疏》，語疏卷三，頁3右。語意清晰。皇侃疏亦云：「此章亦爲季氏出也。季氏僭濫王者禮樂，其既不仁，則奈此禮樂何哉？」見程樹德之《論語集釋》引，卷五，頁142。睽諸時人之說，楊伯峻先生的譯文稍見及切要，他說：「做了人，卻不仁，怎樣來對待禮儀制度呢？」見《論語譯注》，頁24。對於「能以禮讓爲國乎」一段，楊先生對於「如禮何」注解云：「依孔子的意見，國家的禮儀必有其『以禮讓爲國』的本質，它是內容和形式的統一體。如果捨棄它的內容，徒拘守那些儀節上的形式，孔子說，是沒有什麼作用的。」仝上，頁38。易言之，理想上的「禮」是內容與形式的統一體，是較爲完滿的。孔子亟望「吾從周」，認其爲「至德」，顯見孔子認爲周文之「禮」或恐是較完備且無瑕的。因此，「如禮何」當指對於較爲完滿之禮又能奈何！在這意義下，孔子在〈衛靈公〉中所說的一段話便不難理解，他說：「知及之，仁不能守之，雖得，必失；知及之，仁能守之，不莊以莊之，則民不敬；知及之，仁能守之，莊以莊之，動之不以禮，未善也。」智、仁德行的彰顯，若無恭敬之心及合乎於「禮」，人之行爲舉止是無法達至完善的。所以我們說，孔子所認定的周文之「禮」是較爲完滿的。

蓋闕如也。名不正，則言不順；言不順，則事不成；事不成，則禮
樂不興；禮樂不興，則刑罰不中；刑罰不中，則民無所措手足。故
君子名之必可言也，言之必可行也。君子於其言，無所苟而已矣！
（〈子路〉）

「名」指名命，「正名」，即賦予一正確的名命，是以蘊涵著價值判斷。考《論
語》中之「名」，均含價值判斷意，如「君子疾沒世而名不稱焉」（〈衛靈公〉）、
「君子去仁，惡乎成名」（〈里仁〉），「名不稱」與「成名」，指君子自身道德
修業是否名實相符而言。又如「大哉！堯之為君也！巍巍乎！唯天為大，唯
堯則之！蕩蕩乎，民無能名焉」（〈泰伯〉）、「大哉孔子！博學而無所成名」（〈子
罕〉），意指堯之偉大、孔子之博學，無法以某一專名名命稱述之。至於「小
子！何莫學夫詩？詩可以興，可以觀，可以群，可以怨。邇之事父，遠之事
君。多識於鳥獸草木之名」（〈陽貨〉），意指認識鳥獸草木何以如此名命。〔註
37〕引文所指「名不正則言不順」，意言名命不正確那麼其主張就不順遂，〔註
38〕爾後所有作為必然失當，所以說「言不順，則事不成；事不成，則禮樂不
興；禮樂不興，則刑罰不中；刑罰不中，則民無所措手足」，結果是人民無所
適從，治國之事自然一敗塗地，孔子認為這是為政的基本道理。子路不明其
義，而言「子之迂」，「迂謂遠於事情，言非今日之急務也」。〔註39〕孔子覆其
「君子於其所不知，蓋闕如也」，君子對於不明瞭之事物，當採保留立場，不
應妄加評論。按此乃因衛出公輒欲請孔子治理國政，子路遂有是問，孔子應
以必須先「正名」，即「正世子之名也」。〔註40〕據載，衛世子蒯聵恥其母南
子淫亂，欲殺之，未果，而出奔宋，事見《左傳·定公十四年》。蒯聵之父靈

〔註37〕 劉寶楠云：：「鳥獸草木，人飲食之宜，醫藥之備，必當識別，匪可妄施。故
知其名，然後能知其形，知其性。爾雅於鳥獸草木，皆專篇釋之：而神農本
草，亦詳言其性之所宜用。可知博物之學，儒者所甚重矣。」可為一說。見
《論語正義》，卷二十陽貨十七，頁 374〜375。

〔註38〕 「言」，作為動詞為主張、闡釋之謂，作為名詞為言論、說法之謂，當非一般
言語。《論語》中之「言」，如「有德者必有言，有言者不必有德」（〈憲問〉）、
「君子一言以為知，一言以為不知，言不可不慎也」（〈子張〉）、「一言而可以
興邦」、「一言而喪邦」（〈子路〉）、「始可與言詩已矣」、「夏禮，吾能言之」（〈八
佾〉）、「夫子之言性與天道」（〈公冶長〉）等，均作如是解。詳見何保中討論，
由《天人之際論先秦儒家思想的傳承與演變》（臺灣大學哲學研究所博士論
文，1994 年），頁 118〜119。

〔註39〕 朱熹，《四書集注·論語子路》之「子路曰衛君待子而為政」條下，頁 87。

〔註40〕 劉寶楠語，見《論語正義》，卷十六子路第十三，頁 281。

公欲立公子郢，郢辭。靈公卒，夫人南子復立郢，郢又辭。於是立蒯聵之子輒，是為出公，而晉趙鞅將蒯聵安置於戚地，父子相爭君位，事見《左傳·哀公二年》。蒯聵後因孔悝（其父孔圉，母為蒯聵之姊）所立，即位為莊公，子路即在這場衛國內亂中慘死，事見《左傳·哀公十五年》。出公奔魯，事見《左傳·哀公十六年》。哀公十七年，莊公又為衛人所殺。由此可見，孔子認為為政最先需「正名」，其義深長。故馬融解「正名」為「正百事之名也」，意亦可通。〔註41〕所以，孔子向季康子強調：「政者，正也。子帥以正，孰敢不正？」「苟子之不欲，雖賞之不竊。」「子為政，焉用殺？子欲善而民善矣。君子之德風，小人之德草。草上之風，必偃。」（〈顏淵〉）因此，作為「君子」更當潔身自愛，時時惕勵，「故君子名之必可言也，言之必可行也」，君子所稱名的必可談論闡釋，而且是必然得以施行。所以，君子在行為處事上之主張，其態度該是謹慎無失的，故言「君子於其言，無所苟而已矣」。如是，「其身正，不令而行；其身不正，雖令不從」（〈子路〉）。故「君君、臣臣、父父、子子」之旨，乃為一各盡其職的道德式勉勵，而非指名分、地位的單純指涉：

> 齊景公問政於孔子，孔子對曰：君君、臣臣、父父、子子。公曰：
> 善哉！信如君不君，臣不臣、父不父、子不子，雖有粟，吾得而食
> 諸？（〈顏淵〉）

倘若衛國諸人皆如公子郢所見，蒯聵、蒯輒有「父父」、「子子」之念，靈公亦有「君君」之持，衛國政事也不致於如此紛亂。論者有言：「孔子之政治思想，以建秩序、定權分為基本觀念……可視為孔子之『禮』觀念之引申，其中又以『正名』觀念最為重要。」〔註42〕實則，「正名」本就是「禮」重要的內涵之一。

綜上所述，孔子所言之「正名」主要意義有二，（1）人當明白自身及職分所在，在位者定需承荷起所負之責任；（2）秩序的展現即建立於人人皆有如上的自省與自持之上。孔子曾言：「苟正其身矣，於從政乎何有？不能正其身，如正人何？」（〈子路〉）這樣的意義，與先前討論《左傳》等典籍對「禮」的見解所指出的意義是一致的（參見本文第一章的探討），只是孔子加以詳盡地闡釋，同時更指出人文品質不斷提升的關鍵處。

另一方面，孔子認為「為政」與「孝」相關。〈為政〉載：

〔註41〕《論語注疏》，語疏十三，頁 1 左。
〔註42〕勞思光，《新編中國哲學史》，（一），頁 126。

（甲）孟懿子問孝。子曰：無違。樊遲御，子告之曰：孟孫問孝於我，我對曰「無違」。樊遲曰：何謂也？子曰：生，事之以禮；死，葬之以禮，祭之以禮。

（乙）子游問孝。子曰：今之孝者，是謂能養。至於犬馬，皆能有養。不敬，何以別乎？

（丙）子夏問孝。子曰：色難。有事，弟子服其勞；有酒食，先生饌，曾是以爲孝乎？

（丁）或謂孔子曰：子奚不爲政？子曰：書云「孝乎惟孝，友於兄弟，施於有政」，是亦爲政，奚其爲爲政！

（甲）文所指出的「無違」，意當是不違悖於禮。〔註43〕此於孔子對樊遲所言而加以闡明即可知之，「生，事之以禮；死，葬之以禮，祭之以禮」。於此，論者以孔子或有他指，因爲魯三家不循禮，故而意有所指。〔註44〕然則，誠如《荀子・禮論》明言：「禮者，謹於治生死者也。生，人之始也。死，人之終也。始終俱善，人道畢矣。」事奉最親之父母更當如此。故本文意旨，當在依「禮」行「孝」，生死終始具善，即可無失於爲人之道矣。（乙）文孔子提出以「敬」爲「孝」的精神，（丙）文提出事親之際的容色最難，是爲「色難」，〔註45〕意旨亦在於是否持「敬」。孔子當時人們以孝爲「能養」、「有酒食，先生饌」，卻無敬重之心，此則與犬馬之養有何區別？「敬」的

〔註43〕黃式三《論語後案》（清道光二十四年定海黃氏木活字本）說：「左傳桓公二年云『昭德塞違』、『滅德立違』、『君違，不忘諫之以德』，六年傳云『有嘉德而無違心』，襄公二十六年傳云『正其違而治其煩』，昭公二十六年傳云『君無違德，君令而不違』，哀公十四年傳云『且其違者不過數人』，古人凡背禮者謂之違。」爲政二，頁7下。陳大齊言：「孔子此一言論、明白表示：孝之欲成爲美德、必須服從禮的指導。無違於禮，纔能算是孝，有違於禮，便不能算是孝了。」《孔子學說》，頁145。

〔註44〕朱熹言：「是時三家僭禮，故夫子以是警之。」《四書集注・論語爲政》之「孟懿子問孝」條下，頁8。劉寶楠云：「皇疏引衛瓘曰：三家僭侈，皆不以禮也，故以禮答之也。方氏觀旭論語偶記：檀弓云『三家視桓楹』，葬僭禮也；八佾篇『三家者以雍徹』，祭僭禮也。」《論語正義》，卷二爲政第二，頁25。楊伯峻亦於注釋中提之，見《論語譯注》，頁14。

〔註45〕「色難」有二說，一指「事親之際惟色爲難」，二指「承順父母之色爲難」（如包咸，見《論語注疏》）。見朱熹，《四書集注・論語爲政》之「子夏問孝」條下，頁9。此取首義，因《禮記・祭義》云：「孝子之有深愛者，必有和氣；有和氣者，必有愉色；有愉色者，必有婉容。……嚴威儼恪，非所以事親也，成人之道也。」

提出，表示對上者的尊重，是「禮」所以成立的根基。〔註 46〕何以需尊重上者？因其承荷著文明的傳承，故強調「聿追來孝」之意。〔註 47〕（丁）孔子不認爲「爲政」即是入朝爲官，認爲孝順父母、友愛兄弟，將之影響於政治施爲上，這就是爲政了。換言之，此文意指治國之道與齊家之道在根本精神上是一致的。

從「孝」之意與爲政之精神是互相一致的來看，孔子認爲政治上秩序的完滿並不難達成，因爲只要人人能遵循「孝」的道理行之，秩序自然得以完滿，而此正是「禮」所欲展現的世界圖象。故「孝」與「禮」亦有相互一致的關係。「孝」行的最高原則是「無違」，即不違悖於「禮」。以此「孝」行，孔子認爲即是爲政，故爲政當依「禮」而行。綜此段討論，爲政與「孝」之關係的意義有二：（1）爲政作爲與孝之精神一致，（2）其適當表現即是「禮」的彰顯。

由上述對「爲政」意義的兩段討論（即「正名」及「孝」），與筆者先前指出孔子論「禮」乃是在「貴賤不愆」的意義下，「藉由外在形式的規範，彰顯出社會整體的秩序之美，以及人文品質的不斷提升」之意蘊，於茲當可獲致佐證。事實上，孔子認爲人均應「立於禮」（〈泰伯〉），故強調「不學禮無以立」（〈季氏〉）、「不知禮無以立也」（〈堯曰〉）。「禮」是人立身處事的道理，「學禮」在知曉人生於社會中所應承荷的責任爲何，「知禮」方能知所進退，若能從政當引導人們走向正軌。正是在這意義上，孔子認爲「上好禮則民易使也」〔註 48〕（〈憲問〉）、「上好禮則民莫敢不敬」（〈子路〉）。因此，孔子重返周文之禮的意義，決非單純地回復至周代的制度，而是有其深意的。也是基於這樣的理由，《左傳》所載孔子反對鑄刑書，決不可輕率地僅視之爲反對成文法之思想保守者。至於孔子論「禮」之深意，前述雖已呈顯，然猶需透過《論語》的其他記載進一步深入剖析。

〔註 46〕 《孝經・紀孝行》云：「禮者，敬而已矣。」鄭玄注：「敬者，禮之本也。」見《孝經注疏》（臺北：藍燈文化事業公司，十三經注疏，重刊宋本孝經注疏附校勘記），孝經疏卷六，頁 5 左。

〔註 47〕 語出《詩經・大雅・文王有聲》，旨指先祖功績，後人當耳提面命地自我提醒以恪盡自身職責。故「孝」不止對父母言，更可擴及至對長上言。正因爲如此，《孝經》強調「教民親善，莫善於孝」（〈廣要道〉）、「君子之教以孝也。……教以孝所以敬天下之爲人父者也，教以悌所以敬天下之爲人兄者也，教以臣所以敬天下之爲人君者也」（〈廣至德〉）等等。

〔註 48〕 朱熹引謝良佐言：「禮達而分定，故民易使。」《四書集注・論語憲問》之「子曰上好禮」條下。

三、「禮」的意蘊

查《論語》一書，「禮」字出現七十五次，分於四十三章中。孔子論「禮」，首在指明其背後必承載著某一精神實質。孔子說：

（甲）子張問：十世可知也？子曰：殷因於夏禮，所損益可知也；周因於殷禮，所損益可知也；其或繼周者，雖百世可知也。（〈為政〉）

（乙）子曰：夏禮吾能言之，杞不足徵也；殷禮吾能言之，宋不足徵也；文獻不足故也。足，則吾能徵之矣！（〈八佾〉）

（丙）子曰：周監於二代，郁郁乎文哉！吾從周。（〈八佾〉）

（丁）顏淵問為邦。子曰：行夏之時，乘殷之輅，服周之冕，樂則韶舞，……（〈衛靈公〉）

（甲）文所言，常為論者所引，然皆就文字表面義云，未能深入字間意蘊。〔註49〕「禮」之損益，朱熹認為是就文章制度而言。〔註50〕對此，若有詳細資料比對，自不難知悉。可是，文章制度背後當有足以支撐的內在精神，否則豈不就成了孔子所慨嘆「禮云禮云，玉帛云乎哉」（〈陽貨〉）的空殼文飾？損益固然是文章制度的比對，但從上述的分析可知，「因」與「繼」的意蘊，當不止於外在之文章制度的比對，更應指向後世承續了文章制度背後蘊涵著何樣的深意，否則便無法明白歷代對「禮」之所損所益的道理何在。所以，若說繼周者百世可知，其相繼傳承之間必然有個一貫而不變的因子，而此因子絕非表面地只是就文章制度之損益而言。譬如古有三年之喪制度，今則無，然則對父母過世之哀戚與思念之心並無不同，這是喪制無論如何必然不變的因子。「禮」之損益的焦點當置放於此。長久以來，對「禮」之深意認為是「三綱五常」。然則，這樣說法乃是漢人對禮的闡釋，而為後世繼承發揮（尤其是宋儒），自不可視為孔子對周禮實質精神的認識。〔註51〕《論語》這則記載，

〔註49〕例如陳大齊言：「孔子之言殷周二代因夏禮殷禮而有所損益，固只敘述了禮在事實上的變動，尚未論及禮的損益之是否可許。『其或繼周者，雖百世可知也』，其言外之意，實已許禮之可以有所損益，亦即許禮之可以有所變動了。」見《孔子學說》，頁150。

〔註50〕朱熹，《四書集注·論語為政》之「殷因於夏禮」條下，頁12。

〔註51〕朱熹本馬融之說，認為文章制度背後的深意是「三綱五常」，所損益的意義是「文質三統」，見《四書集注·論語為政》之「殷因於夏禮」條下，頁12。此當源自東漢《白虎通義》的「三教」及「三綱六紀」（卷八）。更可追溯至西

雖亦未指出孔子所謂「禮」之精神爲何，但可以明確地說，孔子對於之前三代之禮的或因、以及或繼周者的未來百世，認爲其有一脈相承的精神意蘊，從子張僅問十世可知否，孔子卻肯定回應百世可知，顯見孔子對周禮理解必有深刻的認識，因而產生如此的自信。

　　（乙）文中，對於夏禮與殷禮孔子自信可闡釋出其內在精神爲何，可是夏、殷後代的杞與宋則無法驗證之，原因在於「文獻」〔註52〕不足之故。不足者，意謂杞、宋無法盡顯夏、殷之禮的精蘊，僅存儀文數度之條文記載或行儀如度的表徵，因此無法驗證之，所以孔子稱「不足徵」。是以此處並非直接指向「文獻」本身的不充足，而是指出杞、宋之人無法識得先祖遺留之典籍中的精蘊，甚至連熟悉禮文精義及掌故的老賢人也都不存在了，此方是「文獻不足」的慨嘆意。〔註53〕因此，倘若杞、宋能彰顯其先代之禮本欲展現的精義（即引文中「足」之意），孔子自信那就是其自僅有文獻中所闡釋出的精神，所以說「足，則吾能徵之矣」。〔註54〕

　　漢董仲舒，「三綱」一說見《春秋繁露・基義》，「三統」一說見《春秋繁露・楚莊王》。對之，劉逢祿之見即以之爲主，其言：「繼周者，新周故宋，以春秋當新王。損周之文，益夏之忠；變周之文，從殷之質。百世以俟聖人而不惑者也，循之則治，不循則亂，故云可知。」見《論語述何》，收於《皇清經解》卷一千二百九十七，頁5左。

〔註52〕朱熹言：「文，典籍也；獻，賢也。」《四書集注・論語八佾》之「夏禮吾能言之」條下，頁15。

〔註53〕《禮記・禮運》記載：「孔子曰：我欲觀夏道，是故之杞，而不足徵也，吾復得夏時焉。我欲觀殷道，是故之宋，而不足徵也，吾得乾坤焉。乾坤之義，夏時之等，吾以是觀之。」無論「夏時」、「乾坤」爲何，孔子「以是觀之」，即觀夏、殷後代之杞、宋其行禮的狀況，二者無法相合，意即文獻中所呈顯出的意義與杞、宋實際的表現有所差距，故言「不足徵」。與《論語》所載相類。唯《禮記・中庸》所載與之不同，其云：「子曰：吾說夏禮，杞不足徵也。吾學殷禮，有宋存焉。吾學周禮，今用之，吾從周。」「說」夏禮，「學」殷禮與周禮，夏禮「杞不足徵」，所載與《論語》同，然學殷禮而「有宋存焉」，意甚怪，若然學夏禮「有杞存焉」亦可。若「有宋存焉」指肯認宋所行殷禮足以徵驗，即與《論語》和〈禮運〉所載不類。另學周禮「吾從之」，理由在於「今用之」，佐據顯然淺薄。故陳大齊以爲「中庸誤記」，不無道理。見《孔子學說》，頁7～8。

〔註54〕「文獻」不只是文字資料的記載，還包括了多聞而熟悉掌故的賢人。是以「文獻不足」之意，除了文字記載不充分外，熟悉禮文精神掌故之賢人也不存在了。所以說，即使後世仍保有儀文數度，大概也只是行儀如度的表徵而已。故《論語》此語，重點乃在指出夏、殷後代之杞、宋，其所爲已「不足徵」，不識僅存典籍中的精義了。陳來因看重孔子「能言之」，故而探索焦點集中在

　　（丙）引孔子說「周監於二代」，表現出「郁郁乎文」的氣度；然則，孔子更具有（丁）文所言「行夏之時，乘殷之輅，服周之冕，樂則韶舞……」的胸懷，期盼能將歷代最好的禮文於同一時間一齊表現出來，而這樣的禮文是通過歷史經驗的抉擇而遺留下來的，背後自富含著豐富的精神意蘊，其能感通人心、高尚其志，周文或許正繼承了這樣的精神，故孔子認為當以之治國。以之為治國之道，故而致使孔子心中十分嚮往，所以有「吾從周」之語。

　　以上四則記載，足以表明孔子對周文之禮感慕之深，同時認知其有一深意的精神實質，故展現出來的氣象是完滿的。那麼，孔子對「禮」所憑藉的理由為何？讓我們分兩部分探討。首先從有子的一段話切入，次論孔子對「禮」文的態度。

　　　有子曰：禮之用，和為貴。先王之道斯為美，小大由之。有所不行。

　　　知和而和，不以禮節之，亦不可行也。（〈學而〉）

必須指出的是，有子這話是就「禮」的執行面及其所展現的功效來說的，並非直指著「禮」的實質精神。因為，「禮」之實踐固然以「和」為貴，〔註55〕卻同時也蘊含了「禮」的運用也會產生「不和」的狀況，亦如「為禮不敬」（〈八佾〉）之景況一般。就「禮之用」的功效而言，「禮」之實踐表現出「和為貴」的氣象，上古先王做到了，大事小事都以之作為準則。但我們應當知悉，仍有某些事情是無法依此準則進行的，理由在於「知和而和，不以禮節之，亦不可行也」。如此顯示，為和諧而和諧並非禮之終極所向，追求「和」之狀態仍需以禮文精神節制之，否則不必施行。〔註56〕也就是說，禮之具體的執行與其所展現出的功效，還需透顯出禮之實質精神方能達到完美之境。〔註57〕由此可知，孔子已然認為周文已達致「禮用和貴」的狀態，一如《左傳》記載其對「貴賤不愆」秩序之美的期盼，而且能彰顯出禮的實質精神，此當是

　　　禮制的損益之上，乃承朱熹之說，實遺失孔子所欲陳述的要點。其說見《古代宗教與倫理——儒家思想的根源》（北京：生活‧讀書‧新知三聯書店，1996年），頁227～228。
〔註55〕此「和」主在指向社會人際的和諧，但當無論者藉《中庸》而論的「性情之和」意。例如童書業，〈孔子思想研究〉（原載《山東大學學報》1960年第一期），收於《孔子哲學討論集》（北京：中華書局，1963年），頁21。
〔註56〕馬融言：「人知禮貴和，而每事從和，不以禮為節，亦不可行。」見《論語注疏》，語疏卷一，頁7左。
〔註57〕可參見傅佩榮的譯文，《論語》，頁14。

理想性的陳述。但是自此又可證明，《論語》中所說的周文之「禮」，孔子顯然認爲其是富含某種實質精神之較爲完美制度的代表，否則不會說出「如禮何」的嘆語。

其次，較爲完美制度的周文之「禮」，乃是就其精神實質而言，是以對於外在儀度是否變換，孔子提出他揀擇的標準：

> 子曰：麻冕，禮也；今也純，儉，吾從眾。拜下，禮也；今拜乎上，泰也；雖違眾，吾從下。（〈子罕〉）

> 林放問禮之本。子曰：大哉問。禮，與其奢也，寧儉；喪，與其易也，寧戚。（〈八佾〉）

《禮記・仲尼燕居》言「禮者理也」，合乎人道事理者爲禮。對於麻冕的材質，界定於儉而從之；對於君臣之拜禮，今皆在堂上卻顯出驕泰之心，故違眾而拜下。同樣是古禮，對於儀度部分盡求單純，但心態則需恭敬；談及禮儀的奢儉以及喪祭的易戚分判亦在於此，此即是孔子所稱的「禮之本」。自此顯示，周禮自有一定節文，禮文亦隨時空環境必有所迭變，但對於如何表現出恰當儀度又不失其嚴肅意蘊者，孔子自有一定標準予以區判。傅佩榮先生云：「禮絕不止是外在形式，它更是人心內在的情感。」〔註58〕從〈鄉黨〉篇中所見孔子行禮的態度，如「恂恂如也」、「踧踖如也」、「怡怡如也」等看來，「禮」不僅在外在儀度上表現恰當而已，同時必須有某種程度的心神領會，是人心內在情感的展現。從〈八佾〉篇中，子夏自「繪事後素」悟及「禮後乎」而爲孔子稱贊一事觀之，「禮」必然有其一定的基礎，同時又包含某部分的神妙。換言之，禮文變換不是「禮」本身的重點，重點是支持「禮」成立的精神究竟爲何。

《左傳》指出「國之大事，在祀與戎」，即春秋時代「禮」的主要內容之一。孔子對之態度如何？分以下兩部分探討。孔子對於鬼神祭祀之態度，試看下面引文。

> （甲）祭如在，祭神如神在。子曰：吾不與，祭如不祭。（〈八佾〉）

> （乙）子曰：非其鬼而祭之，諂也。（〈爲政〉）

> （丙）務民之義，敬鬼神而遠之，可謂知矣。（〈雍也〉）

> （丁）季路問鬼神。子曰：未能事人，焉能事鬼。敢問死。曰：未

〔註58〕傅佩榮，《儒道天論發微》，頁101。

知生，焉知死。（〈先進〉）

上述引文有一共同點，即對「人」的凸顯。由（甲）與（乙）二文，可見人對於鬼神必須有一明確地界線，「吾不與，祭如不祭」，「祭」是我與鬼神間的交通，不雜任何利益的交換，是以「非其鬼而祭之」者，乃是有求於鬼神，故而言「諂」。於此可見孔子對於鬼神的理性態度。（丙）之「務民之義」，意指致力於導引人民往「義」（正確的行為）上行，對於鬼神則敬而遠之，不以事奉鬼神為第一要務。〔註59〕（丁）「未能事人，焉能事鬼」，意指不知道人事之理，如何瞭解「事鬼」之理？「未知生，焉知死」者，意指不知生存的意義，又怎能瞭解為何捨身取義？「人」的凸顯有重大意義，代表了「禮不下庶人」（《禮記·曲禮上》）的規範有了改變。對於鬼神態度的「敬而遠之」，而強調「務民之義」，此對於古禮所強調之祭祀鬼神之宗教精神亦有所轉化。而「事人」與「事鬼」、「生」與「死」的對稱，孔子重於對事人與生存意義的理解，認為理解此方能懂得如何事奉鬼神以及捨身取義之意義。如此一切，均指向對於「人」本身的探討。

對於軍戎之大事，孔子態度亦是十分謹慎。例如：

（甲）子路曰：子行三軍，則誰與？子曰：暴虎馮河，死而無悔者，吾不與也。必也臨事而懼，好謀而成者也。（〈述而〉）

（乙）子之所慎：齊、戰、疾。（〈述而〉）

（丙）執圭，……勃如戰色……（〈鄉黨〉）

（丁）子曰：善人教民七年，亦可以即戎矣。（〈子路〉）

（戊）子曰：以不教民戰，是謂棄之。（〈子路〉）

從（甲）可見孔子對於行軍之慎重，要找共事者非「暴虎馮河」式的蠻衝者，而是「必也臨事而懼，好謀而成者」，因為戰事關係到國家之安危與存亡，眾民生命之生存，故孔子慎之，如（乙）文所示。對於「齋」與「疾」，孔子態度亦如是。〔註60〕（丙）可見孔子於典禮中執圭，面色莊矜地好像面臨作戰般嚴肅。從（丁）與（戊）中顯示，孔子認為民需教，不可棄之，使之從戰

〔註59〕《禮記·表記》云：「周人尊禮尚施，事鬼敬神而遠之，近人而忠焉。」
〔註60〕朱熹言：「齊之為言齊也。將祭而齊，其思慮之不齊者，以交於神明也。誠之至與不至，神之饗與不饗，皆決於此。戰則眾之死生，國之存亡繫焉。疾又吾身之所以死生存亡者。皆不可以不謹也。」見《四書集注·論語述而》之「子之所慎」條下，頁43。

必使之明白其意。〔註61〕孔子雖謙言「軍旅之事，未之學也」〔註62〕（〈衛靈公〉），但仍認爲軍事之舉是迫不得已，如陳成子弒齊簡公，孔子請魯哀公討伐；平時亦當備之而無患，如（丁）、（戊）引文所示。對於管仲助齊桓公九合諸侯，「不以兵車」一事，孔子稱「如其仁」（〈憲問〉），可見孔子認爲兵戰爲凶事，不可不謹愼爲之。綜合地說，因軍事關係到國家存亡與人民生死之大事，故需謹愼爲之。

　　從孔子對「禮」的理解，「禮」不只是玉帛鐘鼓的文飾，其包含某種的精神實質而得以使人文品質妥當地展現。就「禮」之功效言，「禮」固然以「和」爲貴，但仍有一些事無法以之爲據，而當以「禮」節制之；同時，「禮」之外在儀文數度的轉換必隨時間更迭而有所不同，但在探討此時，孔子認爲「禮之本」在於人心是否是以儉戚爲據。加諸先前我們探討孔子爲政的主張，強調「爲國以禮」，其意義在於人應承荷起身分與所代表職分的責任，爲政更應建立在這樣的自省與自持之上；行「孝」意義亦然。綜此所論，「禮」的精神實質當向「人」本身尋求。由孔子對「國之大事」（祀與戎）的觀點來看，這點更可以得到佐證，對於鬼神祭祀，一切精神均指向對於「人」本身的探討；對於軍戎之謹愼，注意焦點亦在於此。至此，筆者所稱「孔子重返周文之禮的精神」當已獲得證明。但誠如大多數論者所提出的，孔子並不完全因襲，亦有創新的一面，對此就得朝「禮」之精神面向探尋，而此則當向「人」自身中覓求。欲深入瞭解孔子所論之「禮」的實質精神爲何，從《論語》考察，則必須自「仁」字切入。〔註63〕

〔註61〕朱熹言：「民知親其上，死其長，故可以即戎。」見《四書集注・論語子路》之「子曰善人教民七年」條下，頁93。劉逢祿言：「禮，比年簡徒謂之蒐，三年簡車謂之大閱，五年大簡車謂之大蒐，存不忘亡，安不忘危，春秋所以譏罕也。」見《論語述何》，頁3左。

〔註62〕此爲衛靈公問陳於孔子，孔子答「俎豆之事，則嘗聞之矣；軍旅之事，未之學也」，第二天便離開衛國了。

〔註63〕傅佩榮已指出這一精奧的論點，其言：「『仁』一向被視爲孔子最偉大的創作，但是進一步分析將可發現『仁』正是『禮』之革新，或者恰當地說，『仁』正是『禮』原先所是的一切。」「……禮的崩壞已無法挽回了。於是，新理念之出現成了刻不容緩的事。什麼理念可以取代禮，以維繫整個文化傳統呢？這個問題的答案就在孔子的一句感慨中：『人而不仁，如禮何？人而不仁，如樂何？』……」見《儒道天論發微》，頁99、101。

第二節　仁的提出──欲仁斯至的道德自覺

　　上一節討論孔子重返周禮的精神所在，指出「禮」的實踐在於人自身對身分的認知與職責的承荷上，同時人應保持如是的自省與自持。因此，我們認爲「禮」之背後蘊含某一深意，是其精神實質，而此應往「人」自身中尋覓。從《論語》考察，孔子認爲「禮」的精神實質就是「仁」。

　　先秦末葉成書的《呂氏春秋》曾言「孔子貴仁」（〈不二〉），此語不虛，因爲《論語》一書中出現「仁」字達一〇九次，分布於五十八章中。從思想史發展的角度觀之，在孔子之前所出現的「仁」字，並未構成理論的系統，此幾乎已是定論。〔註64〕儘管如此，古籍中所出現的「仁」字，早已觸及到做人品質的問題。〔註65〕所以，不容忽略地是，孔子確實繼承了當時人們對「仁」的一些看法，是以我們不應視「仁」字之義完全是由孔子所創造賦予的。〔註66〕但「仁」字於哲學上獲得突出地位，無疑則是自孔子開始。

〔註64〕屈萬里在〈仁字涵義之史的觀察〉一文中言：「仁字在孔子以前，它的涵義是狹窄的，它還不成爲作人的最高準則。」「仁字到了孔子，它的涵義擴大了。它幾乎包括了人類全部的美德，它成了作人的最高準則，它發展成了一種學說。」收於《孔子研究集》（臺北：中華叢書編審委員會，1960 年），頁 280。

〔註65〕例如「予仁若考，能多材多藝，能事鬼神」（《尚書・金縢》）、「盧令令，其人美且仁」（《詩經・齊風・盧令》）、「幸災，不仁」（《左傳・僖公三十年》）、「不背本，仁也」（《左傳・成公九年》）、「度功而行，仁也」（《左傳・昭公二十年》）等等。查《詩經》出現過兩個「仁」字，意思即是就人之品質是美好的來說。《左傳》出現「仁」字達三十八次，《國語》出現「仁」字達二十四字，的確是無系統的論述，基本義則是「愛人」。而《左傳》中有些「仁」字顯然包括了其他德行，譬如〈定公十四年〉記載：「詩曰：柔亦不茹，剛亦不吐，不侮矜寡，不畏強禦。唯仁者能之。」統而言之，這些「仁」無疑都是就做人的品質而言。

〔註66〕例如孔子稱魯國名人臧文仲「不仁者三」（《左傳・文公二年》），對楚靈王受辱於乾谿言「古也有志：克己復禮，仁也」（《左傳・昭公十二年》）。最爲直接的證據是：《論語・顏淵》中記載仲弓問仁，孔子答「出門如見大賓，使民如承大祭」，實《左傳・僖公三十三年》晉臼季即言：「臣聞曰：出門如賓，承事如祭，仁之則也。」顯然，孔子對於當時或其之前的「仁」字意義的使用必然有所吸收並賦予其新的內涵。再者，道家之老子與墨家之墨子亦經常談「仁」，例如前者言「絕仁」（《老子》第十九章），後者言「以愛相生也，是以仁者譽之」（《墨子・兼愛中》）、「仁之事者，務求興天下之利，除天下之害，以法乎天下」（《墨子・非樂上》）等等；連後起之法家代表韓非，亦接受「仁者，謂其中心欣然愛人也」（《韓非子・解老》）的界說。由是觀之，對「仁」字意義的接受，一如對「禮」一樣，並非是孔子或是儒家的專利，而是先秦時代諸子共通接受的一個「現象」，只是論述之深度有別而已。

　　若直接就《論語》探討孔子所言「仁」字的意義，歷代中對之研析詮釋甚有見地的，阮元〈論語論仁論〉一文無疑是最具體的代表，其主要論點如下：

> 元竊謂詮解仁字，不必煩稱遠引，但舉曾子制言篇：「人之相與也，譬如舟車然，相濟達也。」〔註67〕「人非人不濟，馬非馬不走，水非水不流。」及中庸篇：「仁者，人也。」鄭康成注「讀如相人偶之人」，數語足以明之矣。春秋時，孔門所謂仁也者，以此一人與彼一人相人偶而盡其敬禮忠恕等事之謂也。相人偶者，謂人之偶之也。凡仁，必於身所行者驗之而始見，亦必有二人而仁乃見，若一人閉戶齊居，瞑目靜坐，雖有德理在心，終不得指爲聖門所謂之仁矣。蓋士庶人之仁，見於宗族鄉黨，天子諸侯卿大夫之仁，見於國家臣民，同一相人偶之道，是必人與人相偶而仁乃見也。〔註68〕

「以此一人與彼一人相人偶而盡其敬禮忠恕等事之謂也」，表明「仁」是一個外顯、與人如何適當相處的實踐行爲。就阮元所述，其引《大戴禮記・曾子制言》與《禮記・中庸》之言均是後出，鄭玄注說亦是漢人之見，〔註69〕但其中所闡釋的「仁」字之意義，多少含有孔子所言「仁」之本義，因爲證諸《論語》亦有可據。阮元立基於此，故言「凡仁，必於身所行者驗之而始見，亦必有二人而仁乃見，若一人閉戶齊居，瞑目靜坐，雖有德理在心，終不得指爲聖門所謂之仁矣」。由這個角度觀之，無疑地「仁」是具有客觀成分，但這客觀成分並不是認識的對象。對於「仁」的客觀成分，阮元認爲是「古所謂人耦，猶言爾我親愛之辭」；易言之，「仁之意即人之也」。〔註70〕「人之」就是把人視爲人看，是以其將「相人偶」意義界定於二人之上仁方能所見，如此便具有深厚的平等精神。孔子論「仁」是否如此，必須予以檢證。

〔註67〕按《大戴禮記・曾子制言上》，此處中間還有「己先則援之，彼先則推之。是故」這些話。見王聘珍，《大戴禮記解詁》（北京：中華書局，1983 年），頁90。

〔註68〕阮元，《揅經室集》，一集卷八，頁176。

〔註69〕《禮記・中庸》言：「仁者，人也。」鄭玄注：「人也，讀如相人偶之人，以人意相存問之言。」而「偶」字可解釋爲「會」，「會」意指聚合、會合之意。譬如《論語・顏淵》：「君子以文會友。」以此角度言，無疑是就人本身之外在的客觀面向而言的。

〔註70〕阮元，《揅經室集》，一集卷八，頁179。

一、「仁」的意義

查《論語》所載，孔子言「仁」，焦點集中體現在如何實踐的意義上論說，而不將之視爲客體的認識對象，也就是說，孔子不曾對「仁」下過何樣的定義說明。〔註71〕從孔子答問弟子問仁觀之，儘管各自不同，但有一點是可以確定的，即是都圍繞著人在世間立身行世的態度、或對實際事務的處理方式上來論說的，並未鑽到抽象的心性本體中去。這個認知十分重要，否則易於與宋明儒所見相混。〔註72〕試看孔子門弟子問「仁」，孔子如何答覆：

（甲）仲弓問仁。子曰：出門如見大賓，使民如承大祭。己所不欲，勿施於人。在邦無怨，在家無怨。（〈顏淵〉）

（乙）司馬牛問仁。子曰：仁者，其言也訒。曰：其言也訒，斯謂

〔註71〕 《論語・子罕》：「子罕言利與命與仁。」對於「利」、「命」、「仁」，孔子「罕言」。何保中認爲《論語》中的「言」、「語」意義不同，「言」爲闡釋，「語」爲一般言說，或可參究。見《由天人之際論先秦儒家思想的傳承與演變》，頁120。

〔註72〕 宋儒對孔孟之「仁」十分重視，程顥作《識仁篇》即標舉「學者須先識仁」，程頤、張載、胡宏、張栻、朱熹、呂祖謙等理學家，皆曾對「仁」進行研討解說。大體而言，宋儒大多接受自二程以來對「仁」的見解，認爲「義、禮、知、信皆仁」，「仁者，全體；四者，四肢」；另一方面又認爲「仁者，渾然與物同體」、「與天地萬物爲一體」（見《河南程氏遺書》卷第二上）。如是見解，實與綱常名教的倫理觀以及天理流行的宇宙觀相聯繫。譬如朱熹言：「人之有是生也，天固與之以仁義禮智之性。」（《朱文公文集》卷十四〈甲寅行宮便殿奏札〉）又言：「蓋仁也者，五常之首也，而包四者，惻隱之體也，而貫四端。」（《論語或問》卷一）所謂「五常」，即「仁義禮智信」（《通書・誠下解》）。又言：「公不可謂之仁，但公而無私便是仁。」（《朱子語類》，卷第六性理三）於是乎，後人認爲「仁」爲全德，爲眾德之集合體。對此，本文稍後會作一探討。由於時人論述未能區判孔孟與宋儒對「仁」見解的殊義處，遂混而爲一。試看勞思光所言：『「仁」即是視人如己，淨除私累之境界。此一境界，不假外求，不受約束。」「『仁』是一個超越意義之大公境界，此可由『人己等視』一義顯出；而人之能除私念，而立『公心』，則是一純粹自覺之活動。」「淨除私累之境界」完全是宋儒口吻，並將「仁」視爲「一純粹自覺之活動」，這種解釋乃承續程頤以降所強調的「持敬」工夫而予以解釋極端化。見《新編中國哲學史》，（一），頁119。另如蔡仁厚所言「『仁』乃是化除私欲，視人如己的大公境界」，見《孔孟荀哲學》（臺北：臺灣學生書局，1984年），頁54；抑或是如杜維明所宣稱的，「仁毋寧說是一個內在性原則」，見《人性與自我修養》，頁11；諸此等等，承續理學說法甚明。對此，亦非無人見及切要，例如徐復觀言：「伊川與元晦的解釋（按：「仁」），本身含有許多不易說清楚的地方。」見〈解論語的「仁」——孔子新論〉，收於《孔子研究集》，頁291。

　　之仁已乎？子曰：爲之難，言之得無訒乎？（〈顏淵〉）

（丙）樊遲問仁。子曰：愛人。（〈顏淵〉）

（丁）樊遲問仁。子曰：居處恭，執事敬，與人忠；雖之夷狄，不
　　可棄也。（〈子路〉）

（戊）子貢問爲仁。子曰：工欲善其事，必先利其器。居是邦也，
　　事其大夫之賢者，友其士之仁者。（〈衛靈公〉）

（己）微子去之，箕子爲之奴，比干諫而死。子曰：殷有三仁焉。
　　（〈微子〉）

（庚）伯夷、叔齊……求仁而得仁，又何怨！（〈述而〉）

（辛）子路曰：桓公殺公子糾，召忽死之，管仲不死，曰未仁乎？
　　子曰：桓公九合諸侯，不以兵車，管仲之力也，如其仁！如
　　其仁！（〈憲問〉）

（壬）子貢曰：管仲非仁者與？桓公殺公子糾，不能死，又相之。
　　子曰：管仲相桓公，霸諸侯，一匡天下，民到於今受其賜。
　　微管仲，吾其被髮左衽矣！豈若匹夫匹婦之爲諒也，自經於
　　溝瀆而莫之知也。（〈憲問〉）

（癸）子張問仁於孔子。孔子曰：能行五者於天下爲仁矣。請問之。
　　曰：恭、寬、信、敏、惠，恭則不侮，寬則得眾，信則人任
　　焉，敏則有功，惠則足以使人。（〈陽貨〉）

從（甲）「出門如見大賓，使民如承大祭」〔註73〕、（乙）「其言也訒」〔註74〕、
（丙）「愛人」與（丁）「居處恭，執事敬，與人忠」來看，皆爲弟子問孔子
何謂「仁」而獲得的回覆，綜其核心，「仁」之實踐是以人之恭敬之心爲據，

〔註73〕《左傳・僖公三十三年》晉臼季言：「……臣聞之：出門如賓，承事如祭，仁
　　　　之則也。」意類此。

〔註74〕朱熹言：「仁者心存而不放，故其言若有所忍而不易發，蓋其德之一端也。
　　　　夫子以牛多言而燥，故告之以此，使其於此而謹之，則所以爲仁之方，不外
　　　　是矣。」見《四書集注・論語顏淵》之「司馬牛問仁」條下，頁79。據《史
　　　　記・仲尼弟子列傳》：「牛多言而燥，問仁於孔子，孔子曰：仁者其言也訒。」
　　　　故朱註是矣。阮元有言：「夫言訒於仁何涉？不知浮薄之人，語易侵暴，侵
　　　　暴則不能與人相人偶，是不訒即不仁矣。」見《揅經室集》，一集卷八，頁
　　　　177。

並以之作為立身處世的審慎態度。〔註75〕人己身態度恭敬謹慎，不過「己所不欲，勿施於人」〔註76〕而已，故從事於邦家可以無怨，仁之存心而有所不忍，即使身處夷狄，對之亦不可棄捨，因為這是人文品質的自我要求。（戊）所言指成德之教，當與「工欲善其事，必先利其器」所喻般，敬奉在位之賢人，友交士人中具仁德仁行的人，以之惕勵自身。（己）殷之三仁、（庚）求仁而得仁的伯夷與叔齊，為具體成就出「仁」的典型，此典型的完成在於他們皆立於「至誠惻怛」的實踐之上。〔註77〕（辛）匡正天下，不以兵車的管仲，（壬）「民到於今受其賜」、「微管仲，吾其披髮左衽矣」的文化保存，孔子認為即使管仲違禮，〔註78〕但其以上所作所為可稱為「仁」了。〔註79〕如

〔註75〕孔安國云：「為仁之道，莫尚乎敬。」見《論語注疏》，語疏卷十二，頁1左。

〔註76〕孔子稱此為「恕」。〈衛靈公〉載：「子貢問曰：有一言可以終身行之者乎？子曰：其恕乎！己所不欲，勿施於人。」

〔註77〕「殷之三仁」，朱熹說：「三人之行不同，而同出於至誠惻怛之意。」見《四書集注·論語微子》之「殷有三仁」條下，頁126。伯夷「以父命為尊」，叔齊「以天倫為重」，朱熹言：「其遜國也，皆求所以合乎天理之正，而即乎人心之安。既而各得其志焉，則視棄其國猶敝蹝爾，何怨之有？」見《四書集注·論語述而》之「冉有曰夫子為衛君乎」條下，頁44。

〔註78〕〈八佾〉篇載：「子曰：管仲之器小哉！或曰：管仲儉乎？曰：管氏有三歸，官事不攝，焉得儉？然則管仲知禮乎？曰：邦君樹塞門，管氏亦樹塞門；邦君為兩君之好，有反坫，管氏亦有反坫。管氏而知禮，孰不知禮？」

〔註79〕〈憲問〉所言「如其仁」，朱熹認為：「言誰如其仁者。又再言以深許之。蓋管仲雖未得為仁人，而其利澤及人，則有仁之功矣。」《四書集注·論語憲問》之「子路曰桓公殺公子糾」條下，頁98。此承孔安國說，「誰如管仲之仁」，見《論語注疏》，語疏十四，頁8左。元人陳天祥於《四書辨疑》中引王滹南言「如其云者，幾近之謂也」，又云：「大抵如之為義，蓋極似本真之謂。……乃可見管仲乃假仁之人，非有仁者真實之仁。然其所成之功，亦與真實之仁所成者無異，故曰如其仁也。」卷七，頁8右～左。收於《景印摛藻堂四庫全書薈要》（臺北：世界書局，1986年），第七十六冊。黃式三《論語後案》云：「如，猶乃也。詩『如震如怒』，揚子法言學行篇『如其富，如其富』、吾子篇『如其智，如其智』、問道篇『法者，謂唐虞成周之法也，如申韓，如申韓』，皆如訓為乃之證也。謂管仲未純于仁則可，以不死糾難為未仁則不可。曰乃其仁、乃其仁者，以其仁之顯著於天下，微其心之不殘忍於所事之人也。孔注云『誰如其仁』，誰字添設。且云誰如，許之過當矣。」見憲問十四，頁14下。劉寶楠《論語正義》同，見卷十七憲問第十四，頁313。阮元謂：「管仲不必以死子糾為仁，而以匡天下為仁，蓋管仲不以兵車會諸侯，使天下之民無兵革之災，保全生民性命極多。仁道以愛人為主，若能保全千萬生民，其仁大矣。故孔子極許管仲之仁，而略其不死公子糾之小節也。」見《揅經室集》，一集卷八，頁190。黃、劉、阮說為確。傅佩榮亦言：「管仲免去戰禍，省了征伐殺戮，以一人之力造福百姓，他與眾人的適當關係得以滿全，無異

是觀之，「仁」表現在人生的各個層面，小至人與人的接觸，大至個人求仁得仁的大原則，以及匡救天下、免於兵燹之大作為等，均為「仁」實踐之範域。如此呈顯出「仁」之特質，孔子認為是人人皆能企求得之，亦有能力到達，如（癸）中孔子對子張所示，能行「恭、寬、信、敏、惠」於天下就是「為仁」，此五者都是人透過與人接觸之自我修養得以達到的德行項目。綜此所論，我們說孔子對「仁」並不作理論性的思辯或界定，重點僅僅圍繞人在世間立身行世的態度、或對實際事務的處理方式上這一意義予以論說的，於茲可以獲得佐證。接著就必須證明「仁」是人人都能企達的。

　　探討「仁」是人人都能企達，讓我們從以下兩則記載切入。

　　　（甲）有子曰：其為人也孝弟，而好犯上者，鮮矣！不好犯上，而
　　　　　　好作亂者，未之有也。君子務本，本立而道生。孝弟也者，
　　　　　　其為仁之本與！（〈為政〉）

　　　（乙）宰我問：三年之喪，期已久矣。君子三年不為禮，禮必壞；
　　　　　　三年不為樂，樂必崩。舊穀既沒，新穀既升，鑽燧改火，期
　　　　　　可已矣。子曰：食夫稻，衣夫錦，於女安乎？曰：安。女安
　　　　　　則為之！夫君子之居喪，食旨不甘，聞樂不樂，居處不安，
　　　　　　故不為也。今女安，則為之！宰我出。子曰：予之不仁也！
　　　　　　子生三年，然後免於父母之懷。夫三年之喪，天下之通喪也。
　　　　　　予也有三年之愛於其父母乎？（〈陽貨〉）

（甲）言「孝弟也者，其為仁之本與」，《管子‧戒》亦有是言：「孝弟者，仁之祖也。」「孝」，實以敬為本。〔註80〕有子認為，孝悌者，少有犯上之行，更不可能以之作亂。所以，孝悌是君子專務之根本，「根本既立，則其道自生」，〔註81〕所以說孝悌是行仁的起始。（乙）文中，宰我質疑「三年之喪」過長，理由在於「君子三年不為禮，禮必壞；三年不為樂，樂必崩」，再者，自然循環以一年為週期（「舊穀既沒，新穀既升，鑽燧改火」），故主張守喪應改為一年。對於回應孔子詢問的宰我大言「心安」，孔子斥之為「不仁」，理由在「子生三年，然後免於父母之懷」，實為莫可奈何之嘆，此見孔子回覆「女安則為

　　　　於行了大善，所以稱許他以此行仁。」見《論語》，頁359。
〔註80〕如〈為政〉云：「子游問孝。子曰：今之孝者，是謂能養。至於犬馬，皆能有
　　　　養。不敬，何以別乎？」詳細研析請見本章第一節，頁109～110。
〔註81〕朱熹，《四書集注‧論語學而》之「有子曰其為人也孝弟」條下，頁1。

之」即可知悉，此意乃指心理安然坦蕩必然會去施行。〔註 82〕文獻上未見宰
我果行一年之喪，然就此文意觀之，宰我所言「心安」當只是強辯而已。這
兩則引文所凸顯的意義，在於「仁」本身是人人皆能企達的，如實踐孝悌即
是「爲仁」。孔子的無奈，正在於宰我未能體驗或認知到「爲仁由己」的意義，
自身無此意願，故斥之爲「不仁」。

孔子談「仁」，曾有如下的斷言：

有能一日用其力於仁矣乎！我未見力不足者。（〈里仁〉）

仁遠乎哉？我欲仁，斯仁至矣。（〈述而〉）

爲仁由己，而由人乎哉？（〈顏淵〉）

在此，「用力於仁」、「欲仁」以及「爲仁」，指出「仁」是否彰顯，乃在於人
自身是否意願如是爲之。孔子認爲，只要自身有意願欲實踐「仁」，自然就能
達到。因此，孔子並不將「仁」視爲是人心中本具之道德屬性，因爲人是可
能「不仁」的，如前述孔子批評宰我。孔子亦曾明白陳述，人是有「仁」與
「不仁」之分的，他說：「君子而不仁者有矣夫，未有小人而仁者也。」（〈憲
問〉）又說：「不仁者，不可以久處約，不可以長處樂。仁者安仁……」（〈里
仁〉）但「仁」與「不仁」的區分決不是先天的區判，因爲由「欲人斯至」與
「由己而非由人」的意義看，人對於「仁」的追求與具體實踐，乃是人自身
立於主動企求的向度之上的。這是就「仁」之實踐的動機面而言。正因如此，
孔子論「仁」亦當無後人所謂隱顯的問題。〔註83〕「仁」，就孔子來說，他是
實踐作爲，是人心可能達至的高貴狀態，也是人文品質的表顯。而人對於「仁」
之實踐的企求與其所表現出的內蘊，根本上是從人之意志凝煉上論說的。

（甲）子曰：……君子去仁，惡乎成名？君子無終食之間違仁，造
　　　次必於是，顚沛必於是。」（〈里仁〉）

〔註82〕借理學知行說法而言，即「知必能行」意。如朱熹認爲：「既知得則自然行
　　　得，不待勉強，卻是知字上重。」（《朱子語類》卷十八）。倘若知而不行，
　　　乃是「知之未至」或「知尚淺」，其云：「周震亨問知至誠意云：有知其如此
　　　而行又不知此者是如何？曰：此只是知之未至。」（仝上卷十五）「論知之與
　　　行。曰：方其知之而行未及之，則知尚淺。」（仝上卷九）王陽明亦有是見，
　　　其云：「未有知而不行者，知而不行只是未知。」（《傳習錄》卷中，〈答顧東
　　　橋書〉）

〔註83〕仁之隱顯，乃是宋明學家對孔子學思的發揮，例如朱熹言：「仁者心之德，非
　　　在外也。放而不求，故有以爲遠者。反而求之，則即此而在矣，夫豈遠哉？」
　　　見《四書集注·論語述而》之「仁遠乎哉」條下，頁47。

　　（乙）子曰：志士仁人，無求生以害仁，有殺身以成仁。（〈衛靈公〉）

　　（丙）曾子曰：士不可不弘毅，任重而道遠。仁以為己任，不亦重
　　　　乎？死而後已，不亦遠乎？（〈泰伯〉）

（甲）「君子去仁」，則無所名命，〔註84〕即使處於一頓飯之倉卒間、抑或是顛沛流離之際，身為君子者亦不當「違仁」。〔註85〕（乙）「士」既志行仁，沒有貪生而損害「仁」德的，只有犧牲性命以成就「仁」德。如殷之三仁、求仁得仁之伯夷、叔齊等。按「士」在成德的意義下，與「君子」的內涵是相通的。〔註86〕故「士」或「君子」，無論處於何種狀態，均不應「違仁」，曾子明白指出，如（丙），是因為「弘毅」之意志主導的緣故；反之，若無任重道遠的弘毅意志，不「志於仁」（〈里仁〉）、「依於仁」（〈述而〉）者就是「小人」；對於欲成為「君子」之人而言，根本就是「去仁」，故言「君子而不仁者有矣夫」。然而，儘管人人皆可能實踐「仁」，孔子又視其對於成德之士與君子而言是十分重要，可是「仁」卻又是一條任重而道遠的理想之路，無怪乎有論者認為「仁」「在《論語》中充滿了弔詭和神秘的意味」，〔註87〕有此質疑亦屬自然。但如是斷言恐怕太過了，因為孔子說過：

　　（甲）我未見好仁者、惡不仁者。好仁者，無以尚之；惡不仁者，
　　　　其為仁矣，不使不仁者加乎其身。有能一日用其力於仁矣乎？
　　　　我未見力不足者。蓋有之矣，我未之見也。（〈里仁〉）

　　（乙）民之於仁也，甚於水火。水火，吾見蹈而死者矣，未見蹈仁
　　　　而死者也。（〈衛靈公〉）

〔註84〕孔安國言：「惡乎成名者，不得成名為君子。」見《論語注疏》，語疏卷四，
　　　　頁2右。

〔註85〕黃式三言：「終食時暫，造次時遽，顛沛時危，君子無違仁，觀其暫而久可知
　　　　也，觀其變而常可知也，言為仁無閒斷之時也。」《論語後案》，里仁四，頁3
　　　　下。

〔註86〕子路曾問如何作為可稱為「士」，孔子言：「切切、偲偲、怡怡如也，可謂士
　　　　矣。」（〈子路〉）子張問「士」如何「達」，孔子言：「質直而好義，察言而觀
　　　　色，慮以下人。」（〈顏淵〉）均是就成德意義言。孔子說：「士而懷居，不足
　　　　以為士矣！」（〈憲問〉）此與處於終食之間、造次之際不違仁之君子，意思是
　　　　相同的。「士志於道，而恥惡衣惡食者，未足與議也」（〈里仁〉），與「君子憂
　　　　道不憂貧」（〈衛靈公〉）的意思也是一樣的。

〔註87〕Herbert Fingarette, *Confucius: the Secular as Sacred,* （New York: Harper & Row,
　　　　1972）, p.37. 按乃因其將「仁」視為「心理學概念」（psychological notion）
　　　　故。徐復觀亦有是疑，見〈解論語的「仁」──孔子新論〉，頁288～290。

（甲），孔子指出未見「好仁者、惡不仁者」，若有「好仁」者，是再好不過的；而厭惡「不仁」者，其行仁只是將不仁不加在自己身上。但人若有其意願願意為仁，孔子認為沒見過能力不足者。或許是有行仁而力不足者，但孔子稱他未曾見過。孔子何以如此肯定？原因即如（乙）所示，「仁」明明比水火更為重要，有人為水火而赴命，卻未見為「仁」而赴命。水火是人們日常所必需，不可一日或缺，孔子認為「仁」更甚於水火，人更不應該或缺才是。所以曾子說，「仁以為己任，不亦重乎」？這是條任重而道遠之路，「死而後矣」方休。孔子曾說：「人而無恆，不可以作巫醫。」（〈子路〉）可知意志恆心的重要。因此，「仁」的實踐，意志的絕對凝煉至為關鍵。

然則，意志是否凝煉，則牽涉到人內在生命的複雜性。孔子說：

（憲問）克、伐、怨、欲不行焉，可以為仁矣？子曰：可以為難矣！仁則吾不知也。（〈憲問〉）

「克、伐、怨、欲」乃是人較具負面義之情感流露的一面，〔註88〕欲使之完全抑止，孔子認為那是非常不容易的。但若能抑制這些情感流露，是否就作到「仁」，孔子認為難以知悉，原因在於「仁」與情感流露二者之間無必然等同的關聯。進一步說，即使一個人潔身自愛，心靈清淨無污，亦不能稱其為「仁」，因為按孔子之意，「仁」除了人心之動機與意志外，必然含有外顯的合宜行為，如前引「出門如見大賓，使民如承大祭」之類。譬如：

（甲）剛、毅、木、訥，近仁。（〈子路〉）

（乙）巧言令色，鮮矣仁！（〈為政〉、〈陽貨〉）

「剛、毅、木、訥」與「巧言令色」均是外顯行為，何以孔子稱前者為「近仁」、後者為「鮮矣仁」？對於（甲），焦循言：「巧言令色，鮮矣仁。此質樸遲鈍所以近仁也。」〔註89〕對於（乙），按《大戴禮記・曾子立事》言：「巧言令色，能小行而篤，難於仁也。」〈衛靈公〉有言：「群居終日，言不及義，好行小慧，難矣哉！」意指巧言令色之人，專務於致飾於外之事，無意願、故難於為仁之事上，所以說「鮮矣仁」。如此觀之，孔子對於「仁」當有某一清楚地理析。依上述分析，孔子論「仁」包含兩個側面，一是人自身行為處世的態度或行為動機，如「居處恭」、「我欲仁」等；二，「仁」必有外顯而合

〔註88〕馬融言：「克，好勝人。伐，自伐其功。怨，忌、小怨。欲，貪欲也。」《論語注疏》，語疏十四，頁1右。

〔註89〕焦循，《論語補疏》，見阮元輯，《皇清經解》，卷一千一百六十五，頁9右。

宜的行爲表現，如孝悌等，而兩者間是以意志是否凝煉維繫而予以實踐的。

　　前已指出，孔子所言之「仁」不是認知上的對象，而是如何去實踐的意義；孔子認爲人都有能力實現「仁」，但不是指人人本身即具「仁」。從前述的探討，至少可以肯定「仁」是孔子心目中極高的德行，而且人人都能實踐完成，其中包括了愛人、恭、敬、忠、寬、信、敏、惠、孝、悌等德行，也包括了「己所不欲，勿施於人」、無怨、「不以兵車」、文化保存等行爲表現，同時如克、伐、怨、欲之不行，或如剛、毅、木、訥者，是爲近仁，是否實踐出仁則不知悉。值得注意的是：如上述的德行、舉止恰如其分的展現即是爲仁，並非這些德行、舉止早涵攝於「仁」之中。美國漢學家芬加雷（Herbert Fingarette）即指出：我們不應輕忽可在體現仁的人們身上所見到的古老品德，如「謙恭」、「勤勉」、「誠信」、「恭敬」、「寬厚」、「友愛」（參見〈子路〉、〈憲問〉、〈陽貨〉）。從這些傳統品德所提供的常識和合情合理的脈絡中，我們就可以發現「仁」的所在。〔註90〕這個陳述無疑是正確的。正是在這認知上，時下論者認爲「仁包涵諸德」或是宣稱「仁」是「全德」之闡述〔註91〕應是無法成立的，而以「眞實情感」作爲「仁」之基礎的說法仍需進一步佐證。

二、對「全德」與「眞實情感」之說的探討

　　按「全德」一辭出於朱熹，其在「顏淵問仁」章下注言：「仁者，本心之全德。」後以天理人欲之消長解釋「仁」實踐的狀況。但事實上，朱熹尚未將「仁」視爲「全德」之名，但卻具有統攝其他德目之實。〔註92〕後人或許以之爲據，故而有「仁」爲「全德」之說。對此，馮友蘭先生最先提及，其言：

　　　　《論語》中亦常以仁爲人之全德之代名詞。曰：「求仁而得仁，又何

　　　　怨？」（〈述而〉）曰：「若聖與仁，則吾豈敢？」（〈述而〉）曰：「無

〔註90〕 Herbert Fingarette, *Confucius: the Secular as Sacred*, p.41.

〔註91〕 例如陳榮捷言：「……孔子又謂『剛毅木訥近仁』，仁者『居處恭，執事敬，與人忠』（均子路篇），能行恭寬信敏惠于天下者可以爲仁（陽貨），而克伐怨欲不行則尚未可以爲仁（憲問）。又謂『博學而篤志，切問而近思，仁在其中矣』（子張）。則仁之包涵諸德，顯而易見。」見〈仁的概念之開展與歐美之詮釋〉乙文，收於《王陽明與禪》（臺北：臺灣學生書局，1984年），頁8。

〔註92〕 請參見註72的說明。此外，朱熹接續注解：「心之德莫非天理，而亦不能不壞於人欲。」因此，其所謂「本心之全德」並非指吾人之全德，是以言「朱熹尚未將『仁』視爲『全德』之名」。至於有其實，乃因朱熹認定「仁」統攝如義禮智等德目，是以有此言。

求生以害仁，有殺身以成仁。」(〈衛靈公〉) 此所謂皆指人之全德而言也。……惟仁亦爲全德之名，故孔子常以之統攝諸德，宰予以三年之喪爲期已久，孔子謂爲不仁，是仁可以包孝也。……孔子以「微子去之，箕子爲之奴，比干諫而死」爲「殷有三仁」(〈微子〉)，是仁可以包忠也。……孔子謂令尹文子及陳成子「未知焉得仁」(〈公冶長〉)？是仁可包智也。「仁者必有勇」(〈憲問〉)，是仁可包勇也。「顏淵問仁。子曰：『克己復禮爲仁』」(〈顏淵〉)，是仁可以包禮也。「子張問仁於孔子。孔子曰：『能行五者於天下爲仁矣。』請問之。曰：『恭，寬，信，敏，惠。恭則不侮；寬則得眾；信則人任焉；敏則有功；惠則足以使人。』」(〈陽貨〉) 是仁可包信等也。〔註93〕

陳大齊先生亦言：

> 仁是眾德所合構而成的，是眾德的總稱。
>
> 孔子所說的仁、自其核心意義言之，即是愛。自其構成分子言之，則爲眾德的集合體。〔註94〕

這樣的說法普遍爲論者所接受。〔註95〕但是稍加仔細詳察，如是說法實有待商榷。首先，馮先生理解「未知，焉得仁」有誤，因此「知」僅是知曉、知道意，並非「智」，此當是誤讀原文。其次，每項德目內蘊有所不同，例如「勇」，有「勇者不懼」(〈子罕〉)，亦有「暴虎馮河，死而無悔者」(〈述而〉)，以「仁者必有勇，勇者不必有仁」爲例，仁者所具之勇當決非「暴虎馮河」之勇。因此，斷然認定「仁可包勇」豈不有誤？同樣的，仁者必定愛人，但反之，能愛未必是仁。此理甚明。其他德目亦然。再者，孔子明白指出「好仁不好學，其蔽也愚」(〈陽貨〉)，既然「仁」會流於「愚」之蔽，如何稱其爲「全德」？孔子曾說：

> 志於道，據於德，依於仁，游於藝。(〈述而〉)

倘若「仁」爲「全德」，講「依於仁」即可，又何需「據於德」呢？孔子又言「知及之，仁能守之，不莊以蒞之，則民不敬」(〈衛靈公〉)，指出仁與智、莊並稱，倘若仁爲全德，仁之表現應當是已完善，又何須提出「莊」這樣的

〔註93〕馮友蘭，《中國哲學史》，頁 101～102。
〔註94〕陳大齊，《孔子學說》，頁 117、124。
〔註95〕例如陳榮捷，見《中國哲學文獻選編》(臺北：巨流圖書公司，1993 年)，頁 50、92～94；《王陽明與禪》，頁 7～9；蔡仁厚，《孔孟荀哲學》，頁 68、75、85～97；諸此等等。

態度呢？故「仁」與眾德之間的關係當非包含，也不是眾德的集合體。依前述所討論的，我們認為，種種德行在適時而恰當地展現即是為仁，而非仁本身涵具種種德目。

　　提出「仁」的主要基礎是「眞實情感」者亦是馮友蘭先生，其言：

　　　孔丘認為，人必須有眞性情，有眞情實感。這就是「仁」的主要基礎。他說：「剛毅木訥近仁。」（《論語·子路》）又說：「巧言令色，鮮矣仁。」（《論語·學而》）「剛毅木訥」的人和「巧言令色」的人，成為鮮明的對比。前者是自己為主，憑著自己的眞性情、眞實情感做事的老老實實的人。後者以別人為主，做事說話，專以討別人喜歡的虛偽的人。孔丘認為，前者是「近仁」，就是說這雖然還不是「仁」，可是接近於「仁」。後者是「鮮矣仁」，就是說，在這樣的人之中，是很少能成為「仁」的。從這個對比可以看出來，孔丘認為「仁」的基礎是人的眞性情，眞實情感。有眞情實感老老實實的人，還不一定就是仁人，但弄虛作假，油腔滑調，討人喜歡的人是不可能成為「仁」人的。〔註96〕

然而，「剛毅木訥」與「巧言令色」恐怕皆與「眞實情感」無涉。因為「剛毅木訥」乃是人自我的自持與自重，未必流露任何情感；「巧言令色」最直接地是欺人，其居心與待人態度並非情感直接的表現，而是有意識地偽飾。馮先生又提出「直」是人眞實情感的表現，〔註97〕然則「直」當是使自身正直之意，與眞實情感關係恐怕不大。何以知之？孔子說：「人之生也直，罔之生也幸而免。」（〈雍也〉）其意指人應正直地生存，罔曲而能生存於世，那只是僥倖而已。〔註98〕所以，「直」的意蘊當是人對價值認知選擇後所作的貞定，亦非所謂眞實情感的表現。而涉及情感流露，如前述較具負面義之「克、伐、怨、欲」，孔子反不贊同，更遑論將「眞實情感」作為「仁」的基礎了。

　　傅佩榮先生亦以「眞實情感」作為孔子論「仁」的基礎，但其乃是在「人

〔註96〕馮友蘭，《中國哲學史新編》，第一冊，頁143；舊版之《中國哲學史》則以「眞性情」稱之，見頁97、99等。

〔註97〕全上，頁143～144。

〔註98〕馬融言：「言人之所以生於世而自終者，以其正直也。」是矣。《論語注疏》，語疏卷六，頁7右。陳天祥謂：「蓋生者，全其生理善終之謂也。人之不遭橫夭，得全生理、壽盡天年而善終者，由其不為非道之事，所行者直而無罔曲故也。罔曲之人亦得全生理，不遭橫夭以終其身，此特幸而免耳。幸而免者，免其橫夭之死也。」《四書辨疑》，卷四，頁10又右。

性向善論」的架構下言說的。基本上，傅先生認爲《論語》「仁」字，兼含「人之性」、「人之道」與「人之成」三層三重意蘊，但孔子於具體回答中常落在「人之道」上。〔註99〕又說：「一個『仁』字彰顯了『人之性（向善），人之道（擇善），人之成（至善）』。」〔註100〕「就人之性而言，是指眞誠的心意以及向善的自覺力量；就人之道而言，是指人生正途或擇善固執；就人之成而言，是指完美的人格。」〔註101〕因是，在宰我質疑「三年之喪」上，對於孔子斥責宰我「不仁」，認爲是宰我「忽略內心的眞誠情感」。於此，傅先生以「生理──心理──倫理」說明人性開展的過程以及人性何以向善，亦即爲何不守三年之喪就會不安。〔註102〕此牽涉傅先生對孔子學思整體理論的新建構，有其一套圓融的邏輯說明。

然而，即使「眞實情感」作爲「仁」的基礎一說可以成立，仍必須面對的問題是，人人情感不同，情感內容不一，或許有人以「恨」等負面情緒爲其眞實情感，是否亦可視爲「仁」之基礎？抑或是作爲「仁」之「眞實情感」不包含負面情緒（如「克、伐、怨、欲」）？若此，此「眞實情感」並不「全眞」，因爲其是具有選擇性與排他性的，恐難以「眞實」二字論之。對於這個疑問，倒是未見論者說明。因此，此說仍有討論與發展的空間。

三、「仁」的特質

討論至此，孔子所言之「仁」到底具有何樣的特質，而爲孔子積極強調？孔子又何以能宣稱「苟志於仁矣，無惡也」（〈里仁〉）呢？

試看下例：

（甲）孟武伯問：子路仁乎？子曰：不知也。又問。子曰：由也，千乘之國，可使治其賦也。不知其仁也。求也何如？子曰：求也，千室之邑，百乘之家，可使爲之宰也。不知其仁也。赤也何如？子曰：赤也，束帶立於朝，可使與賓客言也。不知其仁也。（〈公冶長〉）

（乙）子張問曰：令尹子文三仕爲令尹，無喜色；三已之，無慍色。

〔註99〕傅佩榮，《儒家哲學新論》（臺北：業強出版社，1993年），頁95。
〔註100〕傅佩榮，《論語》，導讀部分，頁12。
〔註101〕仝上，頁46。
〔註102〕仝上，頁456～7。

> 舊令尹之政，必以告新令尹。何如？子曰：忠矣。曰：仁矣
> 乎？曰：未知焉得仁？崔子弒齊君，陳文子有馬十乘，棄而
> 違之。至於他邦，則曰：「猶吾大夫崔子也。」違之。之一邦，
> 則又曰：「猶吾大夫崔子也。」違之。何如？子曰：清矣。曰：
> 仁矣乎？曰：未知焉得仁？（〈公冶長〉）

（甲）孔子肯定子路、冉求有治國之力、公西華有相禮之能，但未許弟子以
「仁」。（乙）對於令尹子文、陳文子之舉，孔子肯定其為「忠」（盡忠職守）、
「清」（潔身自愛），亦未許之以「仁」，而稱「未知焉得仁」，此「知」，乃指
不知曉。但樊遲問「知」則指「智」，孔子答以「知人」：

> 樊遲問仁。子曰：愛人。問知。子曰：知人。樊遲未達。子曰：舉
> 直錯諸枉，能使枉者直。樊遲退，見子夏，曰：鄉也吾見於夫子而
> 問知，子曰：「舉直錯諸枉，能使枉者直」，何謂也？子夏曰：富哉
> 言乎！舜有天下，選於眾，舉皋陶，不仁者遠矣。湯有天下，選於
> 眾，舉伊尹，不仁者遠矣。（〈顏淵〉）

言「仁」是「愛人」；「知」是「知人」。孔子補充「知人」內容是「舉直錯諸
枉，能使枉者直」，故所知乃人之「直」或「枉」。子夏舉舜拔擢皋陶、湯提
拔伊尹，因而「不仁者遠矣」，證明「知人」的重要。另一處樊遲亦問及仁及
知。

> 樊遲問知。子曰：務民之義，敬鬼神而遠之，可謂知矣。問仁。曰：
> 仁者先難而後獲，可謂仁矣。（〈雍也〉）

這兩則均指為政的正確作法。此是言專力導民於正確的行為，敬事鬼神而遠
離之，不可褻瀆，即是「知」（智）。言「仁」是「先難而後獲」，意指「先其
事之所難，而後其效之所得」。〔註103〕按「愛人」為仁之本，非等於「仁」，
因為孔子說過：「唯仁者能好人、能惡人。」（〈里仁〉）仁者亦有好惡之擇，
此是為難。從上述二文聯繫觀之，「愛人」是為仁之本，須以「知人」之情為

〔註103〕朱熹語，《四書集注‧論語雍也》之「樊遲問知」條下，頁 38。劉寶楠《論
　　　語正義》言：「難謂事難也。獲，得也，謂得祿也。春秋繁露仁義發（筆者按：
　　　當作「法」）篇：孔子謂冉子曰『治民者，先富之而後教』，語樊遲曰『治身
　　　者，先難後獲』，以此之謂治身之與治民所先後者不同焉矣。詩云『飲之飲之，
　　　教之誨之』，先飲食而後教誨，謂治人也。又曰『坎坎伐輻，彼君子兮，不素
　　　餐兮』，先其事，後其食，謂治身也。董子說此義至明，下篇言『事君，敬其
　　　事而後其食』，義同。竊以夫子此文論仁治，皆居位臨民之事，意樊遲時或出
　　　仕故也。」卷七雍也第六，頁 126～127。

尙；導民於正途，務力於民事，首當「舉直錯諸枉」，上行下效、風行草偃，自然「能使枉者直」。如此作爲，即是「愛人」，爲「仁」之道。「先難而後獲」，意即指此。就此觀之，知人之情是愛人的前提。然則人之實情爲何呢？

> 子曰：性相近也，習相遠也。（〈陽貨〉）

> 子貢曰：夫子之文章，可得而聞也；夫子之言性與天道，不可得而聞也。（〈公冶長〉）

從後人討論甚多的人性論觀之，孔子僅言「性相近」，但因後天學習就產生不同的面向，可見要點在於「習相遠」。子貢已明言，「夫子之言性與天道不可得而聞也」，「言」者主張、闡述之謂。〔註104〕至少就《論語》本身文獻觀之，孔子未曾討論或闡釋「性」及「天道」的議題，〔註105〕而孔子之「文章」，則是斑斑可見。〔註106〕故從人之性見不著孔子所以爲的人之實情。我們在《論語》中所能見到的人之實情是：

> 生而知之者，上也；學而知之者，次也；困而學之，又其次也。困而不學，民斯爲下矣！（〈季氏〉）

> 唯上知與下愚不移。（〈陽貨〉）

僅見「生而知之」以及「上知與下愚」是與生即具的，但所強調的則在「學」字。孔子自言：「我非生而知之者，好古，敏以求之者也。」

（〈述而〉）其博學多聞是不斷學習而來的。〔註107〕由是觀之，對於人生實情爲何，孔子並未予以討論。子夏言：

> 死生有命，富貴在天。君子敬而無失，與人恭而有禮……（〈顏淵〉）

將生命存活歸之於「命定」，人間的富貴歸之於「天」。人所當努力的在於「敬而無失，與人恭而有禮」。因此，孔子所謂知人之情，當在知人是否進行學習如「敬而無失，與人恭而有禮」、或「主忠信、徙義、崇德」（〈顏淵〉）之類的內容。孔子甚至認爲：「飽食終日，無所用心，難矣哉！不有博弈者乎？爲之猶賢乎已。」（〈陽貨〉）賭博下棋者猶較整日吃飽無所事事、不用心者要來

〔註104〕參見註71。

〔註105〕歷來對之議論甚多，參見程樹德，《論語集釋》，卷九公冶上，頁318～320。時人討論更多，不一一列舉。

〔註106〕朱熹言：「文章，德之見於外者，威儀文辭皆是也。」《四書集注‧論語公冶長》之「子貢曰夫子之文章」條下，頁28。

〔註107〕如孔子自述：「吾十有五而志于學，三十而立，四十而不惑，五十而知天命，六十而耳順，七十而從心所欲、不踰矩。」（〈學而〉）

得好。所以，孔子肯定人之心要「用」，畢竟人生學習的過程中充滿一些似是而非的論點，當以心思辨別明白，例如「愛之欲其生，惡之欲其死」、「一朝之忿，忘其身以及其親」之「惑」（〈顏淵〉）、又如「好勇疾貧，亂也。人而不仁，疾之已甚，亂也」（〈泰伯〉）。總結地說，孔子的知人在於「舉直錯諸枉」，提拔正直之人取代枉曲之人。所謂正直之人，寬泛地講，就是具有德性並能表現德行的人。孔子認為：人生在世，就應使自身正直以終其生。因此，「仁」具有下面的特質：

　　　　當仁，不讓於師。（〈衛靈公〉）

　　　　仁者不憂。（〈子罕〉、〈憲問〉）

朱熹謂：「當仁，以仁為己任也。雖師亦無所遜，言當勇而必為也。」〔註108〕這種精神，就是〈里仁〉所言的「朝聞道，夕死可矣」。正是在這意義上，實踐「仁」的人，內省不疚，因此無憂。〔註109〕

　　至此，「仁」作為一個人文品質的德目已然清楚，其展現在人面對任何事情的實踐上，也就是在學習的過程中，子夏言：「博學而篤志，切問而近思，仁在其中矣。」（〈子張〉）所講的就是這層意蘊。由前所述，「仁」的實踐不難，因為「我欲仁，斯仁至矣」，但要恆常地不違仁就十分困難了，一如曾子所言，「仁以為己任」是一「任重而道遠」之路，非有堅決意志無法成就。孔子亦不認為自身達到「仁」的標準，其言：「若聖與仁，則吾豈敢？」（〈述而〉）又言「君子道者三，我無能焉」，認為達不到「仁者不憂」的修為〔註110〕（〈憲問〉）。此自是孔子的謙詞。但從孔子弟子好學之顏淵觀之，〔註111〕欲終生踐仁是頗為困難的。

　　　　子曰：「回也，其心三月不違仁；其餘，則日月至焉而已矣。」（〈雍也〉）

〔註108〕《四書集注・論語衛靈公》之「子曰當仁」條下，頁112。

〔註109〕孔子所憂者，僅在「德之不修，學之不講，聞義不能徙，不善不能改」這類進德修業之上，唯恐自身無法達至完滿之境。正因為孔子所憂的是進德修業之道，而非個人生命中的豁達或困頓，所以稱「君子憂道不憂貧」（〈衛靈公〉）。

〔註110〕子曰：「君子道者三，我無能焉：仁者不憂，知者不惑，勇者不懼。」子貢曰：「夫子自道也！」

〔註111〕如〈雍也〉：「哀公問：弟子孰為好學？孔子對曰：有顏回者好學，不遷怒，不貳過。不幸短命死矣！今也則亡，未聞好學者也。」〈先進〉：「季康子問：弟子孰為好學？孔子對曰：有顏回者好學，不幸短命死矣！今也則亡。」

「心」可「違仁」，所以人是可能「不仁」的，如孔子批評宰我，故有「人而不仁」（〈八佾〉）之語。既然人可違「仁」，因此「仁」不可能是與生即具的事實，也不是潛藏於人心之內的某種特質。然而，如前所述，孔子視「仁」為人文品質的高貴狀態，但人人皆有能力實踐之，條件是「為仁由己」，故得「用力於仁」、「志於仁」。因此，是否展現「仁」，最重要關鍵還是在於人自身是否具備意願之上。而欲長久實現「仁」，更需有弘毅的意志般才行，如同顏淵「三月不違仁」。職是之故，對於將「仁」視為人天生即具的內在本質這種說法，在《論語》中恐怕是無法成立的。〔註112〕總之，實踐「仁」並不困難，只在於當事人有無此意願為之而已。孔子說：

> 夫仁者，己欲立而立人，己欲達而達人。能近取譬，可謂仁之方也已。（〈雍也〉）

這話是子貢問「如有博施於民而能濟眾，何如？可謂仁乎？」孔子回應「何事於仁，必也聖乎！堯、舜其猶病諸」，爾後接著對「仁」的解釋。換言之，「博施於民而能濟眾」是「聖」者之事，「仁」所顯現的事功沒那麼大。「仁」之方是「能近取譬」，用心於此，由近及遠，自己得立能達，推之使他人亦得立能達。因此，「仁」的踐履是從自身做起的；所以說，人文品質的建立亦由自身起始。而教化之功則需日積月累，乃一艱鉅事業，無法速見其效。故孔子明白地宣稱：

> 如有王者，必世而後仁。（〈子路〉）

> 善人為邦百年，亦可以勝殘去殺矣。（〈子路〉）

此亦是仁者任重道遠處。

綜上所述，孔子所稱言的「仁」，確實如阮元所提出的「凡仁，必於身所行者驗之而始見，亦必有二人而仁乃見，若一人閉戶齊居，瞑目靜坐，雖有德理在心，終不得指為聖門所謂之仁矣」。孔子答覆弟子問「仁」，並未予以特定答案，但內容都是圍繞人在世間立身行世的態度以及對實際事務的處理上予以論說的。孔子視「仁」為人文品質的極高成就，此從孔子自謙以及不輕易許人即可得證。不過，孔子認為「仁」人人都有能力企達，一在於自身

〔註112〕例如徐復觀言：「孔子實際是以仁為人生而即有。」見《中國人性論史・先秦篇》，頁98；蔡仁厚亦如是看法，《孔孟荀哲學》，頁39。這種說法，普遍為時人接受。傅佩榮在注解〈里仁〉「子曰我未見好仁者」章時便已指出：「『用力於仁』，這種說法肯定了以下兩點：一、仁不是人天生就有的德行；二、仁是人努力以赴就可以達成的。」見《論語》，頁76。

是否具實踐「仁」之動機，二在於必有外顯的合宜行爲，以心之所向、意志的展現即可成就之。「仁」在這意義上，便具有深厚的平等精神。總之，「仁」不是一個客觀的認識對象，也不是指心中本具的德性。正是在這意義上，《論語》稱「子罕言仁」，因爲「仁」不是一套理論，僅是實踐而已。

討論至此，我們可說孔子所謂之「仁」，乃是就人間具體處世時所該有的態度與實踐方式予以論說的。事實上，人的一切舉止行徑均受「禮」的規範，由此顯示，孔子從「復禮」提出「啓仁」，其間具有某些理論創造上轉化的痕跡，似乎可看出孔子「復禮啓仁」的某種意義。欲瞭解這樣的意義，就必須明瞭「克己復禮爲仁」（〈顏淵〉）的意蘊爲何。

第三節　仁禮互攝──克己復禮爲仁

孔子論「禮」，旨在重返周文「貴賤不愆」的秩序之美，其意義有二，（1）人應明白自身及職分所在並承荷其所當負之責任，（2）秩序的展現即建基於人人皆有如是的自省與自持之上。孔子談爲政之「正名」、「孝悌」，意義均在於此。正是基於這個意義，孔子主張「爲國以禮」。然而，禮的崩壞在春秋以降已是無法挽回的局勢，必須以新理念取代「禮」，以維繫整個文化傳統於不墜，〔註113〕孔子於是提出了「仁」的概念。所以，談論孔子論「禮」，最重要的意義就顯現在「復禮啓仁」一義上。

依上節的討論，孔子之「仁」顯然是就人立身處世時該有之態度以及實踐方式予以論說的。「爲仁由己」，實踐「仁」之動機與意願即在人自身，而以意志彰顯實踐出合宜恰當的行爲。相較下，「仁」的實踐與「禮」之秩序所欲展現的精神十分相類。誠如傅佩榮先生所指出：

> 「仁」一向被視爲孔子最偉大的創作，但是進一步分析將可發現「仁」
> 正是「禮」之革新，或者更恰當地說，「仁」正是「禮」原先所是的
> 一切。在由「禮」到「仁」之歷史性轉換中，其文化理念是同一的。

〔註114〕

這個深具洞見的看法，爲我們提供探討《論語》中「仁」、「禮」關係的絕佳線索。本節所欲探討的焦點就是「仁禮互攝」這一課題。附帶一論，孔子以

〔註113〕傅佩榮，《儒道天論發微》，頁101。
〔註114〕全上，頁99。

「有教無類」(〈衛靈公〉)的教育觀——此與其倡言「復禮啓仁」密切相關，開創了人人皆能完型理想人格的儒家傳統，在「人文化成」的意義上，無疑具有畫時代的里程碑。

一、「克己復禮爲仁」

察《論語》中，「仁」、「禮」一同出現的章節僅有五章：

（甲）子曰：人而不仁，如禮何？人而不仁，如樂何？（〈八佾〉）

（乙）子曰：恭而無禮則勞，愼而無禮則葸，勇而無禮則亂，直而無禮則絞。君子篤於親，則民興於仁；故舊不遺，則民不偷。（〈泰伯〉）

（丙）顏淵問仁。〔註115〕子曰：克己復禮爲仁。一日克己復禮，天下歸仁焉。爲仁由己，而由人乎哉？顏淵曰：請問其目。子曰：非禮勿視，非禮勿聽，非禮勿言，非禮勿動。顏淵曰：回雖不敏，請事斯語矣！（〈顏淵〉）

（丁）子曰：知及之，仁不能守之，雖得之，必失之。知及之，仁能守之，不莊以蒞之，則民不敬。知及之，仁能守之，莊以蒞之，動之不以禮，未善也。（〈衛靈公〉）

（戊）宰我問：三年之喪，期已久矣。君子三年不爲禮，禮必壞；三年不爲樂，樂必崩。舊穀既沒，新穀既升，鑽燧改火，期可已矣。子曰：食夫稻，衣夫錦，於女安乎？曰：安。女安則爲之！夫君子之居喪，食旨不甘，聞樂不樂，居處不安，故不爲也。今女安，則爲之！宰我出。子曰：予之不仁也！子生三年，然後免於父母之懷。夫三年之喪，天下之通喪也。予也有三年之愛於其父母乎？（〈陽貨〉）

就（甲）而言，意指「不仁」之人，對於禮樂又能奈何？意指不仁之人無法彰顯禮樂當有的意義，至多只是行儀如度而已。是以此意決不可譯之如下：「人如果沒有仁心，即使有禮，又能怎麼辦呢？人如果沒有仁心，即使有樂，又能怎麼辦呢？」〔註116〕（乙）指出「恭、愼、勇、直」，若表現恰當即是美德，

〔註115〕《孟子·萬章上》引爲「顏淵問爲仁」。

〔註116〕謝冰瑩、李鍌、劉正浩、邱燮友編譯，《新譯四書讀本》，頁69。對此，楊伯

但若是過度或不及即為失德，故需以「禮」節制之，使「恭、慎、勇、直」不過與不及，保持於恰當地軌範中。（丁）文言「智、仁、莊」等德行表現，「動之不以禮，未善也」，可見「禮」之規範的重要。（戊）上節已見，重點是孔子對於宰我所言「安」感到莫可奈何，故斥其「不仁」。以上四章意義明顯，當無疑義。而（丙）「顏淵問仁」這一章，無疑是探討《論語》中「仁」、「禮」關係最重要的線索。文中的「視、聽、言、動」，表示一切行為舉止，行為舉止若是「非禮」則不可行，所以「禮」具指導的作用。〔註117〕孔子心中所希冀「貴賤不愆」的秩序無疑就是「禮」，「非禮」之行對之必然產生秩序的破壞。然這僅是表層地言說。深入地說，「復禮」決不是表面的行禮如儀，不是鐘鼓玉帛層面的合於禮制，而是透過儀文之表層，以掌握禮中之精義，所以孔子說：「禮云禮云！玉帛云乎哉？樂云樂云！鐘鼓云乎哉？」（〈陽貨〉）孔子樂觀地認為，在從「禮」的實踐中，外可保行為舉止的中節合度，內亦可引發心中的高貴情操。事實上，「仁」的實踐亦是如此。由此觀之，「克己復禮為仁」之意義為何便顯得至為重要。

　　對於「克己復禮」，朱熹注解顯然是將「克己」與「復禮」視為二事。其謂：

> 仁者，本心之全德。克，勝也。己，謂身之私欲也。復，反也。禮，天理之節文也。為仁者所以全其心之德也。蓋心之全德莫非天理，而欲亦不能不壞於人欲，故為人者必有以勝私欲而復於禮，則事皆天理，而本心之德復全於我矣。〔註118〕

此處亦引了朱熹對於「克己復禮為仁」之「仁」的見解。朱熹之意，乃以「天理」、「人欲」分別指涉「復禮」、「克己」，其預設人心中本具「仁」，指其為「本心之全德」，故當人勝私復於禮，所事所為皆合乎天理，因此本心之全德的「仁」就充塞於我而朗現。但問題是「心之全德」與「人欲」毫不相涉乎？程樹德先生認為朱熹於此有所成見，言「此章孔子明言復禮，並未言理。止言克己，並未言私欲。今硬將天理人欲四字塞入其內，便失聖人立言之旨」。〔註119〕這個

峻譯文稍近原意，但也不甚精確。其言：「做了人，卻不仁，怎樣來對待禮儀制度呢？做了人，卻不仁，怎樣來對待音樂呢？」見《論語譯注》，頁24。詳細討論，請參見本章註36，頁108。

〔註117〕陳大齊，《孔子學說》，頁144。

〔註118〕朱熹，《四書集注》，〈顏淵〉「顏淵問仁」章，頁77。

〔註119〕程樹德，《論語集釋》，卷二十四顏淵上，頁819。

批評無疑是正確的。進一步言，朱熹這樣的解說，會造成文句上理解的困難：假若人必須克制自身私欲以才能回復到禮（天理），回復禮方稱之「仁」，那麼何以顏淵「請問其目」時，孔子所答竟無一與克制私欲相關？況且，孔子強調「為仁由己，而由人乎哉」，此「己」指自身，何以短短數語，兩個「己」字字義相差如此之大？正是在這理解上，朱熹的解釋令人疑竇叢生。然而，朱熹的影響甚為深遠，時人論述多有從之者。〔註120〕因此，我們必須重新詳察。

「克己」一詞，馬融解為「約身」。〔註121〕如此說法，頗具合理性。《論語》中記載，季康子患盜，問於孔子。孔子說：「苟子之不欲，雖賞之不竊。」（〈顏淵〉）孔子又強調：「其身正，不令而行；其身不正，雖令不從。」（〈子路〉）「不欲」與「身正」無疑都是自我嚴格的要求。《左傳·昭公十二年》記載孔子聞楚靈王行為而受辱於乾谿，提出「古也有志：克己復禮，仁也」的評斷，認為楚靈王能依此言行事怎會受辱？就其文脈而言，意即是約束自己過度的妄尊自大而言說的。〔註122〕然而，自揚雄提出「勝己之私之謂克」後，加上爾後劉炫言：「克訓勝也，己謂身也。身有嗜慾，當以禮齊之，嗜慾與禮

〔註120〕例如吳康即做此說，見《孔孟荀哲學》（臺北：臺灣學生書局，1967年初版），頁301；唐君毅，《中國哲學原論·原道篇卷一》（香港：新亞研究所，1973年），頁94～96；徐復觀，《中國人性論史·先秦篇》，頁95；勞思光，《新編中國哲學史》，（一），頁121；諸此等等。

〔註121〕邢昺，《論語注疏》，語疏十二，頁1右。

〔註122〕楚靈王即位於魯昭公元年，此乃絞殺其君麇及其二子幕與平夏而奪位（《左傳·昭公元年》）。楚靈王即位前便多行不義，無端侵鄭（襄公二十六年），殺大司馬蒍掩而取其室（襄公三十年），故使叔向預測其「不義而彊，其斃必速」（昭公元年）。楚靈王即位後，行為舉止依然如舊，昭公四年無禮示諸侯侈（注：侈即汰，忘尊自大之意），椒舉諫之弗聽，更欲問鼎周室（昭公十二），昭公十三年，眾諸侯與國人乘其攻徐之際叛亂，靈王自知無法返國，自言「大福不再，祇取辱焉」，遂自縊於乾谿。孔子對此事的斷言見《左傳·昭公十二年》，楚靈王聽右尹子革諷〈祈招〉之詩仍不能自克，「饋不食，寢不寐，數日，不能自克，以及於難」。於是孔子評論說：「古也有志，克己復禮，仁也。信善哉！楚靈王若能如是，豈其辱於乾谿？」以是觀之，楚靈王之妄欲過度，違禮犯禁之事不止，「當時諸侯坐視其滔天稔惡，而莫敢興一旅問罪之師，又復援天以自解免，反助之逆，而共相推戴焉。使一時冠戴之國，滅者滅，遷者遷，以致欲盈氣憍，抵巇誣天，而謂是區區者之不予畀也」（高士奇，《左傳紀事本末·楚靈王之亂》）。若此，將「克己」解為「約身」是較為平述說法。而後言「克」為「能」，揆諸《尚書》用法自是甚多，如「克明德慎罰」（〈康誥〉），然《左傳》中的用法顯然是當抑制、約束的意味。但《論語》中所使用的意蘊似不僅此，恐是孔子賦予新的意蘊。詳見後文的討論。

義交戰，使禮義勝其嗜慾，身得復歸於禮，如是乃爲仁也。」〔註123〕理路上便導出朱熹「天理」與「人欲」絕對二分的結論，影響甚大。如此說法，自是過度詮釋，故而遭到清儒強烈地抨擊，紛紛提出「己」是「自己」而非「人欲」的講法，並將「克己」之義回歸到馬融所言的「約身」之上。以毛奇齡於《四書改錯》所言爲例：

> 馬融以約身爲克己，從來說如此。惟劉炫曰「克者，勝也」，此本揚子雲「勝己之私之謂克」語。然己不是私，必從「己」下添「之私」二字，原是不安。至程氏直以己爲私，稱曰「己，私致」，朱註謂「身之私欲」，別以「己」上添「身」字，而專以「己」字屬私欲，於是宋後字書皆注「己」作「私」，引論語「克己復禮」爲證，則誣甚矣。毋論字義無此，即以本文言，現有「爲仁由己」，「己」字在下，而一作「身」解，一作「私」解，其可通乎？且「克己」不是勝己私也。「克己復禮」本是成語，春秋昭十二年楚靈王聞祈招之詩竟不能自克，以及於難。夫子聞之嘆曰：「古也有志：克己復禮，仁也。楚靈王若能如是，豈其辱于乾谿。」是夫子既引此語以嘆楚靈，今又引以告顏子，雖此間無解，而在左傳則明有「不能自克」作「克己」對解。克者，約也、抑也。己者，自也。何嘗有己身私欲重煩戰勝之說？故春秋莊八年書「師還」，杜預以爲「善公克己復禮」，而後漢元和五年平望侯劉毅上書云「克己引愆，顯揚側陋」，謂能抑己以用人。即北史稱馮元興「卑身克己，人無恨者」，唐韓愈與馮宿書「故至此以來，克己自下」，直作「卑身」、「自下」解。若後漢陳仲弓誨盜曰：「觀君狀貌，不似惡人，宜深剋己反善。」別以「克」字作「剋」字，正以掊剋損削皆深自貶抑之義故云。則是約己自剋，不必戰勝，況可詁「私」字也。〔註124〕

西河先生所示已明，實無需再辯。戴震〔註125〕、凌廷堪〔註126〕、阮元〔註127〕、

〔註123〕邢昺疏引，《論語注疏》，語疏十二，頁 1 左。

〔註124〕毛奇齡，《四書改錯》，卷十八〈小詁大詁錯〉（上）「克己」條，頁 7 左～7 左。收於《續修四庫全書》（上海：上海古籍出版社，1995 年），第一六五冊。

〔註125〕戴震，《孟子字義疏證》卷下，「權」條。見《戴震全書》（合肥：黃山書社，1995 年），第六冊，頁 214。

〔註126〕見凌廷堪〈與阮中丞論克己書〉（戊辰年）乙文，收於《校禮堂文集》（臺北：中華書局，1998 年），卷二十五，頁 234～235。

〔註127〕見阮元〈論語論仁論〉乙文，《揅經室集》，一集卷八，頁 181。

陳澧〔註128〕等人均有是說。事實上，考《論語》對「己」字用法，即可證明朱熹對「克己」之「己」解爲「私欲」是不甚妥當的。凌廷堪言：

> 試即以論語「克己章」而論，下文云「爲仁由己，而由人乎哉」，人己對稱，正是鄭氏相人偶之說。若如集註所云，豈可曰爲仁由私欲乎？再以論語全書而論，如「不患人之不己知」（見學而及憲問篇。又里仁作「不患莫己知」，衛靈公作「不病人之不己知」。）

> 「夫仁者，己欲立而立人，己欲達而達人」，「己所不欲，勿施於人」（「仲弓問仁」、「子貢問一言」章皆有此語），「古之學者爲己，今之學者爲人」，「脩己以安人」，「君子求諸己，小人求諸人」，皆人己對稱。此外之己字，如「無友不如己者」，「人潔己以進」，「仁以爲己任」，「行己有恥」，「莫己知也」，「恭己正南面」，「以爲屬己」，「以爲謗己」，若作私欲解，則舉不可通矣。案左傳昭公十二年，仲尼曰：「古也有志，克己復禮，仁也。」而論語「克己復禮爲仁」，實出於此。馬氏之注以克己爲約身，此論最得經意。〔註129〕

《論語》中所用「己」字，皆指自身言，當無疑義。所以阮元說：「顏子『克己』，『己』字即『自己』之『己』，與下『爲仁由己』相同。……若以『克己』解爲私欲，則下文『爲仁由己』之『己』，斷不能再解爲私，而由己不由人反詰辭氣與上下文不相屬矣。」〔註130〕「己」指自己、自身，自無疑義。那麼，「克己」之「克」呢？前引毛奇齡、凌廷堪均訓「約」。對於「克己」，清儒大多採取馬融之見，訓爲「約身」。由於《左傳・昭公十二年》亦曾出現「克己復禮」一語，因此對之討論常引爲對《論語》的解釋。劉炫注解左氏此文爲「嗜欲與禮義交戰」，而爲邢昺轉注《論語》，對此，凌廷堪提出批評：

> 而邢明叔忽援劉光伯之言，謂嗜欲與禮義交戰，蓋剽襲春秋正義所述者。不知劉氏因左傳上文有「楚靈王不能自克」之語，故望文生義耳，與論語何涉？邢氏無端於注外旁及之，亦太憒憒。〔註131〕

劉寶楠亦提出批評：

> 爾雅釋詁「克，勝也」，又「勝，克也」，轉相訓。此訓「約」者，

〔註128〕陳澧，《東塾讀書記》（臺北：臺灣商務印書館，1965 年臺一版），頁 22。
〔註129〕凌廷堪〈與阮中丞論克己書〉（戊辰年），頁 234～238。
〔註130〕阮元〈論語論仁論〉，頁 181。
〔註131〕凌廷堪〈與阮中丞論克己書〉（戊辰年），頁 234。

引申之義。顏以言夫子博我以文、約我以禮，約如約束之約。約身，
猶言修身也。後漢書安帝紀「夙夜克己，憂心京京」，鄧皇后紀「接
撫同列，常克己以下之」，祭遵傳「克己奉公」，何敞傳「宜當克己
以疏四海之心」，凡言「克己」皆如「約身」之訓。法言謂「勝己之
私之謂克」，此又一義。劉炫援以解左傳「克己復禮」之文，意指楚
靈王多嗜慾、誇功伐而言，乃邢疏即援以解論語，朱子集注又直訓
「己」爲「私」，並失之矣。〔註132〕

劉氏認爲，「克」、「勝」互訓，是爲古意，訓「約」爲引申義，考《論語》、《後
漢書》，凡言「克己」皆爲「約身」。但自揚雄提出勝己之私，以迄朱熹直將
「己」視爲私欲，這點劉寶楠認爲是解釋失當的。之所以如此，凌、劉均認
爲是因邢昺引劉炫注《左傳》「克己復禮」之文的「嗜欲與禮義交戰」爲據解
說《論語》之故，凌廷堪更直言「與《論語》何涉」？因此「克己」當訓爲
「約身」，這亦是大多數清儒的意見。

　　然而，「克」亦能訓「能」，如《尚書》所言之「允恭克讓」、「克明俊德」
〔註133〕（〈堯典〉）等。能不能拿來解釋《論語》「克己復禮」之「克」字呢？
馮友蘭先生曾說：

「克」字有兩個意義，一個是「勝」，一個是「能」。孔子所說的「克
己」的「克」字是「勝」的意思。《左傳》……孔子引楚靈王的事例
作爲說明。這個事例也就是「克己復禮」的注解；「克己」就是「勝
己」；「楚靈王不能自克」，就是不能自勝。這是孔子自己對于「克己」
所作的注解。至少也可以說，這是「克己」的最早注解。……歷來
經學家對於「克己」的「克」都解釋爲「勝」。明清以後才有人翻案，
認爲「克己」的「克」字是「能」的意思。……作爲對于《論語》
的解釋，則是不正確的。因爲這與孔子自己的或最早的解釋不合。
這樣的解釋也與文法不合。作爲「能」字解的「克」字後面必跟有
動詞，例如「克明峻德」、「克昌厥後」，如果後面沒有動詞，就不能
成一句話。如果「克己」的「克」字作「能」字解，「克己」就是「能
己」；這不成一句話。這樣的解釋也跟下文不合。下文「非禮勿視」

〔註132〕劉寶楠，《論語正義》，卷十五顏淵第十二，頁262。
〔註133〕見孔安國注，《尚書正義》（臺北：藍燈文化事業公司，十三經注疏，重刊宋
　　　　本尚書注疏附校勘記），書疏二，頁6左、7左。

等四者句，講「復禮」也是講對自己的節制，正是「克己復禮」的詳細節目。若「克己」的意思是「能己」，則這四句只是與「復禮」有關了。「爲仁由己」一句是說「爲仁」主要是靠自己的努力，不能靠別人幫助。〔註134〕

倘若馮說可信，加諸多數清儒考證「克己」之「克」乃爲「勝」意，引申爲「約」，故「克己」意爲「約身」，亦當僅有此解才是。〔註135〕然而，馮說不見得完全成立。其一，馮先生之說乃建基於「仁」、「禮」是內容與規範的關係之上，〔註136〕亦即內外關係之上，如是認知恐怕是有疑義的（深入探討，詳見文後）。其二，「克」加動詞固然訓爲「能」，但「克」加上一個片語或一個子句，亦得解釋爲「能」。例如前引之「『克』明俊德」，或如《尙書·盤庚》言「矧曰其『克』從先王之烈」，〈大誥〉之「『克』綏受茲命」等等。正是在這意義下，「『克』己復禮」是可以言詮的。俞樾於《群經平議》對「克己復禮爲仁」一段作了以下的論述：

> 孔注訓「克」爲「能」，是也。此當以「己復禮」三字連文。「己復禮」者，「身復禮」也，謂身歸復於禮也。能身復禮，即爲仁矣，故曰「克己復禮爲仁」下文曰「一日克己復禮，天下歸仁焉。爲仁由己，而由人乎哉」！必如孔注然後文義一貫。孔子之意以己與人對，不以己與禮對也。正義不能申明孔注，而漫引劉說以申馬約身之義，而經義遂晦矣！昭十二年左傳因楚靈王不能自克，而引仲尼曰：「古也有志，克己復禮，仁也。」信善哉！則訓克爲勝。左氏晚出，先儒致疑，凡此之類皆不足據。〔註137〕

如此觀之，「克己復禮」之「克」字，亦能解釋爲「能」，文義亦順。至於《左傳》所載，依俞氏認爲，乃爲晚出，不當以之爲據解釋《論語》，對此斷語恐需再加討論，因爲即使後出之見仍可能是解釋前書之意的。不過，俞氏對於

〔註134〕馮友蘭，《中國哲學史新編》（北京：人民出版社，1964 年第二版），第一冊「殷周至戰國」（修訂本），〈孔子和初期儒家〉附注4，頁 138～139。

〔註135〕在香港《二十一世紀雙月刊》喧擾一時的「克己復禮」之辯（1991 年 12 月～1992 年 10 月），何炳棣即認爲「克己」的「克」字僅能解釋「克制」、「抑制」、「約束」，而不應像杜維明解釋爲「修身」，論述頗爲激烈。唯文中牽涉人身攻擊處甚多，是不完滿處。

〔註136〕仝註131，頁 112～114。

〔註137〕俞樾，《群經平議》三十一，收於王先謙編之《皇清經解續編》（臺北：藝文印書館，1964 年），卷千三百九十二，頁 6 右。

「『克』己復禮」的說法頗值得注意。

　　既然「克己」之「克」字有「約」及「能」二解，何解較佳，自得統觀原文全句。「克己復禮」之「復禮」，「復，反也。身能反禮，則爲仁也。」〔註138〕反於禮，此指自身返於周禮無疑，自當不僅是符合儀文數度而已，否則孔子何需「入太廟，每事問」（〈八佾〉）？所問自是何以要如此行禮，其意義何在。因此，「己復禮」的意義顯得十分重要，因爲其讓自身瞭解到周文之禮不是外在權威，而是符應人心得以引發心志、展現出高貴的情操，人文品質可由之提升。如此說來，「克己復禮」應是一事而非兩橛。傅佩榮先生說得好：

　　　克己復禮：這四個字不能分兩段說，而是一氣呵成，否則己與禮互

　　　相對立，難免淪爲性惡之說或以禮爲外加於人的觀點。這句話是指：

　　　人應該自覺而自願，自立而自動，去實踐禮的要求。〔註139〕

「淪於性惡之說」自指荀子言，「以禮爲外加於人的觀點」乃指依朱熹理路而下所產生的禮外仁內說。的確，人與禮不應處於互相對立的狀況，因此「克己復禮」是一事，是爲「『克』己復禮」，文後的「非禮勿視、聽、言、動」四目的意義亦在於此。若此，「克己復禮爲仁」一語，當指「克己復禮」就是「爲仁」。「克己復禮爲仁」的意蘊，依前「克」字有二解，可以分別解釋爲：「約束自身使自己主動返復於禮的軌範之中，這就是實踐仁了。」〔註140〕抑或是：「能夠使自己回復到禮之中，這就是仁了。」〔註141〕兩者差異，在於前者消極而內傾，後者積極而主動。若考量「欲仁斯至」的道德自覺，以及下文「爲仁由己，而由人乎哉」的主動意願來看，將「克」訓爲「能」似乎比訓爲「約」，更能將「仁」或「禮」的實踐意義表顯出來，所以說「人應該自覺而自願，自立而自動，去實踐禮的要求」。因爲一個人若能主動地使自己回復到完美之「禮」的要求中，當不只是符合禮制的規範而已，必然是因其心的認知與感受而願意彰顯出「禮」所規範的精神意蘊，是以對於「非禮」之事定然不做，這就是行「仁」了。所以我們可說，「克己復禮」就是「爲仁」。對此，我們稱爲「復禮啓仁」。反之，行禮如儀未必是仁。正由於「復禮」足

〔註138〕見孔疏，《四書集註・論語顏淵》之「克己復禮爲仁」條下。

〔註139〕傅佩榮，《論語》，頁292。

〔註140〕楊國榮，《善的歷程——儒家價值體係的衍化及其現代轉換》（上海：上海人民出版社，1994年），頁27；徐復觀，《中國人性論史・先秦篇》，頁95等，類有此說。

〔註141〕何保中，《由天人之際論先秦儒家思想的傳承與演變》，頁126。

以「啓仁」，所以孔子教導顏淵「非禮勿視，非禮勿聽，非禮勿言，非禮勿動」，生活上的一切行爲舉止均必須符合禮的規範，藉由規範以體現出爲人之道。正是在這意義下，「仁」與「禮」是可視爲等同的，或者說「禮」與「仁」是一體之兩面，所以稱「仁禮互攝」。

那麼，對於「顏淵問仁」這章僅餘「一日克己復禮，天下歸仁焉」的問題。朱熹認爲：「一日克己復禮，則天下之人皆與其仁。」〔註142〕毛奇齡、劉寶楠承之，〔註143〕以楊伯峻的譯注爲例：「一旦做到了（指「克己復禮」），天下的人都會稱許你是仁人。」〔註144〕由此可知，孔子開創了一個嶄新的教育理念——「反求諸己」；「爲仁由己，而由人乎哉」，「我欲仁斯仁至矣」。同理，爲「禮」亦由己，欲「禮」、斯「禮」亦至。

二、「禮」與「仁」之關係

在討論孔子「反求諸己」的教育理念前，我們猶需處理「禮」與「仁」的眞正關係爲何。在本章第一節中，我們在孔子重返周文之禮的精神中指出，「禮」不只是玉帛鐘鼓的文飾，而是人深入儀文數度展現出某種人文品質，故「禮」包含某種的精神實質，對此，無論從「正名」、「孝悌」，或是「國之大事」之「祀」與「戎」查考研析，「禮」的實質精神均指向應往「人」自己本身尋覓。在第二節中，我們探討了孔子對「仁」的見解，指出「仁」是就人間具體處世時所當有的態度以及實踐方式予以論說的，同時也標示著「仁」的完滿實踐是高尚人文品質的顯現。就完滿實踐的意義言，「禮」與「仁」無疑關係密切。從「克己復禮爲仁」的探討，我們提出其意義在於「復禮啓仁」，更進一步言，「仁」的實踐事實上就是「禮」的完成，因此我們稱「仁禮互攝」。對此，猶需加以證明。

首先，讓我們看看頗富影響的說法。一是「攝禮歸仁」、「攝禮歸義」之說。此爲勞思光先生於《新編中國哲學史》中所提出的。對於「攝禮歸義」說，其引述〈衛靈公〉之語：「子曰：君子義以爲質，禮以行之，遜以出之，

〔註142〕《四書集註‧論語顏淵》之「顏淵問仁」條下，頁 77。
〔註143〕毛奇齡說：「歸仁即稱仁，與上句爲仁『爲』字同。禮記哀公問『君子也者，人之成名也。百姓歸之名』，謂之則百姓之歸，亦祇名謂之義，此眞善于釋歸字者。」見《論語稽求篇》，收於《皇清經解》，卷一百八十一，頁 5 右；劉寶楠說，見《論語正義》，卷十五顏淵第十二，頁 262。
〔註144〕楊伯峻，《論語譯注》，頁 123。

信以成之，君子哉！」認爲「義以爲質，禮以行之」二句，「即攝禮歸義之理論」。勞先生的論據如下：

> 「質」即「實」，以現代語說即表「實質」，「禮以行之」，即以禮爲「行義」者。換言之，禮依於義而成立；「義」是「禮」之實質，「禮」是「義」之表現。於是，一切儀文，整個生活秩序，皆以「正當性」或「理」爲其基礎。人所以要有生活秩序，所以大則有秩度，小則有儀文，皆因人要求實現「正當」。換言之，一切習俗傳統，不是「禮」之眞基礎，而要求正當之意識方是「禮」之眞基礎。至此，一切歷史事實，社會事實，心理及生理方面之事實，本身皆不提供價值標準；自覺之意識爲價值標準之唯一根源。人之自覺之地位，陡然顯出，儒學之初基於此亦開始建立。

> 孔子言「禮」，並未全廢儀文；但孔子不以爲儀文即足以代表禮；「禮」之末節固是儀文，但禮之本義不在此末節中。故孔子重視「禮之本」。……「禮之本」之第一意義，即指禮儀之分……但此種分別只是指出「秩序性」爲禮之本義，而儀文爲末節，尚未觸及「禮」之基礎問題。孔子由不重視儀文，進而表明儀文變改，應有理據，則即轉入「禮之基礎」之研究，而以「義」爲「禮」之實質，則是孔子所提之解答。「禮」之本義爲一生活秩序，故「禮」觀念即是「秩序性」觀念；一切秩序之具體內容（即儀文），可依「理」而予以改變，故不必拘守傳統，亦不必順流從俗。而此一「理」即孔子所說的「義」。「禮」之基礎即在此。〔註145〕

勞先生的說法可歸納爲：（1）「義以爲質，禮以行之」，此爲「攝禮歸義」的佐據。（2）「義」指正當的生活秩序，意稱爲「理」，「禮」之基礎即此。（3）其價值標準是人之自覺意識，是唯一根源。針對此，首先「義以爲質，禮以行之」一段恐怕無法解釋爲「攝禮歸義」。倘若孔子所言原文僅是「君子義以爲質，禮以行之，君子哉」，勞先生之「攝禮歸義」說或能成立；然今之文句並不僅此。依此文意，乃指「君子」當遵循的原則與態度，即以「義」爲原則，以「禮」實行之，以「孫」談論之，以「信」完成之，以後面三個面向輔助「義」的實行，不使之偏離正道。一個人若能展現如是的軌範與態度，孔子因而贊嘆「君

〔註145〕勞思光，《新編中國哲學史》，（一），頁116、116～117。

子哉」。然而，勞先生斷章，將「義以爲質」視爲是「禮」的基礎，忘了人行義亦可能是不合於禮的。若依勞先生所解，「義」作爲「禮」的基礎，依文意，同時亦當將「義」作爲「孫」與「信」的基礎，那麼「禮」、「孫」、「信」之間關聯必須作一排序，然此勞先生並未予以交代。由此分析，《論語》本章之意，當非勞先生所以爲的「禮」之實質是「義」，因爲此處僅僅指出君子當以「義」（合宜的）爲處世的原則，〔註146〕而以「禮」的方式實行它，以謙遜及信實的態度言說、完成它，因此無法反證「義」是「禮」的基礎。

按勞先生此見或是承續程頤而來。程頤言：「義以爲質，如質幹然，禮行此，孫出此，信成此，此四句只是一事，以義爲本。」〔註147〕「以義爲本」固然無誤，然加上「此四句只是一事，以義爲本」，可能誤導後人理解的方向。回到《論語》原文，即使如阮元校勘所稱「君子義以爲質」的「君子」是衍文，〔註148〕主詞仍指涉「人」本身，也就是說做到「義、禮、孫、信」者是爲「君子」。所以，勞先生「攝禮歸義」的說法恐當予以避之。〔註149〕其次，「禮」固然要求「秩序性」（理），孔子亦認爲儀文表現依時依地必當有所取捨，主則以恭敬哀戚之心爲主，奢易儉戚之別、從眾違眾之際，孔子認爲有一定標準，〔註150〕這標準固然可稱爲「義」（合宜的），然不可斷以爲據，認

〔註146〕如〈陽貨〉亦言：「君子義以爲上。」〈里仁〉也言：「君子之於天下也，無適也，無莫也，義之與比。」均指出君子當以「義」爲處世的原則。

〔註147〕朱熹引，《四書集註・論語衛靈公》之「子曰君子義以爲質」條下，頁109。

〔註148〕見《論語注疏》，語疏卷十五校勘記，頁5右。

〔註149〕陳大齊認爲禮義相爲表裏，恐亦是就此而來，見《孔子學說》，頁160～161。唯其二引《左傳》之文爲據，必須予以說明。按成二年：「仲尼聞之曰：……名以出信，信以守器，器以藏禮。禮以行義，義以生利，利以平民，政之大節也。……」此乃評衛齊之戰，衛敗，因新築大夫仲叔于奚援救，衛國卿孫桓子（孫良夫）免於被虜。戰畢，衛人予以邑賞仲叔于奚，奚辭，而要求以「曲縣繁纓」（曲縣爲諸侯樂器；繁纓是馬上的裝飾，亦爲諸侯所用）朝見衛君，而衛君竟也答應。孔子故有是評。因此，「禮以行義」是指用禮施行正確的事情，也就是說「義」無禮之規範，行之恐偏。如衛君當應賞賜仲叔于奚之功，但不應允諾以「曲縣繁纓」朝見。旨在指出「以禮爲國」之要。另僖二十八年所言之「禮以行義」，乃因諸侯圍許，晉侯生病，曹伯豎佞賄賂筮史，而爲筮史所言，爲的是使曹伯恢復諸侯盟會地位，是時爲冬，當年春晉入曹。而此所爲「禮以行義」，其內容指前齊桓會盟而封異姓，今晉文會盟滅同姓，是不合禮的。意亦指「以禮治國」之要。是以「禮以行義」，意即用禮以行義，但不可說「表示了禮所表現的、除義以外，別無其他事」。再者，《左傳》所言，與《論語》此處所出，當無關聯。

〔註150〕請參見本章第一節的探討，頁117。

爲「自覺之意識爲價值標準之唯一根源」，因「自覺意識」於此並無清楚佐據。
依此文，毋寧說是人認知到完滿「義、禮、遜、信」的實踐是成爲君子的條
件。總之，孔子固然認爲儀度改變當有理據，但此理據並非勞先生所陳述的
「義」，而且所引據的〈衛靈公〉一文恐怕也無法爲其說加以佐證。因此，對
於「攝禮歸義」之說當予以保留。

　　此外，對於「攝禮歸仁」一說，勞思光先生指出：

> 「仁」是自覺之境界，「義」則是此自覺之發用。能立公心者，在實
> 踐中必求正當。此所以「仁」是「義」之基礎，「義」是「仁」之顯
> 現。「義」之依於「仁」，猶「禮」之依於「義」。
>
> 禮以義爲其實質，義又以仁爲其基礎。此是理論程序；人由守禮而
> 養成「求正當」之意志，即由此一意志喚起「公心」，此是實踐程序。
> 就理論程序講，「義」之地位甚爲明顯；就實踐程序講，則禮義相連，
> 不能分別實踐。故孔子論實踐程序時，即由「仁」而直說到「禮」。
>
> 說「禮」亦需歸於「仁」。八佾：「子曰，人而不仁，如禮何？人而
> 不仁，如樂何？」案：此即「仁」爲「禮」之基礎，蓋若無公心，
> 則不能建立秩序；因秩序依於正當性，求正當則依於公心。〔註151〕

前已證明「禮」依於「義」之說恐怕是無法證成的，那麼「義」依於「仁」
呢？勞先生將「仁」、「義」關係置於自覺之體用上，但此爲理學說法，並非
孔子原意。而「仁」在《論語》中決非「公心」、亦非「自覺境界」可解。勞
氏引〈八佾〉之文，證「仁」是「禮」的基礎，然此文意乃指「不仁」之人
施行禮樂並無法展現其精神實質，但依然能依儀文數度表現禮文；反之，「仁」
者不但能施行禮樂文飾，更能顯出禮樂內在的精神意蘊。所以，〈八佾〉之文
並未指出「仁」、「禮」的次序關係，僅有彼此的對應關係。如此觀之，勞先
生所言「攝禮歸仁」能否成立，猶需加以佐證。

　　余英時先生亦曾對孔子之「仁」與「禮」的關係提出說明，其言：

> 孔子論「文質彬彬」是和他所持的中心理論——「仁」與「禮」互
> 相貫通的。「顏淵」篇（按指「顏淵問仁」章）……孔子曾稱讚顏淵
> 「其心三月不違仁」（「雍也」。按「三月」之「三」是虛數，僅言其
> 多。）所以他的答顏淵問「仁」，與答其他弟子者……不同，不涉及

―――――――――――――――――――

〔註151〕勞思光，《新編中國哲學史》，（一），頁120、121。

「仁」的內涵，而強調實踐「仁」的方式——「禮」。這是孔子對一個「質」已有餘而「文」或不足的弟子的特別教導。「君子」的本質是「仁」，這一點孔子曾有明白的陳述：「君子去仁，惡乎成名？君子無終食之間違仁，造次必於是，顛沛必於是。」（「里仁」）孔子又說：「君子義以爲質，禮以行之，孫以出之，信以成之。君子哉！」（「衛靈公」）此處「義以爲質，禮以行之」一語透露出「仁」與「禮」二者在君子的實踐中決不能分開。〔論語〕中雖未明言「仁」與「義」是何種關係，但我們大致可以把「義」看作「仁」的發用）即〔孟子〕「盡心下」所謂「居仁由義」。）所以，比較全面地看，孔子理想中的「君子」是以內心的「仁」爲根本而同時在外在的行爲方面又完全合乎「禮」的人。「仁」固然必須通過「禮」而表現出來，然而「禮」若不以「仁」爲依據則也失去其所以爲「禮」之意。故曰：「人而不仁，如禮何？人而不仁，如樂何？」（「八佾」）又曰：「禮云禮云，玉帛云乎哉？樂云樂云，鐘鼓云乎哉？」（「陽貨」）〔註152〕

余先生此段敘述有幾個疑點：（1）論顏淵是「『質』已有餘而『文』或不足的弟子的特別教導」，依余先生自言「『質』則指人的樸實本性」，〔註153〕如此之「質」怎會有餘之問題？是否此「質」與文質之「質」有所不同？（2）孔子回答顏淵問「仁」，固是強調實踐方式，但孔子對其他弟子所答難道不是實踐「仁」的方式？例如對仲弓言「出門如見大賓，使民如承大祭」（〈顏淵〉）、對樊遲言「居處恭，執事敬，與人忠」（〈子路〉）、對子貢言「居是邦也，事其大夫之賢者，友其士之仁者」（〈衛靈公〉），何以稱孔子答顏淵「不涉及『仁』的內涵」，那麼意指孔子回答其他弟子問「仁」都涉及「仁」的內涵，而「仁」的內涵爲何，余先生在此並未加以解答。（3）余先生將「仁」視爲君子的本質，所據爲「君子去仁，惡乎成名」，然則此文僅在意指去仁之君子，以什麼名命之？也就是說雖爲君子，但名實不符。余先生或恐忘了孔子曾明白指出「君子而不仁者有矣夫」（〈憲問〉）的話，除非「君子」一詞有歧意，但文中似未予判別。又以「仁」作爲君子之本質，那麼於《論語》中便有許多難解

〔註152〕余英時，〈儒家「君子」的理想〉，原刊香港《明報月刊》第二十卷第十一期，收於《中國思想傳統的現代詮釋》（臺北：聯經出版事業公司，1987年），頁150～151。

〔註153〕仝上，頁150。

之處，例如何以「心」可以「違仁」。（4）余先生同勞先生一樣，斷章「義以爲質，禮以行之」，余先生以之證明「仁」、「禮」關係是內外的，如前討論，恐怕不是此章原意。此外，既然《論語》中未明言「仁」與「義」是何種關係，而引《孟子》「居仁由義」比類，言「我們大致可以把『義』看作『仁』的發用」，但未能提出進一步佐據明之；況且，孟子所言之「仁」、「義」，恐非一事不同之狀態可解。〔註154〕因此，余先生對於孔子之「仁」、「禮」關係的說明，我們亦當加以保留。

　　既然上述說法皆有疑義，那麼孔子對「仁」、「禮」的關係究竟是如何界定呢？傅佩榮先生認爲「禮與仁的關係是重疊的而非對立的」，〔註155〕提出「孝」作爲兩者之間的具體關係之例。〔註156〕這個說法，由我們先前的探討，應是可以成立的。就「孝」這一面向言，孔子曾強調對於父母「生，事之以禮；死，葬之以禮，祭之以禮」，「孝」當以「禮」之軌範爲據，故孟懿子問孝，孔子答以「無違」，意即無違於「禮」。「孝」與「仁」之關係，有子曾謂「孝弟也者，其爲仁之本與」，孔子並以宰我無意願行三年之喪而找理由毀棄之，無奈地斥之爲「不仁」，顯見「禮」、「仁」在「孝」這一面向是同一的。事實上，「爲政」亦是一個明顯的面向。孔子對「禮」首在強調「正名」，以喚起人對身分、職務之責任的承擔，人人有此自省與自持，周禮貴賤不愆的秩序自然呈顯，所以主張「爲國以禮」。「仁」，則可從「舉直錯諸枉，能使枉者直」這「知人」角度切入，因爲「知人」才是「愛人」，才是「仁」。知人是否直、枉，此爲上位者之責，是責任承荷所在。能否提拔正直之人取代曲枉之人，使曲枉者有所自省，對所有人而言便是愛人。因此，孔子所述之「禮」、「仁」是彼此互攝的。

　　美國漢學家芬加雷(Herbert Fingarette)氏亦見及切要，其言：「對孔子而言，神聖的禮統合、貫穿人生的一切面向。」但「禮和仁是一體之兩面」，「仁」是人與人之間關係的緊密聯結，其意是「透過禮的具體形式表達相互信任與

〔註154〕孟子曰：「自暴者，不可與有言也；自棄者，不可與有爲也。言非禮義，謂之自暴也；吾身不能居仁由義，謂之自棄也。仁，人之安宅也；義，人之正路也。曠安宅而弗居，舍正路而不由，哀哉！」（〈離婁上〉）又孟子明言「仁之於父子也，義之於君臣也」（〈盡心下〉），故「仁」、「義」當是二事，而非一事不同的狀態。

〔註155〕傅佩榮，《儒道天論發微》，頁104。

〔註156〕仝上，頁105。

尊重」。〔註157〕這個說法是中肯的。但是，芬加雷氏卻認爲孔子之「禮」是一「魔術的力量」(magical power)，以爲是特殊人所具備之力量，通過特定的儀式(ritual)、姿態或表情(gesture)、言語(incantation)，而不必費力，也不需要策略、手段或步驟，即可實現其意志，達到令人驚異的效果；又言「仁」，「在《論語》中充滿了弔詭和神秘的意味」；〔註158〕諸此等等。如是理解，當是文化鴻溝所限，無需苛責。「禮」之效果固然驚人，但決非不需手段、步驟、不需努力即可達成。「『禮』只有在人的『實踐』中才有意義」，〔註159〕一則上位者需以身作則，如前引之「其身正，不令而行；其身不正，雖令不從」，二則教化之功乃需長久時間，如「善人爲邦百年，亦可以勝殘去殺矣」（〈子路〉），故實現「禮」的理想，其手段、策略、步驟是透過教育予以完成的。因此，芬加雷氏雖對孔子學思見及某些切要，但其理解與詮釋仍有限域。

「禮」在實踐中才有意義，「仁」何嘗不是如此？正如阮元所認爲：「凡仁，必於身所行者驗之而始見，亦必有二人而仁乃見。」〔註160〕因此，從實踐意義及實踐的面向（如「孝」、「爲政」）而言，孔子所論之「禮」、「仁」是互相重疊的，是爲「仁禮互攝」。但是，既然「禮」是富涵某種實質精神的完美制度，孔子爲何又提出「仁」的實踐，倡言「克己復禮」就是「爲仁」呢？對此，《論語》本身找不到佐據，選中「仁」這個理念之問題「很難有明確答案」，我們僅能如是推測：「『禮』之沒落，多少與它承擔了過多過重的傳統包袱有關。」〔註161〕僅管問題未能徹底解決，但決無法影響得出「仁」「禮」等同的結論。在這意義下，我們很難理解「『禮』觀念爲孔子學說之始點，但非孔子學說之理論中心」〔註162〕這樣的說法；同時我們也見不到「禮」與「仁」之間有何矛盾或緊張性。〔註163〕

〔註157〕Herbert Fingarette, *Confucius: the Secular as Sacred*, p.15, 42.

〔註158〕*Ibid.*, p3, 37.

〔註159〕傅佩榮，《儒道天論發微》，頁105。

〔註160〕阮元，〈論語論仁篇〉，頁176。

〔註161〕傅佩榮，《儒道天論發微》，頁102。對於「禮」所承擔的傳統包袱，見全書，頁100～101。

〔註162〕勞思光，《新編中國哲學史》，（一），頁109。

〔註163〕關於「禮」、「仁」之間具矛盾者，如馮友蘭，《中國哲學史新編》第一冊，頁149、157等。關於「禮」、「仁」之間具緊張性者，如杜維明〈「仁」與「禮」之間的創造緊張性〉乙文，收於《人性與自我修養》，頁3～20。

三、「反求諸己」的教育

最後，得討論孔子「反求諸己」的教育理念。孔子對於教育，嘗言：「自行束脩以上，吾未嘗無誨焉。」〔註164〕（〈述而〉）顯現其對教育的熱忱，而以「有教無類」（〈衛靈公〉）著稱。孔子對教育的重視，從〈子路〉篇中所載之「庶、富、教」可以得到佐證。

從之前的討論，「禮」或「仁」既然是人生應當予以實踐的方向，而且無論「禮」抑或是「仁」均不具後人所謂內在本質的意義，因此他們必定是後天學習而來的。我們已經指出，孔子對於人的事實究竟為何並未予以討論，他承認人有一些共通的現象，如愛好富貴、討厭貧賤，但欲得之或去除當以「道」（〈里仁〉）為之，「道」就是正確的道路。又說：「性相近也，習相遠也。」（〈陽貨〉）人的質性先天或許相近，但是經由後先學習差距便擴大了。因此對於「道」得加以學習，〈陽貨〉有言：「君子學道則愛人，小人學道則易使也。」所謂「道」，即如前述之「禮」或「仁」。孔子曾說：「古之學者為己，今之學者為人。」（〈憲問〉）「為己」乃指美化自身，「為人」乃欲使自己顯之於人。〔註165〕從「克己復禮」至「為仁由己」觀之，「禮」、「仁」的實踐均是美化自身，故孔子說「君子病無能焉，不病人之不己知也」（〈衛靈公〉）、「不患人之不己知，患不能也」（〈憲問〉）。所以，人應注意的是自身能力的培養，這能力包含道德修養，「躬自厚而薄責於人」（〈衛靈公〉）、「過則勿憚改」（〈學而〉、〈子罕〉）。孔子更強調人在困難時更應堅定人生方向，如「君子無終食之間違仁，造次必於是，顛沛必於是」（〈里仁〉），所以，「君子謀道不謀食」、「憂道不憂貧」（〈衛靈公〉）。在這意義下，「士志於道而恥惡衣惡食者，未足與議也」（〈里仁〉）。這就是孔子所謂的「反求諸己」。〔註166〕

對此猶需進一步解說。孔子曾言：「誰能出不由戶？何莫由斯道也！」（〈雍也〉）明白指出為人之道當如出門必由戶一樣，有一標準軌範，例如「子產有

〔註164〕朱熹謂：「脩，脯也。十脡為束。古者相見必執贄以為禮，束脩其至薄者。……但不知來學則無往教之禮，苟以禮來，則無不有以教之也。」見《四書集註‧論語述而》「子曰自行述脩」條下。黃式三《論語後案》則言：「自行束脩以上，謂十五以上能行束帶脩飾之禮。鄭君注如此，漢時相傳之師說也。」傅佩榮承此，見〈「束脩」與乾肉〉乙文，收於《儒家哲學新論》，頁318～326。

〔註165〕荀子曾言：「古之學者為己，今之學者為人。君子之學也以美其身，小人之學也以為禽犢。」見《荀子‧勸學》。《漢書‧桓榮傳論》：「孔子曰：古之學者為己，今之學者為人。為人者憑譽以顯揚，為己者因心以會道。」

〔註166〕〈衛靈公〉：子曰：「君子求諸己，小人求諸人。」

君子之道四」、「君子道者三」、「君子所貴乎道者三」。〔註167〕易言之,「道」有不同內容,譬如「道不同,不相為謀」(〈衛靈公〉),有「有道」、「無道」(〈泰伯〉)之分,因此必須有所選擇,正是這個意義,孔子謂「人能弘道,非道弘人」(〈衛靈公〉)。因此,人當「志於道」(〈述而〉)。「志」,即自身是否擁有學習意願之意,孔子自述「吾十有五而志於學」(〈為政〉),「十室之邑,必有忠信如丘者焉,不如丘之好學也」(〈公冶長〉)。「篤信好學,守死善道」(〈泰伯〉),「好學」,為的是堅守正確的人生之路。人生之路有多方的面向,但作為立志成為有德者的君子而言,更應準確如是的方向,故樊遲問學稼、學圃,孔子不予回應,對其他弟子則言:「上好禮,則民莫敢不敬;上好義,則民莫敢不服;上好信,則民莫敢不用情。夫如是,則四方之民襁負其子而至矣,焉用稼?」(見〈子路〉)孔子贊美顏淵「好學」,即因顏淵「不遷怒,不貳過」(〈雍也〉)。因此,為己之德性修養與德行表顯,乃是孔子所強調的「好學」正道。

好學不難,首在立志。孔子說:

> (甲)君子食無求飽,居無求安,敏於事而慎於言,就有道而正焉,可謂好學也已。(〈學而〉)

> (乙)弟子入則孝,出則悌,謹而信,汎愛眾,而親仁,行有餘力,則以學文。(〈學而〉)

(甲)言君子不講究食衣住行是否華美,心思當置於對大事的敏銳與對言論的謹慎,依正確方法以匡正自身,這就是「好學」。(乙)文指出「學文」乃末事,「文」泛指後天文飾與知識;但人生最重要的學習是孝、悌、愛、信、仁等。〔註168〕因此,孔子所言之「學」皆是反求個人自身,要求「學」、「思」並行,〔註169〕所以說「學而時習之」(〈學而〉),「學如不及,猶恐失之」(〈泰伯〉),諸此等等。所以,對於諸多德目,孔子認為亦自當不斷地學習,否則

〔註167〕〈公冶長〉:「子謂子產有君子之道四:其行己也恭,其事上也敬,其養民也惠,其使民也義。」〈憲問〉:「子曰:君子道者三,我無能焉:仁者不憂,知者不惑,勇者不懼。」〈泰伯〉:「曾子有疾,孟敬子問之。曾子言曰:鳥之將死,其鳴也哀;人之將死,其言也善。君子所貴乎道者三:動容貌,斯遠暴慢矣;正顏色,斯近信矣;出辭氣,斯遠鄙倍矣。籩豆之事,則有司存。」

〔註168〕子夏言:「賢賢易色,事父母能竭其力,事君能致其身,與朋友交言而有信;雖曰未學,吾必謂之學矣。」(〈學而〉)正是此意。

〔註169〕子曰:「學而不思則罔,思而不學則殆。」見〈為政〉。

會產生流弊：

> 子曰：由也，女聞「六言六蔽」矣乎？對曰：未也。居！吾語女。
> 好仁不好學，其蔽也愚；好知不好學，其蔽也蕩；好信不好學，其
> 蔽也賊；好直不好學，其蔽也絞；好勇不好學，其蔽也亂；好剛不
> 好學，其蔽也狂。(〈陽貨〉)

「仁、知、信、直、勇、剛」，恰當地表現即爲美德，但若好之而不學，則會
產生流弊。「好學」者，學「禮」是也。因爲「不學禮無以立」(〈季氏〉)。孔
子言：

> 恭而無禮則勞，愼而無禮則葸，勇而無禮則亂，直而無禮則絞。(〈泰
> 伯〉)

「恭、愼、勇、直」，若無「禮」節制之，亦會產生「勞、葸、亂、絞」之弊，
可見「禮」在孔子所謂學習中的地位十分重要。由是可知，「一日克己復禮，
天下歸仁焉」，倘若每個人都能如實地「克己復禮」，除天下之人稱述爲仁人
之外，天下之人亦將自然朝向「仁」予以實踐。如此思及孔子何以強調「導
之以政，齊之以禮，有恥且格」(〈爲政〉)，亦可思之過半矣。

　　綜合地說，「爲己之學」其旨固然在於美化自身，但藉由自身的德行與德
性開展，自能影響天下國家，所以說「一日克己復禮，天下歸仁焉」。此處有
個問題是，好仁會產生「愚」的流弊，顯然「仁」是不完滿的，前述論「禮」
是較爲完滿的，那麼如何可稱「仁禮互攝」、「禮」與「仁」是等同的呢？若
注意到孔子「禮云禮云，玉帛云乎哉」的話，僅有儀度文飾之「禮」亦是不
完滿的。言「禮」是較爲完滿的，乃意指禮之儀度與精神相得益彰，故在實
踐意義上，「禮」方有可能完善，「仁」亦是如此。

　　孔子教育所強調的目標是「有人文品質的君子」，〔註170〕人人努力均能
達致，而非要求人人達致「理想人格」的遙想。〔註171〕何以明之？因爲在《論
語》中可謂理想人格，唯「聖」可言，「如有博施於民而能濟眾」，此非「仁」
者之事，而是「聖」者之事，但「堯舜其猶病諸」，連古代聖王都做不到（參
見〈雍也〉），故可謂之理想。「君子」的德性化，則是人透過修養學習即能達

〔註170〕可參見余英時〈儒家「君子」的理想〉乙文，收於《中國思想傳統的現代詮
　　　　釋》。林義正〈論孔子的「君子」概念〉乙文，收於《孔子學說探微》。
〔註171〕陳大齊於《孔子學說》中立「理想的人格」一章，指出：「孔子所認爲理想人
　　　　格的、可說即是君子，孔子所期望大家養成的、亦可說君子的人格。」見頁
　　　　247。然則，既謂「理想」，即是難以達成者。

致,所以孔子曾說:「聖人,吾不得而見之矣,得見君子者斯可矣。」(〈述而〉)而欲成為一個具有德性的「君子」,孔子認為不難。其言:「君子恥其言而過其行。」(〈憲問〉)「君子於其所不知,蓋闕如也。」(〈子路〉)「君子……敏於事而慎於言。」(〈學而〉)是「為己之學」。因此,只要「博學於文,約之以禮,亦可以弗畔矣夫」(〈雍也〉、〈顏淵〉)。「博學於文,約之以禮」,文指外向的學習,禮指對己身學習的規約,此是內外兩進的作法,更顯出「文」「禮」是兩物。〔註172〕廣泛地學習文獻知識,以「禮」加以約束,就可不致於悖離正道了,這就是「君子」。孔子說:「質勝文則野,文勝質則史,文質彬彬,然後君子。」(〈雍也〉)君子是「文質」兼備,相得益彰。「彬」,指「份」,「文質備也」。〔註173〕故「文」、「質」為二事,但非指「禮」、「仁」,因為「文」、「禮」是二物。〔註174〕同時,「文質」亦非就「禮」本身而論,因其只是單純地指人的成德修為而言。〔註175〕

　　陳澧於《東塾讀書記》中曾言:「論語,所言皆禮也。」〔註176〕「禮」或許僅是孔子教育學生中的一面,但其重要性是一直為孔子所強調,「立於禮」(〈泰伯〉)、「不學禮無以立」(〈季氏〉)、「不知禮無以立也」(〈堯曰〉),因此欲立身於世,則必須學「禮」。孔子又言:「夫仁者,己欲立而立人,己欲達而達人。」(〈雍也〉)教育的宗旨亦在於立人、達人。又云:「苟志於仁矣,無惡也。」(〈里仁〉)在這意義下,「禮」、「仁」所呈顯的精義是等同的,依之而行,得成就為「有人文品質的君子」。

結　語

　　孔子對於「禮」的見解,從以上三節的探討可知,孔子「復禮啟仁」的

〔註172〕毛奇齡言:「博約是兩事,文禮是兩物。然與『博我以文,約我以禮』(按:指〈子罕〉「顏淵喟然歎曰」條) 不同,何也?彼之博約是以文禮博約回,此之博約是以禮約文,以約約博也。博在文,約文又在禮也。」見《論語稽求篇》,《皇清經解》,卷一百七十九,頁6左。對此,林義正有所闡釋,見《孔子學說探微》,頁9。

〔註173〕許慎,《說文解字》,說八上,頁1左。依《四部叢刊正編》第四冊 (臺北:臺灣商務印書館,1979年,上海涵芬樓借日本岩崎氏靜嘉堂藏北宋刊本)。

〔註174〕例如余英時認為「仁」為本質,因此文質彬彬之「文」乃指「禮」,以之界定「仁」、「禮」關係,見〈儒家「君子」的理想〉,頁150。

〔註175〕如劉寶楠,《論語正義》,卷七雍也第六,頁125。

〔註176〕陳澧,《東塾讀書記》,頁13。

意義，旨在指出人皆具有主動企求的能力。〔註177〕這樣的說法，不同於周代所謂「天命」是賦予某一類人，而人的德行是依天而行的。孔子的說法，提出「仁」是以人之意志凝煉爲出發，旨在彰顯做人品質的自我提昇，是以徒具形式之外儀決無法展現出禮的精蘊，與周文相較，顯然具有革命性的意義。這種以人人皆具之能力的論點，孔子曾以自身的學習過程做出一個陳述：「吾十有五而志於學，三十而立，四十不惑，五十而知天命，六十而耳順，〔註178〕七十從心所欲不踰矩。」（〈爲政〉）孔子從十五歲開始努力學習，一生不輟，每每到了某一階段即有新的人生驗證，因學習而瞭解到自立、無所疑惑，自知「天命」所在而努力實踐期使完成。其所凸顯的意義在於：（1）人皆有能力如此，（2）「天命」是人自身反省自己的生存意義而主動承載自我認知的使命。因此，孔子認爲學習是十分重要的。他說「性相近也，習相遠也」（〈陽貨〉），又說「好仁不好學，其蔽也愚」（〈陽貨〉）等等。孔子這種「爲己之學」的見解，以及對於學習的強調，便成爲爾後儒家學說的特色，引領出儒家對於教育方法與目的的見解。

　　然而，在我們的探討中，「禮」具有較爲完滿的特性卻不具如天地般的恆常性，這點與《左傳》指出的並不相類。《左傳》認爲「禮」出於「天」，文公五年季文子言「禮以順天，天之道也」，不順天必亡，因此不循禮亦必亡。昭公二十六年更將「禮」與天地並列。這樣說法，《尚書》亦曾出現，〈皋陶謨〉即云：「天秩有禮，自我五禮有庸哉！」然而，這樣的論述，《論語》中找不到蛛絲馬跡，是否與夫子「不言天道」有關？不可得知。即使強解，孔子曾謂「天生德於予，桓魋其如予何」（〈述而〉），又言「天」未喪周文，「匡人其如予何」（〈子罕〉），孔子似乎認定某些事物是「天」在主導，「德」即是其一。但此話當是孔子的情感傾訴，並非理性判斷的斷言。〔註179〕是以欲將

〔註177〕徐復觀認爲：「孔子是以仁爲人生而即有，先天所有的人性。」見《中國人性論史‧先秦篇》，頁 98。當是過度的推論。對此，牟宗三先生的見解較爲中肯，其言：「孔子並不把仁當作一個概念來下定義，也不是從文字上來訓詁，他是從你的生活來指點，當下從心安不安來指點仁。這就不是用知識的態度來講仁。」見《中國哲學十九講》（臺北：臺灣學生書局，1983 年），頁 48。除對「當下從心安不安來指點仁」這點，筆者認爲猶需討論外，大體是無誤的。

〔註178〕傅佩榮認爲「耳」字爲衍文，見《儒家哲學新論》，頁 143、327 起。林義正亦主此說，見《孔子學說探微》，頁 28、93。

〔註179〕陳大齊即作此說，見《孔子學說》，頁 111～2。

「禮」、「仁」與「天」接上關係，恐需有其他例證。其次，文中指出幾點見解不同時賢所見，論據均於文中膽出，無需再述。或有不足，或有未見之處，猶待檢證。

總結本章所述，孔子認為周文之「禮」是較為完善的制度，而其實質精神是「仁」，能開顯出「仁」或實踐出「禮」，那便是為人之道，所以孔子論「禮」，兼具了社會性（就制度面言）、道德性（就「仁」之道德自覺言）與宗教性（就自我使命感言）諸種意義，此即是其所闡釋之「禮」的人文精神。依此，我們可以看出孔子對於周文繼承與創新的意義：（1）其將富含貴族性質的階級性禮教〔註 180〕賦予全天下之人，使「禮」成為宗教意識、政治統御及倫理道德三合一之人文精神更形明顯；（2）「為仁由己，而由人乎哉」的道德自覺，標示了先秦儒學走向人生實情的探索之路上（例如人心具有何樣的內容、什麼是人性等等）；（3）立基於上述二點之上，故而強調學習的重要，使得作為一個「人」的價值意蘊主動地挺立出來。爾後，孟子強調「仁」字，將「禮」與之並列為四個完美的德性之一，所強調的是「禮」的道德性；荀子則強調「禮」的社會性，而比較富於理性精神；從《禮記》注重「喪」、「祭」觀之，似乎較為強調「禮」的宗教一面。總之，他們對於孔子所論之「禮」，各有強調與理論深化的側面。由之亦可見先秦儒家思想的繼承與創新。

〔註 180〕此依《禮記・曲禮上》「禮不下庶人」而言。

第三章 孟子以禮存心的道德傾向

　　孔子之後，「儒分爲八」（《韓非子・顯學》），然其跡未詳；可是，儒學朝向不同方向的衍化則是事實。〔註1〕在儒學的衍化中，孟子對孔子「復禮啓仁」的繼承暨其理論的深化，呈顯出一個嶄新的風貌。孔子論「禮」，認爲人當生活於合乎「禮」的國度，在「禮」的實踐中，外可保行爲舉止中節合度，內可感通人心引發高尚志向，呈顯出高貴情操。「復禮」要旨，除欲恢復周文所講求「禮之用，和爲貴」（《論語・學而》）的秩序之美外，同時欲從「仁」的實踐義體現出「禮」的實質精神。換言之，「復禮」的目的在於「啓仁」，「啓仁」則彰顯人人皆能自我正行於「禮」的要求。簡單地說，「仁」的彰顯就是「禮」的實踐，故「仁禮互攝」可謂是孔子論「禮」的特點。孟子繼此更進一步，深入探索人心之中所具含的內在能力爲何，據之區判良窳，提出「君子所性，仁義禮智根於心」（〈盡心上〉）的命題，於焉建立起「人皆可以爲堯

〔註1〕 《論語・子張》中的幾則記載，多少顯示出儒學自孔子後朝向不同方向衍化
　　　 的痕跡。例如：「子夏之門人問交於子張。子張曰：子夏云何？對曰：子夏曰，
　　　 可者與之，其不可者距之。子張曰：異乎吾所聞。君子尊賢而容眾，嘉善而
　　　 矜不能。我之大賢與，於人何所不容？我之不賢與，人將距我，如之何其距
　　　 人也？」「子游曰：子夏之門人小子，當洒掃應對進退則可矣。抑末也，本之
　　　 則無，如之何？子夏聞之曰：噫！言游過矣。君子之道，孰先傳焉？孰後倦
　　　 焉？譬諸草木，區以別矣。君子之道，焉可誣也？有始有卒者，其惟聖人乎！」
　　　 「子游曰：吾友張也，爲難能也，然而未仁。」「曾子曰：堂堂乎張也，難與
　　　 並爲仁矣。」子夏與子張、子游的交鋒，子游與曾子對子張的批評，顯示孔
　　　 門對孔子學思的闡發有不同的認知與堅持。如是，儒學必然朝向不同面向的
　　　 衍化亦屬必然。從《荀子・非十二子》對某些儒者的批評，亦可見及儒門衍
　　　 化的事實。

舜」(〈告子下〉)之「性善」理論,而爲後人稱爲「道德的形上學」。〔註2〕本章立基於此,以呈現出孟子論「禮」的特色。

第一節論述孟子對「禮」的認知及其偏向,先自孟子倡導的「仁政」切入。孟子認爲「道二,仁與不仁而已矣」(〈離婁上〉),「不仁」者不可取,唯「仁者可取」。其「仁政」的意義表現在以下幾方面,「制民之產」、「取民有制」、「貴德尊士」以及「謹庠序之教」等各方面上。其精神與孔子「仁禮互攝」頗有一貫處。然則,孟子對於周文之禮的理解已顯不足,雖陳述了巡守述職、班爵祿、井田、學校等,但主旨乃在指出他們的意義,對於制度層面的論述極少。就孟子對「禮」之精神承續面而言,在《孟子》書中至少可從以下側面談論,(1)「禮」是修身的標準,(2)重視孝道,(3)注重祭祀以及對戰爭的愼重,(4)君臣關係。考其論「禮」核心,皆在於「敬」字,是以其特別強調「恭敬之心」、「辭讓之心」,顯然側重於德性意義的「禮」。正是因此,我們方有對作爲德性意義之「禮」的討論。

第二節以闡釋孟子對「心」的見解。因爲作爲「恭敬」、「辭讓」之心的「禮」,理路上必然得面臨「心」的諸多樣態。我們區分「心」的狀態及「心」的能力兩方面討論,認爲孟子所見之「心」是一飄忽不定之物,「出入無時,莫知其鄉」,但人具有操捨心的主控能力,因此,我們不認爲「心」中先天含具任何本質或實體之物。「心」中之物乃是後天經過「心」之能力的判斷、抉擇、保存、培養、擴充方能於心中生根。而「心」的能力稱爲「才」,孟子指出「心」至少擁有「良知」、「良能」的天賦,以及判斷能力之「思」。此三者是否能以「才」統言,《孟子》書中似無佐證,恐是孟子理論上的不明處。本節最後討論時人對於孟子所言之「本心」與「良心」的誤解。

〔註2〕此語爲牟宗三所提出,認爲儒家「在踐仁盡性底無限擴大中,因著一種宇宙的情懷」,因而形成了「道德的形上學」。牟先生說:「儒家惟因通過道德性的性體心體之本體宇宙論的意義,把這性體心體轉而爲寂感眞幾之『生化之理』,而寂感眞幾這生化之理又通過道德性的性體心體之支持而貞定住其道德性的眞正創造之意義,它始打通了道德界與自然界之隔絕。這是儒家『道德的形上學』之澈底完成。」見《心體與性體》(臺北:正中書局,1969年),第一冊,頁172、180~181。牟先生的說法有其哲學思維方向,在此不予探討,僅借「道德的形上學」一語來陳述孟子的道德哲學;筆者所採取的意思是:對道德理論化的抽象思考。按「形上學」一語,依中文語法言之,乃與「形而下」之具體器物相對,意即抽象的義理,故有「形而上」之語,此見《易傳・繫辭上傳》,是以當無傳統西方以外在事物之經驗世界爲對象,而探討其現象背後第一因之「形上學」(metaphysics)的意義。

　　第三節則以闡釋孟子對「性」的見解。孟子對於人之「性」不是就已然的經驗事實予以認定的，而是就人心判斷揀擇出良善之心，保存、培養，擴充而成就出來的。因此，人之「性」的呈顯必然為善，是為「性善」。但人之「性」不是先天已然存在的事實，而是在動心之中，經過磨難而堅忍出來的。所以孟子所論的人之「性」，不是本質義、亦非本體義的固著實體。至於「性」為「天之所與我者」，我們指出這是錯簡《孟子》原文加諸一些想像所提出的解釋。按「性」由天賦，朱熹論之甚詳，唯那是配合其「天理流行」之體系而闡釋的安排。時人不察，加以引述，認為孟子哲學中有一先天之道德心是為性，是天之所與，這是本節欲予澄清處。

　　明白孟子對人之事實的認定，也就不難理解何以孟子視「禮」為恭敬、辭讓之心的道德傾向了。

第一節　孟子對「禮」的認知及其偏向

　　孟子以紹志孔子學思及精神自居，自言：「由孔子而來，至於今百有餘歲。去聖人之世，若此其未遠也。近聖人之居，若此其甚也。然而無有乎爾，則亦無有乎爾。」（〈盡心下〉）學習孔子之心溢於言表，無怪乎有「乃所願，則學孔子也」（〈公孫丑上〉）、「予未得為孔子徒也，予私淑諸人也」（〈離婁上〉）之嘆語。因此，孟子對孔子所強調之「仁禮互攝」當有所承續與發揚。

　　就「禮」而言，孔子強調「為國以禮」（〈先進〉），孟子則似乎不怎麼重視「禮」。但就為國、為政而言，孟子提出「仁政」的主張，考其意蘊，實與孔子「為國以禮」之主張十分相類。孟子的「仁政」，強調需讓人民飽食煖衣、無凍餒之危機，而後施以庠序之教，教其明人倫，此與《論語》中孔子所言「庶、富、教」（〈子路〉）、「禮後乎」（〈八佾〉）的精神是一致的。倘若能施行「仁政」，孟子信心溢滿地宣稱「仁者無敵」（〈梁惠王上〉），與孔子言「當仁不讓於師」（〈衛靈公〉）的氣勢亦十分相仿。對於「仁政」，孟子宣稱「有王者起，必來取法」（〈滕文公上〉），與孔子言「如有王者，必世而後仁」（〈子路〉）的自信也是相同的。

　　然則，孟子論述的出發點不同於孔子。孔子強調周禮「貴賤不愆」所彰顯人的自省、自持恪遵其職、承荷其責的人文精神，認為人只要主動施行，沒有做不到的。故孔子自身主動承荷起周文傳承的使命，其云：「天之未喪斯

文也，匡人其如予何？」（〈子罕〉）孟子則將「不忍人之心」視爲「仁」，強調培養擴充此心必能成就出「仁政」，理論上顯然更爲深入。而作爲與「仁」互攝之「禮」（周禮），如「仁」一般，孟子傾向於視爲德性意蘊，而有「仁義禮智」四者之並稱。孟子對於「周禮」，雖提及「井田」等制度側面，但似乎只是配合其仁政主張而順道一提的，因爲孟子自明對其內容僅知其略而無法詳知。總地來看，孟子似乎不太看重「周禮」的制度面，也與孔子強調「貴賤不愆」的面向有些不類。儘管如此，孟子學思精神，無疑是承續孔子而來的。例如孟子面對戰國亂世，亦主動承荷起救治大任，言：「夫天未欲平治天下也，如欲平治天下，當今之世，舍我其誰？」（〈公孫丑下〉）與孔子承續周文使命之氣魄十分相類。

以下，我們區分三點討論孟子對「禮」的認知及其偏向：一、「仁政」的意義及功效，二、「禮」的必要性，三、作爲德性之「禮」的意義。

一、「仁政」的意義及其功效

孟子引孔子的話說：「道二，仁與不仁而已矣。」治國之方只有「仁」與「不仁」。「暴其民甚，則身弒國亡；不甚，則身危國削，名之曰『幽』、『厲』」，此爲「不仁」。「雖孝子慈孫，百世不能改也」（參見〈離婁上〉），如此「不仁」者，即使雖有孝子慈孫，經過百代也改不了這樣的污點。顯示正確的治道對爲政者的重要，不可不甚。既然治道僅二，「不仁」者不取，唯有取「仁」者而已。孟子言：

> 離婁之明，公輸子之巧，不以規矩，不能成方圓；師曠之聰，不以六律，不能正五音；堯舜之道，不以仁政，不能平治天下。今有仁心仁聞，而民不被其澤，不可法於後世者，不行先王之道也。故曰「徒善不足以爲政，徒法不足以自行」。詩云：「不愆不忘，率由舊章。」遵先王之法而過者，未之有也。……爲政，不因先王之道，可謂智乎？是以惟仁者宜在高位；不仁而在高位，是播其惡於眾也。上無道揆也，下無法守也，朝不信道，工不信度，君子犯義，小人犯刑，國之所存者幸也。（〈離婁上〉）

爲政治國當以「仁」道，此即爲先王的堯舜之道。「徒善不足以爲政，徒法不足以自行」，僅有美意善心並無法施政治理，僅有良規法度也無法自行治理。但依照著先王法度而犯錯的，是從未有過之事。根本上，其旨在於使「仁者」

居於上位。若「不仁」居高位，就會將他的罪惡傳播予民眾，造成上下昏亂，這樣的國家還能生存，那只是僥倖而已！孟子如是說法，與孔子「舉直錯諸枉，能使枉者直」、子夏「舜有天下，選於眾，舉皋陶，不仁者遠矣。湯有天下，選於眾，舉伊尹，不仁者遠矣」（〈顏淵〉）之思是一致的。由上所述，孟子認為僅有「仁心仁聞」不足成事，當施以「仁政」。何謂「仁政」？大略言之，可從以下四方面切入。

　　1、「制民之產」，即孟子所謂「井田」，〔註3〕所以孟子談「仁政」是從土地是否公平分配論起：

　　　　夫仁政必自經界始。經界不正，井地不鈞，穀祿不平，是故暴君污

　　　　吏必慢其經界。經界既正，分田制祿可坐而定也。（〈滕文公上〉）

正確畫分田界，作為俸祿的田賦就可不費力地確定，因為人民有一定的土地得以耕作賦稅，社會也就不會有所混亂。〔註4〕孟子認為，政治上必然有「君子」、「野人」之分。「君子」作「大人之事」，是「治人」的勞心者，因此「食於人」；「野人」作「小人之事」，是「治於人」的勞力者，故「食人」（仝上）。孟子依據「井田」，使君子、野人之責得以明確，他說：

　　　　夫滕，壤地褊小，將為君子焉，將為野人焉。無君子莫治野人，無

　　　　野人莫養君子。請野九一而助，國中什一使自賦。卿以下必有圭田。

　　　　圭田五十畝，餘夫二十五畝。死徙無出鄉，鄉田同井，出入相友，

　　　　守望相助，疾病相扶持，則百姓親睦。方里而井，井九百畝，其中

　　　　為公田。八家皆私百畝，同養公田。公事畢，然後敢治私事，所以

　　　　別野人也。此其大略也。若夫潤澤之，則在君與子矣。（仝上）

依據「野九一而助」、「國中什一以自賦」的稅法，並依人口數予以適當的土地耕作，以及「井田」制的「八家皆私田，同養公田」、「公事畢，然後敢治私事」之方，區別「君子」與「野人」。如是效果是：「死徙無出鄉，鄉田同井，出入相友，守望相助，疾病相扶持，則百姓親睦。」孟子對於井田實況恐不清晰，故云「此其大略也」。但「仁政」的結果，卻是令人嚮望。而此，正是建基於「制民之產」的基礎上。

〔註3〕趙注即如此說，見《孟子注疏》（臺北：藍燈文化事業公司，十三經注疏，重刊宋本孟子注疏附校勘記），孟疏卷五上，頁8左。

〔註4〕「分田制祿」，趙注：「分田，賦廬井也。制祿，以庶人在官者比上農夫。」《孟子注疏》，孟疏卷五上，頁8左。

> 滕文公問爲國。孟子曰：民事不可緩也。詩云：「晝爾于茅，宵爾索
> 綯。亟其乘屋，其始播百穀。」民之爲道也，有恆產者有恆心，無
> 恆產者無恆心。苟無恆心，放僻邪侈，無不爲已。及陷乎罪然後從
> 而刑之，是罔民也。焉有仁人在位罔民而可爲也？是故賢君必恭儉
> 禮下，取於民有制。（仝上）

「民事不可緩也」，此乃爲政要綱。如《詩經・豳風・七月》所云，一般人的
日常工作，白天割取茅草，晚上絞成繩索，急於修繕房屋，及時播種五穀。
對一般人而言，「有恆產者有恆心，無恆產者無恆心」。無恆心者，將易於胡
作非爲，違法亂紀，等其觸犯法網再加以處罰，便是陷害百姓，此非「仁人
在位」的作爲。是以賢明之君必然「恭儉禮下，取於民有制」。對此，孟子在
〈梁惠王上〉有進一步論述：「是故明君制民之產，必使仰足以事父母，俯足
以畜妻子，樂歲終身飽，凶年免於死亡，然後趨而之善，故民之從之也輕。」
「制民之產」，使民足以溫飽無虞，然後導引走向正路，人民也就容易地聽從。
〔註5〕反之，「仰不足以事父母，俯不足以畜妻子，樂歲終身苦，凶年不免於
死亡，此惟救死而恐不贍，奚暇治禮義哉」（仝上），連救治自身生命都來及
了，哪還有其他精神去學習禮義呢？由是觀之，孟子認爲人文教化當建基在
「制民之產」上，人民有一定生活水準後方能談論，人民也才有精神和心思
去學習領會人文教化的意義。

　　2、「取民有制」。取民自指稅收，以養君子，使國家運作得以進行。孟子
強調「仁政」從經界開始，土地平均，稅收便公平。孟子認爲：「易其田疇，
薄其稅斂，民可使富也；食之以時，用之以禮，財不可勝用也。」（〈盡心上〉）
故就賦稅而言，孟子認爲當輕徭薄賦，其言：「有布縷之征，粟米之征，力役
之征。君子用其一，緩其二。用其二而民有殍，用其三而父子離。」（〈盡心
下〉）而徵收田賦的標準，孟子認爲當以「什一之稅」。孟子指出：

> 夏后氏五十而貢，殷人七十而助，周人百畝而徹，其實皆什一也。
> 徹者，徹也；助者，藉也。龍子曰：「治地莫善於助，莫不善於貢。」
> 貢者，校數歲之中以爲常。樂歲，粒米狼戾，多取之而不爲虐，則
> 寡取之；凶年，糞其田而不足，則必取盈焉。爲民父母，使民盼盼
> 然，將終歲勤動，不得以養其父母，又稱貸而益之，使老稚轉乎溝

〔註5〕 「民之從之也輕」，朱熹注：「輕猶易也。」《四書集注・孟子梁惠王上》（臺
　　　　北：世界書局，1990 年三十一版），頁 14。

　　鑿，惡在其爲民父母也？夫世祿滕固行之矣。詩云：「雨我公田，遂
　　及我私。」惟助爲有公田。由此觀之，雖周亦助也。（〈滕文公上〉）
在孟子看來，夏、商、周所用徵稅名稱雖有「貢」、「助」、「徹」的不同，但
稅率是一致的，都是「什一」之稅。「徹」是「通」的意思，〔註6〕「助」是
藉助。〔註7〕對於田稅，最好的是「助法」，最不好的是「貢法」。所謂「助法」，
就是周所施行的井田制，即「八家皆私田，同養公田」。所謂「貢法」，就是
文後的「校數歲之中以爲常」，意指從數歲豐凶中取一平均數爲歲賦之定額，
但以後不計豐凶。在豐收之年可多收稅而不算暴虐，因爲人民繳得起，卻不
多收；但遇著荒年時，即使施肥，收成仍不足賦稅之支出，竟一定得收滿足
額稅收。孟子認爲，施行貢法無法奉養父母，還得舉債借貸以繳賦稅差額，
必將使全家老小餓死於山溝野地，故引龍子言治地「莫不善於貢」，因而不取。
然而，稅收亦不可過輕，否則國家無法運行。魏白圭欲「二十而取一」，孟子
認爲不可，因爲那是夷狄之道。如貉國小，農物生長不易，且無禮儀法度設
施，故二十而取一之稅足矣。但中央之國，有城郭、宮室、宗廟、祭祀之禮，
需有一定稅收方能維繫，少於「什一之稅」即不可。孟子認爲，多於什一之
稅即爲桀，是爲殘暴不仁；少於什一之稅則爲貉，乃夷狄之行，均不可取（見
〈告子下〉）。既然人民依於土地耕作，欲使稅收穩定即不應妨礙農時，如此
民富而安，「仁政」可成。孟子言：

　　不違農時，穀不可勝食也；數罟不入洿池，魚鱉不可勝食也；斧斤
　　以時入山林，材木不可勝用也。穀與魚鱉不可勝食，材木不可勝用，
　　是使民養生喪死無憾也。養生喪死無憾，王道之始也。……雞豚狗
　　彘之畜，無失其時，七十者可以食肉矣。百畝之田，勿奪其時，數
　　口之家可以無飢矣。……（〈梁惠王上〉）

至於其他稅徵，孟子認爲能減即減，其言：

　　市，廛而不征，法而不廛，則天下之商皆悅而願藏於其市矣。關，

〔註6〕「徹」，《論語・顏淵》「盍徹乎」，鄭玄注云：「周法什一而稅謂之徹。徹，通
　　　也。爲天下之通法也。」《論語注疏》（臺北：藍燈文化事業公司，十三經注
　　　疏，重刊宋本論語注疏附校勘記），語疏十二，頁4左。今從之。然趙岐注：
　　　「徹，猶人徹取物也。」《孟子注疏》，孟疏卷五上，頁7右。焦循主之，但
　　　謂「然其制度何若，終不能明」，見《孟子正義》（北京：中華書局，1987年），
　　　卷十，頁337。
〔註7〕「助」，趙岐言：「藉者，借也。猶人相借力助之也。」《孟子注疏》，孟疏卷
　　　五上，頁7右。

譏而不征，則天下之旅皆悅而願出於其路矣。耕者，助而不稅，則
天下之農皆悅而願耕於其野矣。廛，無夫里之布，則天下之民皆悅
而願爲之氓矣。（〈公孫丑上〉）

在市場上，予以空地儲藏貨物，不徵其稅，〔註8〕天下商人便願意把貨物存放
在那市場上了；對於通關，只稽查而不徵稅，〔註9〕天下旅人便願意經過此地；
對於耕作，施行「助」法而不另行徵稅，〔註10〕天下農夫便願意在那田地上
耕作了；對於住民，沒有額外的勞役賦稅，〔註11〕天下之民便願意在此地喬

〔註8〕 「廛而不征」，《周禮・地官・廛人》注引鄭眾（司農）云：「廛謂市中之地未
有肆而可居以畜藏貨物者也。孟子曰：『市廛而不征，法而不廛，則天下之商
皆悅而願藏於其市矣。』謂貨物儲藏於市中而不租稅也，故曰『廛而不征』。」
「法而不廛」，鄭眾云：「其有貨物久滯而不售者，官以法爲居取之，故曰『法
而不廛』。」見《周禮注疏》（臺北：藍燈文化事業公司，十三經注疏，重刊
宋本周禮注疏附校勘記），周禮卷十五，頁3右。

〔註9〕 「關，譏而不征」，《禮記・王制》：「古者，關，譏而不征。」鄭玄注：「譏，
譏異服，識異言。征亦稅也。周禮『國凶札，則無門關之征，猶譏也』。」孔
穎達正義云：「征，稅也。關，境上門也。譏，謂呵察。公家但呵察非違，不
稅行人之物。此夏殷法，周則有門關之征，但不知稅之輕重。若凶年則無稅
也，猶須譏禁。」見《禮記正義》（臺北：藍燈文化事業公司，十三經注疏，
重刊宋本禮記注疏附校勘記），記疏卷十二，頁23右～左。《周禮》所言，乃
出於〈地官・司關〉，「譏」作「幾」。「凶札」，鄭眾注：「凶謂凶年，饑荒也。
札謂疾疫，死亡也。越人謂死爲札。」賈公彥疏云孟子「陳正法與周異」。見
《周禮注疏》，周禮卷十五，頁9左～10右。孟子如此主張的理由在於：「古
之爲關也，將以禦暴；今之爲關也，將以爲暴。」（〈盡心下〉）

〔註10〕 趙岐注云：「助者，井田什一，助佐公家治公田。不橫稅賦，若履畝之類。」
《孟子注疏》，孟疏卷三下，頁4左。孟子在〈滕文公上〉有言：「詩云：『雨
我公田，遂及我私。』惟助爲有公田。」又言：「方里而井，井九百畝，其中
爲公田，八家皆私百畝，同養公田。公事畢然後敢治私事。」趙岐所言「不
橫稅賦，若履畝之類」，乃指八家同耕公田爲稅，不另徵私畝之穀。或疑民不
力於公田，故對私田仍徵什一，見焦循，《孟子正義》，卷七，頁229～230。

〔註11〕 「廛，無夫里之布」，江永《群經補義》云：「凡民居區域關市邸舍通謂之廛。
上文『廛而不征，法而不廛』之廛是市宅，此廛謂民居，即周禮『上地一夫
廛』、『許行願受一廛』之廛，非市宅也。布者，泉也，亦即錢也。非布帛之
布。夫『布』見地官閭師『凡無職者出夫布』，謂閭民爲民傭力者，不能赴公
旬三日之役，使之出一夫力役之泉，猶後世之催役錢也。『里』謂里居，及孟
子『收其田里』之里，非二十五家也。『里布』見地官載師『凡宅不毛者有里
布』，謂有宅不種桑麻，或荒其地，或作爲臺榭遊觀，則使之出里布，猶後世
凡地皆有地稅也。此皆民之常賦。戰國時一切取之非傭力之閒民，已有力役
之征，而仍使之別出夫布；宅已種桑麻，有嬪婦布縷之征，而仍使之別出里
布；是額外之征，借夫布、里布之名而橫取者，今皆除之，則居廛者皆受惠

居了。孟子認爲，如是措施的效果是明顯的，「則鄰國之民仰之若父母矣」（全上）。孟子曾言：「求也爲季氏宰，無能改於其德，而賦粟倍他日。孔子曰：『求非我徒也，小子鳴鼓而攻之可也。』由此觀之，君不行仁政而富之，皆棄於孔子者也。」（〈離婁上〉）繼承孔子之心甚明。

3、「貴德尊士」，孟子說：

> 仁則榮，不仁則辱。今惡辱而居不仁，是猶惡溼而居下也。如惡之，莫如貴德而尊士。賢者在位，能者在職；國家閒暇，及是時，明其政刑，雖大國必畏之矣。（〈公孫丑上〉）

> 尊賢使能，俊傑在位，則天下之士皆悅而願立於其朝矣。（全上）

施行「仁政」即有榮耀，反之就會遭到屈辱。若厭惡屈辱，最好是「貴德而尊士」，使有德行的人在位，有才能的人在職，國無憂患，〔註12〕趁時修明政刑法典，縱使大國也一定心有所畏懼。反之，「不信仁賢，則國空虛」（〈盡心下〉）。同理，倘若「尊賢使能，俊傑在位」，則天下之士自然願意立身於其朝廷爲官。孟子還細數歷代貴德尊士、尊賢使能使國家富強的例子，譬如：

> 堯之於舜也，使其子九男事之，二女女焉，百官牛羊倉廩備，以養舜於畎畝之中，後舉而加諸上位，故曰「王公之尊賢也」。（〈萬章下〉）

> 虞不用百里奚而亡，秦穆公用之則霸。不用賢則亡，削何可得與？（〈告子下〉）

> 舜發於畎畝之中，傅說舉於版築之間，膠鬲舉於魚鹽之中，管夷吾舉於士，孫叔敖舉於海，百里奚舉於市。（〈告子下〉）

上述所舉，均是舉賢能於眾人之中，他們的出身低微，但委以重任，均展現卓越的治國之才。堯之舉舜，更被視爲「王公之尊賢」的範例。孟子認爲，「仁者無不愛也，急親賢之爲務。……堯舜之仁不遍愛人，急親賢也。」仁者沒有不愛人的，但以親人、賢者爲先；堯舜的「仁」無法遍及所有人，因爲「急親賢」之故。正是在這意義上，「堯以不得舜爲己憂，舜以不得禹、皋陶爲己

也。」卷四，頁 21 左〜22 右。收於《景印文淵閣四庫全書》（臺北：臺商務印書館，1983 年），第一百九十四冊。楊伯峻認爲「『戰國時一切取之』因而孟子欲除之則非」，見《孟子譯注》（臺北：河洛圖書出版社，1977 年），頁79，注 9。

〔註12〕 楊伯峻言：「趙岐注以『無鄰國之虞』釋『閒暇』，考之國語晉語，無內亂也可謂之閒暇。」見《孟子譯注》，頁 76。

憂」(〈滕文公上〉)。即使是孟子不願談論的五霸,〔註13〕但對齊桓公於葵丘之會中,舉第二條盟約為「尊賢育才,以彰有德」(〈告子下〉),猶有讚譽,因為當今諸侯連葵丘之盟都違背了。此「貴德尊士」之意,亦是對孔子「舉賢才」(〈衛靈公〉)的發揮。

4、「謹庠序之教」,目的在於「明人倫」。孟子說:

> 設為庠序學校以教之。庠者養也,校者教也,序者射也。夏曰校,殷曰序,周曰庠,學則三代共之,皆所以明人倫也。人倫明於上,小民親於下。有王者起,必來取法,是為王者師也。(〈滕文公上〉)

> 后稷教民稼穡,樹藝五穀。五穀熟而民人育。人之有道也;飽食煖衣,逸居而不教,則近於禽獸。聖人憂之,使契為司徒,教以人倫,父子有親,君臣有義,夫婦有別,長幼有序,朋友有信。(仝上)

當人民基本生活有了保障後,便當興建學校教育之,以闡揚人倫事理:「父子有親,君臣有義,夫婦有別,長幼有序,朋友有信。」使人皆知恥而能奉行之。上位者若能依人倫事理為之,人民自然親睦和諧。孟子樂觀地認為,「有王者起,必來取法」。《管子·牧民》云:「倉廩實則知禮節,衣食足則知榮辱。」正是此意。而「飽食煖衣,逸居而不教,則近於禽獸」則說明了孟子的教育理念,當在教而後方能遠離禽獸,以就為人之道;而非先天上人與禽獸有別。

總之,孟子為政的主張在施行「仁政」,其言:

(甲) 王欲行之,則盍反其本矣。五畝之宅,樹以之桑,五十者可以衣帛矣。雞豚狗彘之畜,無失其時,七十者可以食肉矣。百畝之田,勿奪其時,八口之家可以無飢矣。謹庠序之教,申之以孝悌之義,頒白者不負戴於道路矣。老者衣帛食肉,黎民不飢不寒,然而不王者,未之有也。(〈梁惠王上〉)

(乙) 王如施仁政於民,省刑罰,薄稅斂,深耕易耨;壯者以暇日,修其孝悌忠信,入以事其父兄,出以事其長上,可使制梃,以撻秦楚之堅甲利兵矣。(〈梁惠王上〉)

(丙) 王曰:王政可得而聞與?對曰:昔者文王之治岐也,耕者九一,仕者世祿,關市譏而不征,澤梁無禁,罪人不孥。……

〔註13〕〈梁惠王上〉:「齊宣王問曰:齊桓、晉文之事,可得聞乎?孟子對曰:仲尼之徒無道桓、文之事者,是以後世無傳焉,臣未之聞也。……」

> 王曰：寡人有疾，寡人好貨。對曰：……王如好貨，與百姓
> 同之，於王何有？王曰：寡人有疾，寡人好色。對曰：……
> 王如好色，與百姓同之，於王何有？（〈梁惠王下〉）

（甲）孟子所謂「反其本」，即指「制民之產」的經濟觀點。人民有土地耕作、有家畜蓄養、有屋宇遮風避雨，無凍餒之苦，如此興辦學校，反覆教導孝悌之道，「頒白者不負戴於道路矣」。如此老者安之、人們不愁困於飢寒的景象，孟子認爲「然而不王者，未之有也」。（乙）爲政者爲民制產，薄賦稅，促使農業生產，因而使民富；再教以孝悌忠信等人倫事理，使知紀律，守秩序，奉長上之令，如此足以抗拒秦楚之堅甲。（丙）指出「王政」當與民同樂，則民皆悅服而不離。此中大概，前已述明。平情而論，孟子「仁政」的觀點，確實是施政治民的關鍵處，而且處處充滿對孔子思想的發揮。在《孟子》一書中，孟子反覆強調「以德行仁政者王」（〈公孫丑上〉）之上行下效的理念，因此他認爲「不嗜殺人者能一之」（〈梁惠王下〉），懂得保民愛民的國君，「天下之民皆引領而望之矣」、「民歸之，猶水之就下也，沛然誰能禦之」（仝上）？因此，孟子主張得天下在於「得民心」，[註14] 遂提出「民爲貴，社稷次之，君爲輕」（〈盡心下〉）等的民本思想，亦提出國君當深知「天視自我民視，天聽自我民聽」的自警之語。[註15] 正是在這意義上，孟子強調「保民而王」（〈梁惠王上〉），故對「率獸食人」的國君予以嚴厲批判。[註16] 孟子清楚認知「無恆產而無恆心」，故從「爲民制產」的客觀事實出發，提出「仁政」主張，爲政措施具體甚多。由此觀之，孟子所強調的是面對現實世界，對於「周禮」之制度面似已不太看重，然而「禮」之精神對孟子而言還是十分必要的。

[註14] 得天下在於「得民心」〈離婁上〉：「桀紂之失天下也，失其民也。失其民者，失其心也。得天下有道：得其民斯得天下矣。得其民有道：得其心斯得民矣。得其心有道：所欲，與之聚之；所惡，勿施爾也。民之歸仁也，猶水之就下，獸之走壙也。」

[註15] 「天視自我民視，天聽自我民聽」，語出〈萬章上〉，引自《尚書·泰誓》。〈萬章上〉該文出於萬章問「堯以天下與舜有諸」，孟子言「天與之」，「天不言，以行與事示之而已矣」。復孟子又提出「人與之」。但「天不言」，其以「行與事」彰顯，故必包含指涉文中「薦之於天而天受之，暴之於民而民受之」。如是觀之，孟子所引「天視自我民視，天聽自我民聽」，若解釋成天意即是民意的展現，何以文中不直接強調「人與之」即可，而強調舜即天子位是「天」之意志？因此，不如視其爲身爲國君的自警之語，因爲天意的展現以及民意的方向，孟子認爲會依著一定的趨勢發展，國君對之當有所體認。

[註16] 參見〈梁惠王上〉「殺人以梃與刃」章、〈滕文公下〉「予豈好辯」章。

二、「禮」的必要性

孔子認爲「爲國以禮」，用「禮」治國則可大治。孟子認爲施行「仁政」得以無敵。在精神上自有承續之跡，但孟子的方法具體甚多。不過，孟子對於「周禮」之制度顯然已無法掌握了。例如：

> 北宮錡問曰：周室班爵祿也，如之何？孟子曰：其已不可得聞也。諸侯惡其害己也，而皆去其籍。然而軻也，嘗聞其略也。……（〈萬章下〉）)

> 滕定公薨，世子問然友……然友之鄒，問於孟子。孟子曰：不亦善乎！親喪固所自進也。曾子曰：「生，事之以禮。死，葬之以禮，祭之以禮。」可謂孝矣。諸侯之禮，吾未之學也。雖然，吾嘗聞之矣：三年之喪，齊疏之服，飦粥之食，自天子達於庶人，三代共之。……（〈滕文公上〉）

孟子言「嘗聞其略」、「吾嘗聞之」，恐是事實。對於「周室班爵祿」，就其所聞，仍可知五爵與祿位不同，司職者有祿俸，依等級而降，足以飽食無凍餒之憂，同時以明秩序之美。而「三年之喪」，主在表達對父母生養撫育之恩，不捨其離去所自然而然表現出的感傷，故藉由衣粗食疏以癒合此感傷，是三代以來共同的精神。又如齊宣王時人欲毀「明堂」，問於孟子，孟子言：「夫明堂者，王者之堂也。王欲行王政，則勿毀之矣。」（〈梁惠王下〉）所謂「王政」，亦即「仁政」。〔註17〕然則，「明堂」之制亦不明。但類此對禮之精神，孟子是十分重視的。章太炎曾言：「孟子通古今，長於詩書，而於禮甚疏；他講王政，講來講去，只有『五畝之宅，樹之以桑……』等語，簡陋不堪。」〔註18〕就表面意而言，或恐爲確。但深入而言，孟子對「禮」之精神，實承續甚明。明人郝敬言：

> 至於先王之禮，巡守述職、班爵祿、井田、學校，皆治天下之大經大法，其說明徵典要，可信可傳。其言曰：非禮之禮，大人弗爲。其論禮惟恭敬辭讓，入孝出弟，禮之實節文斯二者，樂之實樂斯二者云云，故達禮樂之情，又孰有如孟子者乎？〔註19〕

〔註17〕孟子此處所云「王政」內容如下：「昔者文王之治岐也，耕者九一，仕者世祿，關市譏而不徵，澤梁無禁，罪人不孥，老而無妻曰鰥，老而無夫曰寡，老而無子曰獨，幼而無父曰孤。此四者，天下之窮民而無告者。文王發政施仁，必先斯四者。詩云：哿矣富人，哀此煢獨。」（〈梁惠王下〉）

〔註18〕章太炎，《國學概論》（臺北：五洲出版社，1972 年），頁 52。

〔註19〕朱彝尊《經義考》引，卷二百三十一，頁 12 左～右。收於《景印文淵閣四庫

郝氏此言或有過譽之處，但指出孟子對於巡守述職、班爵祿、井田、學校等說明，均有徵典，此倒是事實。班爵祿、井田、學校，前述已引。至於巡守述職，孟子言：

> 五霸者，三王之罪人也。今之諸侯，五霸之罪人也。今之大夫，今之諸侯之罪人也。天子適諸侯曰巡狩；諸侯朝於天子曰述職。春省耕而補不足，秋省斂而助不給。入其疆，土地辟，田野治，養老、尊賢、俊傑在位，則有慶，慶以地。入其疆，土地荒蕪，遺老、失賢，掊克在位，則有讓。一不朝，則貶其爵；再不朝，則削其地；三不朝，則六師移之。是故天子討而不伐，諸侯伐而不討。五霸者，摟諸侯以伐諸侯者也，故曰：五霸者，三王之罪人也。（〈告子下〉）
> 〔註20〕

儘管孟子仍能述其大義，明其理想，但天子權力式微，諸侯以伐諸侯蠭起，故孟子言「五霸者，三王之罪人也」。就孟子所處之時代的現實狀況，周禮之制度面自然難以維繫，故「嘗聞其略」、「吾嘗聞之」是得以理解的。不過，孟子對「禮」之精神猶有承續。

　　1、「禮」是修身的標準。孟子言：「動容周旋中禮者，盛德之至也。」（〈盡心下〉）此包含二意，（1）表現符合恰當的儀度；（2）同時彰顯出儀度的精神實質——「敬」。孟子言：「夫義，路也；禮，門也。唯君子能由是路，出入是門也。」孔子云：「誰能出不由戶？何莫由斯道也？」（〈雍也〉）亦是此意。是以就孟子而言，「禮」是人的出入門戶。

　　禮人不答，反其敬。（〈離婁上〉）

　　言非禮義，謂之自暴也。（〈離婁上〉）

　　非禮之禮，非義之義，大人弗爲。（〈離婁下〉）

　　孔子進以禮，退以義。（〈萬章上〉）

諸此，均指個人的修爲，「反其敬」是核心，摒除「自暴」，對於事情的判斷即有一定理據；依於禮義爲之，反之不爲。孔子行事即是如此。然更爲重要的是，「君子以仁存心，以禮存心」，「仁者愛人，有禮者敬人」，「愛人者人恆

　　　　　全書》（臺北：臺商務印書館，1983 年），第六百八十冊。
〔註20〕　〈梁惠王下〉亦類有是言：「天子適諸侯曰巡狩；巡狩者，巡所守也。諸侯朝於天子曰述職；述職者，述所職也。無非事者：春省耕而補不足，秋省斂而助不給。」

愛之，敬人者人恆敬之」，所以當有人對我以橫逆，必「自反而仁矣，自反而有禮矣」（〈離婁下〉）。「君子所性，仁義禮智根於心」（〈盡心上〉），君子所欲展現的人之性，就是將仁義禮智這樣的德行根植於心中。換言之，「非仁無爲也，非禮無行也」（〈離婁下〉）。「禮」作爲修身標準之一，至爲明顯。正是在這意義上，「禮」之德性的側面特別爲孟子所重視，其言「恭敬之心，禮也」（〈告子上〉）、「辭讓之心，禮之端也」（〈公孫丑上〉），掌握如是的恭敬之心、辭讓之心，保存培養，擴而充之，即可成就出「禮」。

2、從「孝」的角度觀之，孟子認爲：「道在邇而求諸遠，事在易而求諸難。人人親其親，長其長，而天下平。」（〈離婁上〉）因此認爲「事親爲大」（全上），其乃「仁」之實質，孟子云「仁之實，事親是也」（全上）。孟子以曾子事例說道：

> 曾子養曾皙，必有酒肉；將徹，必請所與；問有餘，必曰「有」。曾
> 皙死，曾元養曾子，必有酒肉；將徹，不請所與；問有餘，曰「亡
> 矣，將以復進也。」此所謂養口體者也。若曾子，則可謂養志也。
> 事親，若曾子者，可也。（全上）

「養志」不同於「養口體」，在於是否能順承父母之心，不忍傷之。孔廣森於《經學巵言》中說道：

> 夫曰「亡矣」者，乃實無也。曾子之「必曰有」，雖無亦曰有，所謂
> 孝子唯巧變，故父母安之者。曾元不能，但道其實而已。此與「必
> 曰有」對文，而不云「必曰亡」，非實有言無明矣。蓋「將以復進也」，
> 亦曾元之詞，言餘則無矣，若嗜之，將復作新者以進云爾。〔註21〕

此誠以「敬」爲核心，是以孟子言「大孝尊親」（〈萬章上〉），與孔子回應子夏問孝言「色難」〔註22〕之意蘊是一樣的。孟子認爲「孝」最能展現爲人的品質，就如同「徐行後長者謂之弟，疾行先長者謂之不弟。夫徐行者豈人所不能哉？所不爲也」（〈告子下〉），是不肯做，不是做不到。孟子更認爲「堯舜之道，孝弟而已矣」（全上），顯然認爲人均能如是爲之，只要展現其意願即可。此又與孔子談論「爲仁由己」的意旨相同。〔註23〕對於喪親之時，孟

〔註21〕收於阮元輯《皇清經解》（臺北：藝文印書館，1967 年），卷七百一十五，頁 3 左。

〔註22〕《論語・爲政》：「子夏問孝。子曰：色難。有事，弟子服其勞；有酒食，先生饌，曾是以爲孝乎？」

〔註23〕參見本文第二章第二節討論，頁 125～126。

子認為自當以「三年之喪」之「禮」為之，〔註24〕此又與孔子主張「無違」〔註25〕的精神亦是一致的。可見孟子論「孝」處處以孔子為榜樣。

　　3、就「祀」與「戎」的側面觀之。先論「祀」。孟子云：「犧牲既成，粢盛既絜，祭祀以時，而旱乾水溢，則變置社稷。」（〈盡心下〉）認為如果犧牲肥大，黍稷器皿清潔，並能依時祭祀，卻仍有乾旱水潦之災，那麼就該更換新的社稷之神了。可見孟子彰顯「民為貴」的精神，與孔子談論祭祀對「人」之凸顯的意蘊相同。

　　對於戰爭之事，孟子的態度亦是十分慎重的，甚至是反對的，他說：

　　（甲）爭地以戰，殺人盈野；爭城以戰，殺人盈城；此所謂率土地
　　　　　而食人肉，罪不容於死。故善戰者，服上刑；連諸侯者，次
　　　　　之；辟草萊、任土地者，次之。（〈離婁上〉）

　　（乙）有人曰：「我善為陳，我善為戰。」大罪也。國君好仁，天下
　　　　　無敵焉。南面而征北狄怨，東面而征西夷怨，曰「奚為後我」？
　　　　　武王之伐殷也，革車三百兩，虎賁三千人。王曰：「無畏！寧
　　　　　爾也，非敵百姓也。」若崩厥角稽首。征之為言，正也。各
　　　　　欲正己也，焉用戰！（仝上）

　　（丙）不教民而用之，謂之殃民。殃民者，不容於堯舜之世。一戰
　　　　　勝齊，遂有南陽，然且不可。（〈告子下〉）

（甲）中，孟子認為「率土地而食人肉」，其罪連一死也不能寬容其責。〔註26〕對於好戰者當處以極刑，連結諸侯興起戰亂者次之，恣意墾荒、窮盡地力者再減一等。顯見恃強好戰為孟子所深惡痛絕。孟子批評「春秋無義戰」，因為按「禮」，「征者，上伐下也，敵國不相征也」（〈盡心下〉）。然而，戰國時代周室卑微，征伐不出於天子，皆出於諸侯及其大夫，故孔子視為「天下無

〔註24〕〈滕文公上〉：「滕定公薨，世子謂然友……問於孟子。孟子曰：不亦善乎！親喪固所自盡也。曾子曰：『生，事之以禮；死，葬之以禮，祭之以禮，可謂孝矣。』諸侯之禮，吾未之學也。雖然，吾嘗聞之矣：三年之喪，齊疏之服，飦粥之食，自天子達於庶人，三代共之。……」此曾子之言當引自孔子。

〔註25〕《論語・為政》：「樊遲問孝。子曰：無違。……生，事之以禮；死，葬之以禮，祭之以禮。」

〔註26〕趙岐注：「言其罪大，死刑不足以容之。」《孟子注疏》，孟疏卷七下，頁5右。朱熹引林氏曰：「富其君者，奪民之財耳。而夫子猶惡之，況為土地之故。而殺人使其肝腦塗地，則是率土地而食人之肉，其罪之大，雖於死猶不足以容之也。」《四書集注・孟子離婁上》，頁105。

道」（〈子路〉）之世。因此，孟子對於好戰之梁惠王批評其「不仁」，「梁惠王以土地之故，糜爛其民而戰之。大敗，將復之。恐不能勝，故驅其所愛子弟以殉之。是之謂以其所不愛及其所愛也」，與「仁者以其所愛及其所不愛」（仝上）正好背道而馳。對此，孟子如（乙）認為，國君施仁政自然「天下無敵」，並云「征」者，「正」也，「各欲正己」，「民為暴君所虐，皆欲仁者來正己之國也」。〔註27〕（丙）「不教民而用之」，即使戰勝強齊，亦是不許可的，因為那是「殃民」之舉。總之，孟子對於戰爭態度當是施以仁政，故對於齊人伐燕乙事，孟子所持之態度亦是如此（〈梁惠王下〉）。因為堅強地信念「仁者無敵」，所以孟子樂觀地認為，「君子有不戰，戰必勝矣」（〈公孫丑下〉）。

4、君臣關係。孔子曾正面肯定君臣關係，言「君使臣以禮，臣事君以忠」（〈八佾〉）。孟子則認為君臣處於較為對立關係，其言：

（甲）君之視臣如手足，則臣視君如腹心；君之視臣如犬馬，則臣視君如國人；君之視臣如土芥，則臣視君如寇讎。（〈離婁下〉）

（乙）君有過則諫，反覆之，不聽則去。（〈萬章下〉）

（丙）孔子為魯司寇，不用，從而祭，燔肉不至，不稅冕而行。不知者以為為肉也；其知者以為為無禮也。乃孔子則欲以微罪行，不欲為苟去。君子之所為，眾人固不識也。（〈告子下〉）

君臣關係，在孟子而言絕非不容質疑的。〔註28〕如（甲），孟子認為君臣關係是相對的，從三個「則」字觀之，為臣態度是依據國君態度而定的。孟子認為：「故將大有為之君，必有所不召之臣，欲有謀焉則就之。」（〈公孫丑下〉）故對於齊景公無禮招虞人，虞人不去之事，孟子稱述之。〔註29〕（乙）指出身為臣子的責任在於規勸國君，反覆不聽離去，不當眷戀名位。故云：「責難於君謂之恭，陳善閉邪謂之敬，吾君不能謂之賊。」（〈離婁上〉）「君子之事君也，務引其君以當道，志於仁而已。」（〈告子下〉）（丙）舉孔子去家邦，即因魯君無禮。由之可見，作為恭敬之心的「禮」，在孟子心中具有何等重要

〔註27〕朱熹，《四書集注・孟子盡心下》，頁206。

〔註28〕北宋司馬光曾撰〈疑孟〉一文，認為君臣之義是人之大倫，為臣不可以其德行抗衡國君，故云：「余懼後之人，挾其有以驕其君，無所事而貪祿位者，皆援孟子以自況，故不得不疑。」見《溫國文正司馬文集》，卷七十三，頁10左～11右。收於《四部叢刊正編》（臺北：臺灣商務印書館，1979年），第四十一冊。

〔註29〕事見〈萬章下〉。

的地位。

　　從以上四個側面探討，孟子時時不離對「仁」的宣傳，時以「仁」、「禮」並稱，時以互通，強調「仁者無敵」，也強調君臣關係以「禮」爲要等等。就「禮」之側面而言，歸結的核心即是作爲「恭敬之心」的「禮」，無此心此禮，所作出的行爲就是有偏差，有此心此禮，所表現出的行爲亦當無大過。正是因此，孟子認爲「禮」的效果很大。例如〈離婁上〉言：「上無禮，下無數，賊民興，喪無日矣。」又言「無禮義則上下亂」（〈盡心下〉）、「非仁無爲也，非禮無行也」（〈離婁下〉）等等，可見孟子對「禮」是頗爲重視的，並視之爲教化的內容之一。然則必須注意的是，孟子並未承續「禮」之制度層面，而是承續了「禮」的精神層面，在其論述中，作爲「恭敬之心」的「禮」是側重於德性意義的一面之上。

三、作爲德性之「禮」的意義

　　審視《孟子》原文，孟子並不拘泥於「禮」的形式，例如「男女授受不親，禮也」，然「嫂溺援之以手者，權也」（〈離婁下〉）；言「不待父母之命、媒妁之言」是鑽穴、踰牆之舉（〈滕文公下〉），卻又言：「不孝有三，無後爲大。舜不告而娶，爲無後也，君子以爲猶告也。」（〈離婁上〉）孟子顯然不認爲「禮」是一純外在的絕對權威，而是具有可變性的。此與孔子論「禮」的精神是一致的。〔註30〕孟子說：「大人者，言不必信，行不必果，惟義所在。」（〈離婁下〉）闡述的言論不必然信實，行爲舉動不必然要求一定成果，但必需依合宜之義作爲標準。這是其原則性。〔註31〕「禮」亦然，也是一原則性，故云：「非禮之禮，非義之義，大人弗爲。」（〈離婁下〉）

　　孟子不側重「禮」的制度面，亦不認爲其是強制性的權威，而是同其對「仁」一樣，是爲一至高的原則，富含高尚價值的道德德目，這我們可從孟子強調「禮」重於食色看出。

　　　　任人有問屋廬子曰：禮與食孰重？曰：禮重。禮與色孰重？曰：禮
　　　　重。曰：以禮食則飢而死，不以禮食則得食，必以禮乎？親迎則不

〔註30〕關於此，請參見本文第二章第一節的探討，頁117。
〔註31〕此與孔子所言「義以爲質，禮以行之，孫以出之，信以成之」（〈衛靈公〉）則有差別，因爲孔子所言之「義」，猶需以「禮」、「孫」、「信」配合，換言之，「義」作爲原則性的無限上綱在孔子那兒是見不到的；孟子在此顯然將「義」的原則性提出來。

得妻，不親迎則得妻，必親迎乎？屋廬子不能對。明日之鄒以告孟
子。孟子曰：於答是也何有！金重於羽者，豈謂一鉤金與一輿羽之
謂哉？取食之重者與禮之輕者而比之，奚翅食重！取色之重者與禮
之輕者而比之，奚翅色重！往應之曰：紾兄之臂而奪之食則得食，
不紾則不得食，則將紾之乎？踰東家牆而摟其處子則得妻，不得則
不得妻，則將摟之乎？（〈告子下〉）

對於食色的欲求，孟子並不排除，但認爲還有比食色更重要之事。「紾兄之臂
而奪之食則得食，不紾則不得食，則將紾之乎？踰東家牆而摟其處子則得妻，
不得則不得妻，則將摟之乎？」人如果只是爲某一欲求的滿足，而不遵循某
種規範以提升人文品質，結果是可以預料的。此處，孟子指出「食之重」、「色
之重」與「禮之輕」的對比根本不成爲問題，問此是「不揣其本而齊其末，
方寸之木可使高於岑樓」。任人之問，拘泥於禮的規範。如前所述，孟子則認
爲禮具可變性，重要的是彰顯其精神。食固然重，「以禮食則飢而死，不以禮
食則得食」，然而，「一簞食，一豆羹，得之則生，弗得則死，嘑爾而與之，
行道之人弗受，蹴爾而與之，乞人不屑也」（〈告子上〉），此弗受與不屑，因
他人對己之侮慢，使自身人格尊嚴受到斲喪，是以即使面臨生死之際，猶以
「守身爲大」（〈離婁上〉），可見禮猶比食重。而「舜不告而取，爲無後也」，
原因在於「不孝有三，無後爲大」（〈離婁上〉）。「孝」之禮猶比色來得重。倘
若加上傳說中舜之坎坷身世一併觀之，﹝註32﹞孟子言其「君子以爲猶告也」（仝
上），亦可明矣。如此觀之，孟子所視之「禮」，並不著重於儀文數度的條目
之中，其根本精神，孟子則界定於「恭敬之心」或「辭讓之心」一意上，這
點倒與孔子認爲「仁」是建基於恭敬之心上是一致的。

孟子強調「仁」、「義」、「智」，然猶需「禮」以節制之，其言：

仁之實，事親是也；義之實，從兄是也；智之實，知斯二者弗去是
也；禮之實，節文斯二者是也。……（〈離婁上〉）

「禮」的實質表現，在於「節文」二者。焦循言：「太過則失其節，故節之。
太質則無禮敬之容，故文之。」﹝註33﹞所節所文，當是對「仁」、「義」而爲
之。此處似乎認爲「仁」、「義」的展現猶有不完滿，故須以「禮」配合爲之。
而且，此「禮」不僅只是指「恭敬之心」，顯然包括了外在規範，否則如何節

﹝註32﹞見《尚書‧堯典》及《尚書正義》疏。
﹝註33﹞《孟子正義》，卷十五，頁533。

之、文之？孟子對此似未發揮。孟子認爲「智」就是知道「仁」、「義」二者的道理而不予去除，更可說當堅持地施行，因爲此二者是「達之天下」之道。〔註34〕在《孟子》一書中，孟子不斷以「仁義」並稱，如孟子見梁惠王言「王何必曰利，亦有仁義而已矣」（〈梁惠王上〉），又如「尚志」是「仁義而已矣」（〈盡心上〉），可見孟子對此二者德目的重視，顯然超過了「禮」。如此觀之，「仁義禮智」之間似有輕重之別。然而，進一步考究，此恐非孟子哲學的要點。考《孟子》書所舉之德目，乃以「反求諸己」的自躬自省爲要，這讓我們想起孔子提出的「爲己之學」的教育理念。試看孟子的說法：

> （甲）不仁不智，無禮無義，人役也。人役而恥爲役，由弓人而恥爲弓、矢人而恥爲矢也。如恥之，莫如爲仁。仁者如射：射者正己而後發；發而不中，不怨勝己者，反求諸己而已矣。（〈公孫丑上〉）

> （乙）愛人不親，反其仁；治人不治，反其智；禮人不答，反其敬。行有不得者，皆反求諸己。其身正而天下歸之。詩云：永言配命，自求多福。（〈離婁上〉）

> （丙）君子所以異於人者，以其存心也。君子以仁存心，以禮存心。仁者愛人，有禮者敬人。愛人者，人恆愛之；敬人者，人恆敬之。有人於此，其待我以橫逆，則君子必自反也：我必不仁也，必無禮也，此物奚宜至哉？其自反而仁矣，自反而有禮矣。其橫逆由是也，君子必自反也：我必不忠。自反而忠矣。其橫逆由是也，君子曰：此亦妄人也已矣。如此則與禽獸奚擇哉？於禽獸又何難焉！是故君子有終身之憂，無一朝之患也。……憂之如何？如舜而已矣。……非仁無爲也，非禮無行也。（〈離婁下〉）

（甲）文仁義禮智並稱，後以「仁者如射」爲例，射者當先端正自身姿勢而後發，若未射中亦不當埋怨勝己者，而當「反求諸己」。（乙）「其身正而天下歸之」，顯然是就爲政者而論，所強調的亦是「反求諸己」，且僅僅指出仁、智、禮。（丙）爲仁、禮並舉，指出君子以之存心，對於他人待我以強橫無理，皆反躬自省爲先，若徹底自省而他人猶如此待之，可知其人是妄人，與禽獸

〔註34〕〈盡心上〉：「孩提之童，無不知愛其親也；及其長也，無不知敬其兄也。親親，仁也；敬長，義也。無他，達之天下也。」

無別，對於禽獸又何需計較什麼！身爲君子「有終身之憂，無一朝之患」，一朝之患即他人待我以橫逆之事，終身之憂即是仁、禮存心。君子反躬自省，就是指是否做到「非仁無爲」、「非禮無爲」。

由是觀之，孟子所談論的仁義禮智德目，似認爲皆是人所當奉行，並無輕重之別，彼此間似有關聯，但孟子亦未予以探討。事實上，《孟子》書中出現的「仁」字甚多，如其一直強調的「仁政」、「仁者無敵」，探討人之性爲何亦以「仁」爲例，如此說來，孟子對於仁義禮智之德目還是有輕重之別。其中爭論，尙屬次之。總的來說，「反求諸己」的道德自持當是孟子哲學的主調。是以作爲「恭敬之心」或「辭讓之心」的「禮」或「禮之端」，亦當爲孟子所重視的德目之一。對於「禮」這種德性意義的傾向，欲明其中眞義，我們便得自孟子所認爲的人之事實——「心」與「性」入手。

總結本節陳述，孟子論「禮」的特色在於：（1）「仁政」的提出，恐是對於孔子「爲國以禮」的進一步發揮，因爲「仁政」的精神與孔子對「禮」的見解有相通之處。（2）孟子雖不明「禮」的制度面，猶提出井田、學校、明堂等相關陳述，旨均在使「仁政」得以落實。孟子認爲「禮」有其必要性，例如其是修身的標準之一、是行「孝」的基礎，更是君臣關係的一大關鍵，而其核心皆在於「恭敬之心」上，故對於祀、戎等國之大事，態度上十分愼重。（3）作爲「恭敬之心」之「禮」的德性，似爲孟子特別強調的側面，「非禮之禮」不爲，更強調「反求諸己」的自省，如是精神，與孔子論「禮」是一脈相承的。張奇偉先生說：「就孟子禮學內在層次和理論內容論，敬、讓和人格尊重等是孟子禮學的特色和創見。」〔註35〕特色之說爲然，創見則未必，因爲其禮的精神，早在《左傳》與孔子那裏便已呈顯。只是，孟子陳述作爲德性之「禮」的意義，則有一套較爲嚴格地理論說明。對此，則需進入孟子對人之事實的探討，以明其何以如此認知。

第二節　孟子論心

孔子論「心」不多，但對於「用心」頗爲強調，〔註36〕其稱贊顏淵好學，

〔註35〕 張奇偉，《亞聖精蘊——孟子哲學眞諦》（北京：人民出版社，1997 年），頁49。

〔註36〕 《論語‧陽貨》，孔子說：「飽食終日，無所用心，難矣哉！不有博弈者乎？爲之猶賢乎已。」

曾言「其心三月不違仁」（〈雍也〉），意指顏淵意志堅絕；對自己形容「七十
而從心所欲，不踰矩」（〈為政〉），意指心靈坦然，不會逾越規範。顯然並未
對「心」之內容作一探討。孟子不然，其凸顯出「心」的意義，正如楊時所
言：

> 孟子一書，只是要人正人心，教人存心養性，收其放心。至論仁義
> 禮智，則以惻隱、羞惡、辭讓、是非之心爲之端。論邪說之害，則
> 曰「生於其心，害於其政」。論事君，則曰「格君心之非」、「一君正
> 而國定」。千變萬化，只說從心上來。人能正心，則事無足爲者矣。……
> 心得其正，然後知性之善，故孟子遇人便道性善。〔註37〕

此言見及切要。孟子論「心」，乃是面對人之事實而言，認爲人心隱動繁多，
但心中本具某些能力，得以揀擇良善之心與非良善之心，使人之主體於茲挺
現。〔註38〕更重要的一點是，從「心」的隱動方能見出孟子論述人之性的眞
義。本節則專就孟子論心予以探討。

一、「心」的狀態

　　孟子對於人心的看法，實際上同我們的經驗感受是十分接近的，因爲他
肯認了人心的複雜性。孟子認爲，人心的事實是處在飄忽不定的狀態而令人
難以捉摸。孟子引孔子的話說：

> 操則存，舍則亡，出入無時，莫知其鄉，惟心之謂與？（〈告子上〉）

依其意旨，人心的萌動沒有確切的時辰，抑或是一定的方向（出入無時，莫
知其鄉）；儘管人心的事實如此，但人能操持之則能保存心中之意，舍棄之則
心中之意也就消亡了（操則存，舍則亡）。這顯示，人心僅有展現與否的狀態。
〔註39〕儘管人心是飄忽不定且易受影響之物，但人具有「操」、「舍」心之隱

〔註37〕見朱熹引，《四書集注》，「孟子序說」。

〔註38〕牟宗三言：「心之地位，自孟子始正式挺立起。」見《心體與性體》，第三冊，
　　　　頁281。

〔註39〕毛奇齡於《聖門釋非錄》中曾言：「『出入無時，莫知其鄉』直接『惟心之謂』
　　　　句，分明指心言，蓋存亡即出入也。惟心是一可存可亡、可出可入之物，故
　　　　操舍惟命，若無出入，則無事操存矣。……夫大易『憧憧往來』，往來者，出
　　　　入也。大學心有所，心不在，有所不在，亦出入也。惟心有出入，故書曰『人
　　　　心惟危』。危者，兀臬不定之謂，亦惟出入不一之故。……是心原可出入而操
　　　　舍者，則因而出之入之。而乃曰無出入，不惟不識孟子，全不識心。」卷五，
　　　　頁11左～12右。誠哉此言！收於《四庫全書存目叢書》（臺南：莊嚴文化，

動的主控能力。由是可知，孟子所言之「心」，並不是一個固著不動的先驗實體。〔註40〕正如人的經驗事實所呈現的，人心的隱動有諸多面向。孟子認為，人心會出現好勇、好色、好貨之心（〈梁惠王下〉），也會產生欲貴或同然義理之心（〈告子上〉），〔註41〕或是肇生害人之心、穿窬之心（〈盡心下〉）等不好的心，〔註42〕也會因事而「動心」、「困於心」（〈盡心上〉）或者「憂心」（〈盡心下〉），此外，更會因物欲而產生「設心」（〈離婁下〉）或「操心」（〈盡心下〉）〔註43〕的景況，或者如齊宣王見牛流淚，產生「不忍其觳觫若無罪而就死地」的惻隱之心（〈梁惠王上〉）、或如「乍見孺子將入於井」所引發的「不忍人之心」（〈公孫丑上〉），即所謂「四端」之心（全上）等等。心的隱動，依經驗而言，他是會消逝的，例如齊宣王見牛流淚，遂因「不忍其觳觫若無罪而就死地」而換羊，對牛而言，其惻隱之心顯現了；卻未以同樣之心面對送上釁鐘之羊，其惻隱之心也就消逝了。〔註44〕由此可見，即使是四端之心，亦非是恆常永存於人心之中的。〔註45〕

心如此諸多的萌動，人當如何面對？孟子說：「權，然後知輕重；度，然後知長短。物皆然，心為甚。」（〈梁惠王上〉）「心」具有權衡輕重的判斷能力。又云：「心之官則思，思則得之，不思則不得也。」（〈告子上〉）「心」也具有「思」的能力。因此，人面對心的諸多萌動，心本身具有某些能力，得以揀擇出值得保存而發揚的方向，如將「四端」之心等良善面「擴而充之」（〈公孫丑上〉），結果必如「人能充無欲害人之心，而仁不可勝用也；人能充無穿窬之心，而義不可勝用也」（〈盡心下〉）般，成就出如「仁」、「義」般的德行、德性。反之，若將害人之心、穿窬之心等擴而充之，則人將往不良的方向發展，用孟子的話講，就是「生於其心，害於其政」。孟子說：

1997年），經部四書類，第一百七十三冊。

〔註40〕必需指出，時人論述孟子，認為其心意指「道德心」，此心是「天」所賦予的，是先天即具的。事實上，這樣的說法在《孟子》中恐無佐據。詳見後文討論。

〔註41〕孟子曰：「欲貴者，人之同心也。」「心之所同然者何？謂理也、義也。」

〔註42〕孟子說「惟大人能格君心之非」（〈離婁上〉），顯見人心有「非」的部分。孟子另明言「人心亦皆有害」（〈盡心上〉），亦可佐證。

〔註43〕「心」可「設」、可「操」，顯見心得以培養。此亦可佐證心不是一個固定不動的實體。

〔註44〕陳大齊於此備感困惑四端之心怎麼會消逝，見《孟子待解錄》（臺北：臺灣商務印書館，1980年），頁35～38的討論。

〔註45〕論者常視孟子四端之心為一恆常的固著體，是與生即具，顯然未注意到孟子對齊宣王「見牛不見羊」的說明。

仁義禮智根於心。（〈盡心上〉）

以仁存心，以禮存心。（〈離婁下〉）

將如仁義禮智般的德行像耕田種植般地深入內化於心中成為德性，在「困於心，橫於慮」之後，長此堅持，終至能達到「自反而縮，雖千萬人吾往矣」的「不動心」〔註46〕（〈公孫丑上〉）之境。因此，人心首先需「盡」，而後需「存」（〈盡心上〉）。也因為人心有諸多萌動，欲望橫流，故有「養心莫善於寡欲」（〈盡心下〉）之說，否則，「寡欲」實無理由成立。〔註47〕因為欲寡，心的隱動也就少了，「生於其心，害於其政」的機率也就降低了。如是觀之，孟子所論之「心」，當無朱熹所言之先天本具的「性」或是「本心」、「良心」。〔註48〕而人心具有主控能力，朱熹則是明顯地指陳出來。〔註49〕

其次，既然心所呈顯出的狀態不一、方向不確，那麼，人所操所舍的對象必然是從心的諸多狀態中進行揀擇的，否則所操所舍之說即無意義。因此，我們就必須透視孟子所認為的人心能呈顯出什麼樣的狀態。首先，我們必須提到著名的「四端之心」。

孟子曰：人皆有不忍人之心。先王有不忍人之心，斯有不忍人之政矣。以不忍人之心行不忍仁之政，治天下可運之掌上。所以謂人皆

〔註46〕「不動心」是自持修養而後的狀態，因此在「不動心」之前必然是「動心」狀態，如是符應孟子認為人心是飄忽不定的事實。人心欲使其不動，便需掌握良好之心使之擴充、培養為人之性。因此，陳大齊先生質疑「動心忍性」，言『「動心」不是孟子理想中所應有』，見《孟子待解錄》，頁3。顯將心視為一個固著物之故，而視「動心」與「不動心」是相對的。事實上，此當僅是自我修養實踐的過程。孟子自言「我四十不動心」（〈公孫丑上〉），四十顯指年齡，故四十「不動心」，表示四十歲前必然「動心」。顧炎武對此有段說明，其言：「凡人之動心與否，固在其加卿相行道之時也。枉道事人，曲學阿世，皆從此而始矣。我四十不動心者，不動其『行一不義，殺一無辜，而得天下，有不為也』之心。」見《日知錄》，卷七「不動心」條，頁23左。收於《景印文淵閣四庫全書》（臺北：臺商務印書館，1983年），第八百五十八冊。

〔註47〕陳大齊正是因為將此心視為性，而對〈盡心下〉「養心莫善於寡欲」產生「欲與性是否絕不相容」的疑義。見《孟子待解錄》，頁13～4。

〔註48〕朱熹在注解〈公孫丑上〉「孟子曰人皆有不忍人之心」章提出「心統性情」一說，認為「仁義禮智，性也」，見《四書集注》，頁47。按朱熹認為「性」是「天」所賦的，其言「性者，人所稟於天以生之理也」，〈滕文公上〉「滕文公為世子」章，《四書集注》，頁64。顯然認為人心中本具某種天賦之物。其對「本心」、「良心」的注解亦視之為先天即具，詳見後文討論。

〔註49〕對於這點朱熹是十分強調的，例如其言「心者，人之神明」，見《四書集注·孟子盡心上》「孟子曰盡其心者」章，頁187。

有不忍人之心者，今人乍見孺子將入於井，皆有怵惕惻隱之心；非
所以內交於孺子之父母也，非所以要譽於鄉黨朋友也，非惡其聲而
然也。由是觀之，無惻隱之心，非人也。無羞惡之心，非人也。無
辭讓之心，非人也。無是非之心，非人也。惻隱之心，仁之端也。
羞惡之心，義之端也。辭讓之心，禮之端也。是非之心，智之端也。
人之有是四端也，猶其有四體也。有是四端而自謂不能者，自賊者
也。謂其君不能者，賊其君者也。凡有四端於我者，知皆擴而充之
矣，若火之始燃，泉之始達。苟能充之，足以保四海；苟不充之，
不足以事父母。（〈公孫丑上〉）

在此，孟子僅以「人乍見孺子將入於井」這一事件，認定人皆會產生「怵惕
惻隱之心」〔註50〕的反映，故而斷定「人皆有不忍人之心」，而且認為這樣的
心並不具有任何外在的目的性。〔註51〕孟子或許以同樣的方式認為人都會產
生羞惡之心、辭讓之心或是非之心，惜於今本《孟子》中並無佐據。但孟子
既然將仁義禮智並稱，當可如上推之。對於仁義禮智之端，統稱為「四端」。
孟子並認定其如同人有四體般是「人皆有之」。孟子認為，若能將此四端「擴
而充之」，使之行事施政，自然足以事父母、保四海。同時也認定，人皆有能
力使四端擴而充之，身為國君者更應如是為之，所以說「先王有不忍人之心，
斯有不忍人之政」。如是觀之，「人皆有不忍人之心」之意，或不是指人先天
即具存於心之內必然本有之物，而是指人心與外在事物接觸時可能會產生的
心靈狀態。因此，「無惻隱之心，非人也。無羞惡之心，非人也。無辭讓之心，
非人也。無是非之心，非人也」，亦非指這「四端」是先天本具之物。趙岐注：
「言無此四者，當若禽獸，非人心耳。為人則有之矣，凡人但不能演用為行
耳。」〔註52〕易言之，「人心」在面對「乍見孺子將入於井」的情況，自然而
然必會產生「怵惕惻隱之心」，若是禽獸自無此心產生。在此，並無法證明「怵
惕惻隱之心」是人心本具的。〔註53〕

〔註50〕 焦循言：「然則怵惕惻隱，謂驚懼其入井，又哀痛其入井也。」見《孟子正義》，
　　　　卷七，頁233。

〔註51〕 焦循言：「納交於孺子之父母，要譽於鄉黨朋友，皆為人之事，故統之云非為
　　　　人也。」出處全上注。

〔註52〕 見孫奭，《孟子注疏》，孟子注疏卷三下，頁6左～7右。

〔註53〕 焦循有言：「禽獸之性不善，故無此四者。禽獸無此四者，以其非人之心也。
　　　　若為人之心，無論賢愚，則皆有之矣。孟子四言『非人』，乃極言人心必有此
　　　　四者。……禮記曲禮注引孟子『人無是非之心非人也』。孔氏正義兼引『人無

在〈告子上〉中，孟子亦提及「四端」之心，言其「人皆有之」：

> 惻隱之心，人皆有之；羞惡之心，人皆有之；恭敬之心，人皆有之；
> 是非之心，人皆有之。

此「人皆有之」當與「人皆有不忍人之心」意同。按「人皆有之」一語，在《孟子》書中並不作為全稱的事實肯定語，而是作為全稱的狀態肯定語。正是這一理解上的歧出，必然會將孟子所言之「四端」視為天生本具。何以明之？察「人皆有之」一語出現於《孟子》書中三章，除〈公孫丑上〉此章外，另二出如下：

> 丈夫生而願為之有室，女子生而願為之有家；父母之心，人皆有之。
> （〈滕文公下〉）

> 所欲有甚於生者，所惡有甚於死者；非獨賢者有是心也，人皆有之，
> 賢者能勿喪耳。（〈告子上〉）

對於為人父母操持子女未來之心，以及所欲求的有比生命更重要的、所憎恨的有比死亡更厭惡的，如此之心，若說是先天本有，恐怕難以令人信服。顯明地是，這兩則「人皆有之」是指人心與外在事物接觸後所產生的某種狀態，如為人父母即生父母之心，為人正直、見不平即起赴義之心等等，因此，對於〈公孫丑上〉、〈告子上〉所出現的四端之心，我們亦當如是視之。但正因為對「人皆有之」的想當然爾，以致於時賢在解釋四端之心時，都說成是先天本有。〔註54〕差以毫釐，謬以千里。故對於《孟子》書中「人皆有之」的

惻隱之心非人也，人無是非之心非人也』，於句首俱加『人』字。則四稱『非人』，竟為指斥罵詈之辭，非孟子義。趙氏云『人但不能演用為行』，正申明人必有此心，惟禽獸無之耳。」見《孟子正義》，卷七，頁234。

〔註54〕例如：唐君毅，《中國哲學原論‧原道篇》（臺北：臺灣學生書局，1986年），頁243；徐復觀，《中國人性論史‧先秦篇》（臺北：臺灣商務印書館，1980年），頁172；馮契，《中國古代哲學的邏輯發展》（上海：上海人民出版社，1983年），上冊，頁170；任繼愈主編，《中國哲學史》（北京：人民出版社，1963年），第一冊，頁152；方立天，《中國古代哲學問題發展史》（北京：中華書局，1990年），頁324；趙吉惠等主編，《中國儒學史》（鄭州：中州古籍出版社，1991年），頁114；劉宗賢、謝祥皓，《中國儒學》（成都：四川人民出版社，1993年），頁82；楊國榮，《善的歷程——儒家價值體系的歷史衍化》（臺北：五南圖書公司，1996年），頁87、89；譚宇權，《孟子學術思想評論》（臺北：文津出版社，1995年），頁125；陳訓章，《孟子管窺》（臺北：黎明文化事業公司，1984年），頁102；張奇偉，《亞聖精蘊——孟子哲學真諦》（北京：人民出版社，1997年），頁102；諸此等等。

「有」，我們認爲當釋爲「掌有」爲是，〔註55〕意爲人人均能掌有之。「人皆有之」，直覺上容易視爲每個人皆與生即具，但細考《孟子》書中意蘊，乃指人在某一狀態下才會產生的情形，在「乍見孺子將入於井」下必然產生「不忍人之心」、「惻隱之心」，在作了父母之後才有「父母之心」。因此，孟子所言「人皆有之」當不是指與生即具之物，而是面對狀態下產生之心人有能力予以掌握、擁有。故「人皆有之」之意實爲「人皆『能』有之」，意差甚多，不可不辯。如此看來，孟子謂「人皆有不忍人之心」，乃指人都會產生不忍人之心，並且得以掌有之。依孟子而言，上古先王就是掌有這樣的不忍人之心，所以才有不忍人之政的「仁政」。孟子說「人之有是四端也，猶其有四體也」，意指人能掌有四端，就像人能掌有四體一樣，可以之實踐、作用。又說「凡有四端於我者，知皆擴而充之矣，若火之始燃，泉之始達」，對我而言凡是掌有四端之心，瞭解並「擴而充之」，努力地實踐他，就好像火開始燃燒、泉水開始湧出一般，必然愈趨愈盛。倘若四端之心是先天本有，孟子不當言「知皆擴而充之」，而應言「皆知開而顯之」。〔註56〕「火之始燃，泉之始達」之喻，僅能明證掌握如四端之心的重要，亦即俗語所稱「萬事起頭難」，絕難作爲四端本有之證。〔註57〕

除了四端之心的呈顯外，孟子還提到人心會產生其他狀態。孟子曾說：

惟大人能格君心之非。（〈離婁上〉）

顯見人心是產生「非」的部分，例如孟子在〈盡心下〉明白指出人有「害人之心」與「穿窬之心」，即足以證之。孟子又於〈萬章上〉指出「人悅之好色富貴」之心；在〈梁惠王下〉並不排斥齊宣王好貨與好色之心疾，反藉之鼓勵當「與百姓同之」；於〈梁惠王上〉對齊宣王見牛流淚而「不忍其觳觫若無罪而就死地」的惻隱之心而進行勸諫施行仁政，勉之「不爲也，非不能也」；此外，人心也會因詖辭、淫辭、邪辭、遁辭「生於其心」而「害於其政」（〈公孫丑上〉）。諸此種種皆顯示出：（1）心呈顯出的狀態是多變的，先天並不具

〔註55〕《玉篇·有部》：「有」，「得也，果也，取也，質也，寀也」，卷二十，頁7右。見《四部叢刊正編》第四冊（臺北：臺灣商務印書館，1979年，上海涵芬樓借印建德周氏藏元刊本）。

〔註56〕陳大齊實已注意到「知皆」之意，其言：「『皆知』所重、在於知，『知皆』所重、在於擴充，亦即在於行。」但又惑於與「庶民去之」不合。其問題即在於其將四端視爲是人先天本有，故有是疑。見《孟子待解錄》，頁184～186。

〔註57〕陳大齊正是惑於此，因此認爲孟子所言有語病。見《孟子待解錄》，頁35～38。

有任何內容；（2）心並非時人所言是善的。

　　有論者將孟子之心分爲「道德心」與非道德心，以爲前者是如四端之心爲內在本有，例如唐君毅先生與牟宗三先生的說法：

> 吾人之所以說，孟子之心，主要爲一性情心德性心者，以孟子言性善，即本於其言心。其心乃一涵惻隱、羞惡、辭讓、是非之情，而爲仁義禮智之德性所根之心。此爲德性所根而涵性情之心，亦即爲人之德行或德行之原，故又可名爲道德心。〔註58〕

> 「性體」義既特殊，則「心」亦必相應此「性體」義成立。「心」以孟子所言之「道德的本心」爲標準。……孟子所言之心實即「道德的心」……〔註59〕

但前文已然證明，孟子所言之人心決非僅能將仁義禮智根於心，因爲若人心充滿如色、貪之欲求，亦可根植於心，所以孟子言心應當不是就先天具有何樣的內容來講，因此無法推論出孟子所言之心是道德心或是心善。〔註60〕對此，傅佩榮先生說得好：

> 孟子以人心說人性，自然得其大體；人心所同者是「理義」，「理義之悅我心，猶芻豢之悅我口」（〈告子上〉），這雖然是一句比喻，但是亦說明理義只是心之所悅，而非心之本身所具。〔註61〕

故即使心涵具惻隱、羞惡、辭讓、是非之情，所產生仁義禮智這些德目，亦只是心之所悅，而非心之本身所具，否則無需強調「知皆擴而充之」了。反過來說，倘若人們對於如仁義禮智之德目擴而充之，保存於人內心之中，這樣的心或可以「道德心」稱之，然則亦無法稱這樣的心是先天本具。

　　總之，孟子所言之心，是一個飄忽不定、出入無時之物。以王陽明的話

〔註58〕《中國哲學原論》（九龍：人生出版社，1966 年），上冊，頁 75。

〔註59〕牟宗三，《心體與性體》，第一冊，頁 41 起。

〔註60〕時賢常如是論述，例如徐復觀，《中國人性論史‧先秦篇》，頁 170～171；牟宗三譯著，《康德的道德哲學》（臺北：臺灣學生書局，1982 年），頁 261、277、317 之「案」等；李明輝，《儒家與康德》（臺北：聯經出版公司，1990 年），頁 64～8、88～92、186 等；黃俊傑，《孟子》（臺北：東大圖書公司，1993 年），頁 68、121～123、152、154 等；吳光，《儒家哲學片論》（臺北：允晨文化事業公司，1990 年），頁 27；譚宇權，《孟子學術思想評論》，頁 94、103；高柏園，《孟子哲學與先秦思想》（臺北：文津出版社，1996 年），頁 3、67；諸此等等。

〔註61〕傅佩榮，《儒家哲學新論》（臺北：業強出版社，1993 年），頁 177。

講，「無善無惡心之體」〔註62〕差可比擬，唯陽明認爲人天生本具「良知」實體，但在孟子哲學中這樣的論述似不明顯。人心沒有一定的狀態，因應環境而產生不同的心境，如「不忍人之心」、「父母之心」、「所欲甚於生者」之心、「穿窬之心」、「害人之心」、「偷盜之心」等等，對之，「養其小者爲小人，養其大者爲大人」（〈告子上〉），「苟得其養，無物不長；苟失其養，無物不消」（仝上）對於小、大，自然指良好之心與非良好之心，那麼人如何揀擇出良好之心、排除非良好之心呢？此便牽涉到對於「心」中所具之能力的探討。

二、「心」的能力

　　從以上的分析可知，孟子認爲人心所呈顯出的面貌是多樣的，其以四端爲例，主張培養擴充則足以行事施政。那麼對於人心諸多的萌動，我們當如何揀擇予以培養擴充呢？孟子認爲，人心之中具有某些先天的能力，他說：

　　　　富歲子弟多賴，凶歲子弟多暴，非天之降才爾殊也，其所以陷溺其
　　　　心者然也。（〈告子上〉）

這是說無論環境如何影響人，決不是天所降賦的「能力」（才）〔註63〕不同，而是因爲人將其心「陷溺」之故。人心之「陷溺」，乃陷於一般意識的追求，是以孟子感嘆：「人有雞犬放則知求之，有放心而不知求？」（〈告子上〉）雞狗遺失了知道尋求，何以良好的心遺失了卻不曉得尋求？所以孟子說：「若夫爲不善，非才之罪也。」（仝上）至於那些從事出不善的行爲，決不是天所降賦之「能力」的過失，故有「不能盡其才者也」（仝上）之斷語。孟子主張，正是因爲這些天賦的「能力」，使我們得以從事所謂的道德反省，而能揀擇出心所呈顯之諸種狀態中最好的部分（如四端之心）。而這個「才」，乃是人人殊無二致的。〔註64〕

〔註62〕語出《王龍溪語錄》（臺北：廣文書局，1960年），卷一〈天泉證道紀〉；《傳習錄》下卷亦載。引之僅是佐據孟子論「心」這樣的物體，當無後人所謂先天內容。

〔註63〕「才」指能力，朱熹即如此說，其言「才猶材質，人之能也」，見《四書集註·孟子告子上》，「公子都曰告子曰性無善無不善也」章，頁161。

〔註64〕王引之言：「爾，猶『如此』也。……孟子告子篇曰：『富歲子弟多賴，凶歲子弟多暴，非天之降才爾殊也。』言非天之降才如此其異也。凡後人言『不爾』、『乃爾』、『果爾』、『聊復爾耳』者，並與此同義。」見《經傳釋詞》（臺北：漢京文化事業公司，1983年），頁163～164。

那麼，天賦予人的「能力」有那些？孟子說：

> 心之官則思，思則得之，不思則不得。此天之所與我者也。（〈告子上〉）

> 人之所不學而能者，其良能也；所不慮而知者，其良知也。孩提之童，無不知愛其親者；及其長也，無不知敬其兄也。親親，仁也。敬長，義也。無他，達之天下也。（〈盡心上〉）

孟子明白指出，人心的官能是「思」（心之官則思），這能力的展現乃在於人自我的掌控，所謂「求在我者也」（〈盡心上〉），正是因爲心有「弗思」的可能。〔註65〕而這能力是「天」所賦予的，發揮這樣的能力正是「知天」、「事天」的具體表現。〔註66〕由「思則得之，不思則不得」來看，孟子顯然特別重視這個先天能力，稱其爲「大體」（與耳目之官的「小體」相對），正因爲此能力是否展現乃在於人的自我掌控，所以孟子說「先立乎其大者，則其小者不能奪也」（〈告子上〉）。此外，孟子曾言：「誠者，天之道也；思誠者，人之道也。」（〈離婁上〉）「天」的運行展現是誠實無妄；辨別是否誠實無妄，這是人所當行之路。〔註67〕「心之官則思」的「思」與此思相同。另有所謂「良能」與「良知」，孟子並未言其來源爲何，亦未言其內容爲何，但既是不學而能、不慮而知，故亦可視爲先天所具，因其能力表現在孩提之童就知道愛親與敬兄的事實之上。〔註68〕孟子理論就是因爲人心之中先天具有這些能

〔註65〕〈告子上〉有提及一次「弗思耳矣」、一次「弗思耳」以及一次「弗思甚也」。

〔註66〕〈盡心上〉云：「孟子曰：盡其心者，知其性也，知其性則知天矣；存其心，養其性，所以事天也。夭壽不貳，脩身以俟之，所以立命也。」這段話的意思是：人能窮盡人心面臨的諸種情境時所產生的諸多隱動，便能知曉人當所發展出來的人之性；能知曉人所當發展出來的人之性，就知道人的這個發展能力是上天所賦予的，故語「知其性則知天之矣」。敬重如是的天賦以保存如四端之心的善端，培養擴充使之成性，此便稱爲「事天」。這是人主動所能作的努力。反之，對於個人生命的長短，亦只能被動地「俟之」而已，但決不放棄修身的努力，是爲「立命」，即立於莫可奈何之命上，堅持努力地實踐出人格的特質。

〔註67〕趙岐注：「思行其誠以奉天者，人道也。」見《孟子注疏》，孟疏卷七下，頁3右。朱熹注：「欲此理之在我者皆實而無僞，人道之當然也。」見《四書集注·孟子離婁上》，頁103。

〔註68〕但這不是說明愛親、敬兄之仁、義的表現是先天所具的，論者卻以爲如此，例如謝冰瑩等編譯，《新譯四書讀本》（臺北：三民書局，1983年修訂八版），頁483；史次耘註譯，《孟子今註今譯》（臺北：臺灣商務印書館，1984年修訂版），頁348。

力，保證了人有能力在心的諸多萌動中揀擇出良善之心。故言「非天之降才爾殊，其所以陷溺其心者然也」。以「見牛不見羊」的齊宣王爲例，其對流淚之牛萌動了惻隱之心，但卻不知擴充涵養此惻隱之心以愛百姓，因其心陷溺於崇尚齊桓、晉文的霸業之故（〈梁惠王上〉）。因此，孟子強烈主張，發現了良善之心就必須加以涵養擴充，若非如此，則是「不爲也，非不能也」（仝上），所以才說不是先天能力之「才」的過失。

就孟子而言，人心之中至少具有「思」、「良知」與「良能」三種能力，「才」是否指此呢？《孟子》書中並未明言。朱熹界定「才」爲「材質」、「人之能也」，或言「足以有爲之謂才」，〔註69〕講的都是指人的材質能力。人做出不好的行爲，不是「才」（能力）本身的問題，乃是「物欲陷溺而然」，是外在環境影響之故。但並未指明「才」的內蘊爲何。朱熹認爲：「人有是性，則有是才；性既善，則才亦善。」〔註70〕以之解釋孟子〈告子上〉「若夫爲不善，非才之罪也」。於此，朱熹所謂之「才」是富含道德價值意蘊的，因爲朱熹認爲天理渾然至善、無所污壞，〔註71〕「才」出於天理所賦之性，因此「才」爲善，故具強烈的價值意蘊。是以朱熹解釋「才」爲「材質」、「人之能也」，亦是富有道德價值意蘊的。但朱熹又引程頤的說法，才稟於氣，氣有清濁，故才亦有清濁，稟其清者爲賢、爲善，稟其濁者爲愚、爲惡，朱熹雖認爲小異孟子原意，但覺得其解釋較細密。〔註72〕依朱熹的看法，簡單地說，「才」本身就是一個道德價值，同時也是實踐道德的必要能力。〔註73〕此外，朱熹言「有是性則有是才」，「性」爲第一義。然而，我們從孟子回應公都子的話來看，並非如此。「至於爲不善，非才之罪也」（〈告子上〉），此意是「至於說（人）作了不善的事，這不是它能力上的缺失」，〔註74〕併「乃若其情」一段觀之，孟子顯然認爲人之性只可以爲善，作出不好的行爲，「非才之罪也」。隱含著成就出人之性是因爲人具有「才」能力的緣故，因此「才」方是第一

〔註69〕見〈離婁下〉「中也養不中」章，《四書集注》，頁113。
〔註70〕仝註59。
〔註71〕朱熹言：：「愚按：性者，人之所得於天之理也，渾然至善，未嘗有惡。」見《四書集註・孟子告子上》，「告子曰生之謂性」章，頁158。
〔註72〕仝註59，頁162。
〔註73〕《朱子語類》卷五：「問：能爲善便是才。曰：能爲善本善者是才。若云能爲善便是才，則能爲惡亦是才。」
〔註74〕何保中，《由天人之際論先秦儒家思想的傳承與演變》（臺灣大學哲學研究所博士論文，1994年），頁213。

義，同時亦無法證明孟子言「才」具有道德意蘊。對於「才」的闡釋，朱熹或有其他理據，但程頤之說與朱熹之見實無法同時成立，當是顯而易見的。因為朱熹之「才」為「性之動」，自當渾然為善，不可能出現不善或惡的狀況。而程頤的界定，明白指出是稟於氣，氣有清濁，稟於濁者為愚、為惡。二者如何融匯一起，實有疑義。於此觀之，朱熹對孟子之「才」的解釋，並不符合《孟子》書的原義。

戴震於《孟子字義疏證》中撰有「才」三條，其中提到：

> 才者，人與百物各如其性以為形質，而知能遂區分以別焉，孟子所謂「天之降才」是也。氣化生人生物，據其限於所分而言謂之命，據其人物之本始而言謂之性，據其體質而言謂之才。由成性亦殊，故才質亦殊。才質者，性之所呈也……〔註75〕

此為戴氏自言，實亦不符《孟子》書之意。（1）「氣」在《孟子》書中未構成如戴氏所稱「氣化生人生物」〔註76〕之見。（2）戴氏認為「性」與「才」為不同面向之稱呼，「性」就人物之本始言，「才」就體質言，故言「言才則性見，言性則才見，才於性無所增損故也」。〔註77〕然則，就孟子而言，「才」是「天」降，但「性」並非如此。〔註78〕若以之見解解釋《孟子》，許多文意將無法理解。基於此，戴氏說法必須加以保留。

何保中先生顯然將「良知」、「良能」與「心之官」（「思」）認為是孟子所謂「才」的內容，故有如下的陳述，或可參究。其言：

> 對孟子有關心之「才」的探討，一定要兩面兼顧，一為天生已然之「良知」、「良能」，一為能求能舍的「思」。前者為道德判斷的基本原點，後者才是道德活動的關鍵歷程。〔註79〕

〔註75〕 戴震，《孟子字義疏證》卷下。收於《戴震全書》（合肥：黃山書社，1995年），第六冊，頁1956。

〔註76〕 孟子所指之「氣」乃指「體之充也」，且當持志制氣，培養「浩然之氣」（〈公孫丑上〉），此乃就人之意志展現的意義來說，雖提及「夫蹶者趨者，是氣也，而反動其心」，但未明「氣」是造成人不善行為的必要原因。於〈告子上〉提到「平旦之氣」與「夜氣」，僅是指夜間人休息時心未接觸外物時的清純狀態，如是狀態是朦朧而不清晰的。可見孟子所言之「氣」，並無特殊的哲學意蘊，更無戴震所言「氣化生人生物」之見。

〔註77〕 戴震，《孟子字義疏證》卷下。《戴震全書》，第六冊，頁1958。

〔註78〕 詳見本章第三節的討論。

〔註79〕 何保中，《由天人之際論先秦儒家思想的傳承與演變》，頁254。

就孟子整體理論觀之，頗有圓通之處。但是否果真如此，猶待討論。

總之，《孟子》書中之「才」，指人天賦所降之能力當無歧義，然此能力決非指小體之耳目之官十分顯著。問題是能力的內蘊爲何？孟子顯然並未明言，僅言「才」爲「天之降」，同時指出不好的行爲是因爲「心」陷溺的緣故。就能力而言，《孟子》書中有所謂「良知」、「良能」，「心」則有「思」的能力，均爲天生能力或天之所降。「才」是否明確指此並不明晰。值得注意的是，孟子言「才」爲天所降，又其他「才」都是正面的陳述，如「才也養不才」（〈離婁下〉）、「以爲未嘗有才焉」（〈告子上〉），但在《孟子》書中則找不到確切的價值意蘊。僅能說，就實現人之性的能力而言，孟子認爲人人皆具。而是否實踐出人之性，用孟子的話講，「不爲也，非不能也」（〈梁惠王上〉）。由是探討，我們僅能說孟子所言之「才」是人天所賦的能力，是否指陳「思」、「良知」與「良能」則不清楚，或可暫時如此認定。

孟子何以能如上述般地認爲，透過天賦「能力」，使我們得以從事所謂的道德反省，而能揀擇出心所呈顯之諸種狀態中最好的部分？從《孟子》文意而論，此乃基於他認爲人心有一共同的趨向。孟子說：「是故所欲有甚於生者，所惡有甚於死者。非獨賢者有是心也，人皆有之，賢者能勿喪耳。」（〈告子下〉）人所欲求的有比生命更重要的，所憎恨的也有比死亡更厭惡的，這是人心皆曾存有的事實，只是賢人能不讓這樣的心喪失而已。孟子另舉人之感官欲求相類，得出人心之欲求亦相類。他說：

> 口之於味也，有同耆焉；耳之於聲也，有同聽焉；目之於色也，有同美焉；至於心，獨無所同然乎？心之所同然者何也？謂理也、義也。聖人先得我心之所同然耳。故理義之悅我心，猶芻豢之悅我口。
> （〈告子上〉）

這段以口耳目感官知覺的同耆、同聽、同美之感官欲求是否相同是極有爭議之議題，且依此爭議推衍出人心之欲求也是相同，在理論的嚴格性上是十分危險的。然而，孟子論述的主旨乃在於認爲人心必然朝向「理」與「義」的認可，不但聖人如此，一般人亦然。聖人之心先如此，庶人之心亦必然如此。「理」與「義」當指人們行爲合宜的原則及標準。〔註80〕顯然，雖然人心具

〔註80〕 趙岐注：「理者，得道之理。」《孟子注疏》，注疏卷十一上，頁 10 右。焦循云：「道者，行也。凡路之可通行者爲道，則凡事之可通行者爲道。得乎道爲德，對失道而言也。道有理也，理有義也。理者分也，義者宜也。其不可通

有諸多隱動，但孟子相信，人都可能呈顯像四端之心的良好之心，因此認爲人心必然有一致的歸趨，一般人同聖人一樣，終會發現人心的方向果然是朝向「理」與「義」的，差別僅在於時間的先後而已。這便爲「人皆可以爲堯舜」（〈告子下〉）的說法提出了佐證。

倘若上述的探析無誤，那麼孟子對於人心的看法無疑頗具特色。簡單地說，孟子認爲人在心裡所呈顯出的多樣變化中，當運用天賦能力（「思」、「良知」與「良能」等，當可統稱爲「才」）以揀擇出如四端的良善之心，並予以擴充培養。至於人心所呈顯出不好的部分應當「格」（正）之，所以他說：「人能充無欲害人之心，而仁不可勝用也。人能充無穿窬之心，而義不可勝用也。人能充無受爾汝之實，無所往而不爲義也。」（〈盡心下〉）對充滿於心的良善內容而言，孟子認爲是需要「恆」的意志方能貫徹，孟子說：「無恆產而有恆心者，惟士爲能。若民則無恆產，因無恆心。苟無恆心，放辟邪侈，無不爲已。」（〈梁惠王上〉）正是在恆心這一點上，孟子的理論保證了如仁義禮智之德行、德性是可以成就出來的。而恆心之說與孔子之「仁」建立在意志凝煉之上又有異曲同工之妙。孟子理論之所以能成立，就是立基於對人心有堅強的信念上，其並不認爲人心中含藏著任何內容，心之呈顯乃是因接觸外物而引發的萌動順隨而產生諸多不同的狀態，孟子樂觀地認爲，人若依著先天能力對心的諸多狀態進行揀擇，保存其良善之心並予以擴而充之，必然能實踐出人之性，完成仁義禮智的道德實踐。如是，最後的問題在於孟子所謂人性的實踐究竟是如何完成？這是下一節探討的焦點所在。

三、「良心」與「本心」的探討

上述探討，當已將孟子所認爲的「心」闡釋清楚，但由於後人受到朱熹之《四書集注》的影響，將《孟子》中的「良心」與「本心」視爲先天本具，對此必須作一澄清與解說。首先，關於「良心」一語，《孟子》書中僅僅一出：

　　雖存乎人者，豈無仁義之心哉？其所以放其良心者，亦猶斧斤之於木也。（〈告子上〉）

所謂「良心」，乃指如仁義之心般的良好之心，〔註81〕因此有「放」與否的問

　　行者非道矣。」《孟子正義》，卷二十二，頁773。
〔註81〕此焦循已明之：「良之義爲善，良心即善心，善心即仁義之心。」《孟子正義》，卷二十三，頁776。

題。若將「良心」如朱熹解爲「本然之善心」，〔註82〕「放」即無從著落。何以肯定？孟子云：「人有雞犬放則知求之，有放心而不知求。」（仝上）顯見「心」是會迷失的，〔註83〕如同雞犬走失一般，故需「求」其歸來。「求」者，探求之意。倘若視「良心」爲本體、爲本然之實體義，孟子這樣的話便顯得無掛搭處，下文「亦猶斧斤之木也」亦成了贅語。因此，當無法視「良心」爲「本然之善心」，否則「放」與「求」無從得解。

其次，關於「本心」一語，《孟子》書亦僅一出，意爲本來狀態之心，〔註84〕孟子云：

> 一簞食，一豆羹，得之則生，弗得則死，嘑爾而與之，行道之人弗受；蹴爾而與之，乞人不屑也。萬鐘則不辨禮義而受之。萬鐘於我何加焉？爲宮室之美、妻妾之奉、所識窮乏者得我與？鄉爲身死而不受，今爲宮室之美爲之；鄉爲身死而不受，今爲妻妾之奉而爲之；鄉爲身死而不受，今爲所識窮乏者得我而爲之，是亦不可以乎？此之謂失其本心。（〈告子上〉）

孟子在此，連指三次「鄉爲身死而不受」，這是在僅要一點飯、一點羹湯則可存活的情況下，卻可因不受敬重而堅拒，何以爾後卻爲其他目標而移轉了這樣的「本心」？趙岐即言：「鄉者，不得簞食而食則身死，尚不受也。今爲此三者爲之，是亦不可以止乎，所謂失其本心也。」〔註85〕此意甚明。所謂「本心」，當指心的本來狀態，絕非專指「良心」。〔註86〕一如先前已指出的，孟子認爲人心「所欲有甚於生者，所惡有甚於死」，何以能如此？因有「禮義」之心，這樣的心「人皆（『能』）有之」，是可以培養出來的。

假設朱熹所認爲的作爲本質、本體性意義的「良心」與「本心」〔註87〕之說可以成立，但理論上，既有「良心」與「本心」，另外必有「非良之心」

〔註82〕 朱熹於〈告子上〉「孟子曰牛山之木嘗美矣」章注云：「良心者，本然之善心，即所謂仁義之心也。」《四書集注》，頁165。

〔註83〕 焦循言：「蓋所以放之失之舍之喪之者，由於不能操之，所以不能求之也。何以操之？惟在學問而已。」《孟子正義》，卷二十三，頁787。

〔註84〕 此徐復觀先生已注意到了，見《中國人性論史・先秦篇》，頁198註8。

〔註85〕 《孟子注疏》，注疏卷十一下，頁5左。

〔註86〕 張立文認爲：「人的本心亦稱良心。人喪失本心，也就是『放其良心』。」《中國哲學範疇精粹叢書——心》（臺北：七略出版社，1996年），頁38。

〔註87〕 朱熹謂：「本心，謂羞惡之心。」〈告子上〉「孟子曰魚與熊掌不可得兼」章，《四書集注》，頁168。朱熹視四端之心爲先天本具的，甚至等同於人之性。

與「非本之心」，否則孟子的「動心」無從著落，因爲人心本身即無動與不動的問題；「不動心」亦無從得解，因爲心既已良善，心即不需言動，又何來「不動」之求？那麼，什麼是非良之心、非本之心？朱熹同孟子一樣，承認人有好勇、好貨、好色等等之心，「生於其心，害於其政」，此即非良、非本之心。〔註88〕其中判準爲何？對此，朱熹以爲在於心是否「明乎正理」。〔註89〕而此判準，即在於人心有「思」的能力。基本上，朱熹論孟子之心，因認定人先天具有「良心」、「本心」或「四端之心」等良善一面，並視其爲本體，因而在解釋上不得不多作彌縫，引二程、張載的「氣」論，批評孟子之言，「盡是說性善，至有不善，說是陷溺。是說其初無不善，後來方有不善耳。若如此，卻似『論性不論氣』，有些不備」。〔註90〕如是責備，孟子何辜？孟子談心，承認人會因外在環境影響而可能爲惡，但這與「性善」本義渺不相涉。〔註91〕所以，朱熹言孟子諸語，決非孟子意思。細看朱熹對孟子的理解，當是在詮釋方向上已有先入爲主的看法。這樣的理解，在朱熹哲學中或有一番理據得以支持。但是，與《孟子》原文意旨差距甚大。

　　時賢深受朱熹之見的影響，論述沿此脈絡持續發揮。試比較下列的斷言：

　　　在孟子，說心即是本心，即是善的、公的。〔註92〕

　　　因孟子所說的性善，實際是說的「天之所與我者」的「心善」。……
　　　因心善是「天之所與我者」，所以心善即是性善；而孟子便專從心的
　　　作用來證性善。〔註93〕

　　　蓋孟子所言之性乃是本心即理、即動即存有之實體……本心即
　　　性……〔註94〕

可是《孟子》書中似無章節可以佐證。即使如提倡「心統性情」的朱熹，亦

〔註88〕《朱子語類》卷五：「或問：心有善惡否？曰：心是動底物事，自然有善惡。且如惻隱是善也，見孺子入井而無惻隱之心便是惡矣。……」
〔註89〕《四書集注・孟子公孫丑上》，「公孫丑問曰夫子加齊之卿相」章，頁40。
〔註90〕《朱子語類》，卷四。
〔註91〕〈告子上〉：「孟子曰：富歲子弟多賴，凶歲子弟多暴。非天之降才爾殊也。所以陷溺其心者然也。」此段，孟子僅指人作惡的原因在於「心」受到陷溺，使得本身的「才」（能力）無法發揮，因而產生不好的行爲。這裡所談的與人之「性善」並不相干。
〔註92〕唐君毅，《中國哲學原論・導論篇》，頁101。
〔註93〕徐復觀，《中國人性論史・先秦篇》，頁171。
〔註94〕牟宗三，《心體與性體》，第三冊，頁417～418。

承認孟子所言的好勇、好色、好貨之心，相信類似心緒若「生於其心」可能
會「害於其政」，所以才有「明乎正理」之言，因此他十分強調「天理」、「人
欲」之判。朱熹肯認「良心」、「本心」，視其如「四端之心」，心天生含具這
樣的內容，或可以時賢所謂「道德心」勉強指稱，卻是真誠地面對現實狀況，
並未排除人心中的其他內容。況且，孟子明言「惟大人能格君心之非」，心顯
然會呈顯出「非」的狀態。因此，界定「心」是善、是本心，不但不符合孟
子原義，亦將朱熹之思狹隘化了。另言「性善，實際是說的『天之所與我者』
的『心善』」，「因心善是『天之所與我者』，所以心善即是性善」，這樣說法乃
是來自朱熹而非孟子。按孟子所云「此天之所與我者」，乃指「大體」的「心
之官」以及「小體」的「耳目之官」（見〈告子上〉），與「性」何干？天之所
與的「心之官」，其功能為「思」，亦無法證明所謂的「心善」。因此，上述斷
言實過於輕忽，應當無法成立。但更專斷的話如下：

> 憶明儒羅整庵之困知記嘗舉孟子格君心之非，及正人心等之言，以
> 證孟子未嘗以心為全善。然吾人亦終不能謂孟子所謂人心中實有一
> 邪心、非心。若然，則孟子隨處所言之存心、盡心、養心，皆為模
> 稜之語，不定之辭。果存心、盡心、養心之言中之心，為孟子所言
> 之心之本義，則孟子所謂「格君心之非」者，亦即使君心無存者存，
> 以安民定固而已。孟子所謂正人心者，亦非重在去一邪心而另得一
> 正心之謂……〔註95〕

羅整庵之見，實見及孟子哲學的切要，孟子實未嘗以心為全善。所謂「格君
心之非」，不就已然證明了人心會產生「非」的部分，所以人心並非全善嗎？
若此，怎能斷言心是善的？其次，孟子所謂「正人心」，自然不在於去一邪心
而另得一正心，因為人心是一個整體，而是在於「正確」人心，所以也不是
如論者所言人心有一本體。如前所述，人心中的隱動繁多，因而才講盡心、
存心、養心這些工夫。倘若人心已善，是所謂道德本心，此已然之物又何需
從事盡、存、養的修養工夫？上述之論，實引自朱熹「良心」、「本心」之說
而無限擴大，理論上不但論證有困難，更重要的是與孟子心性哲學可謂毫不
相干。

　　總之，《孟子》書中，事實上僅僅出現一次的「良心」與「本心」。在孟
子看來，「良心」乃指如仁義禮智般地良好之心，「本心」指人心的本來狀態，

〔註95〕唐君毅，《中國哲學原論・導論篇》，頁101。

而非後人所認知的本心，更不指涉人之「性」，其意甚明。然則，時賢卻有如下的陳述：

> 孟子又嘗說「本心」，與良心同義。〔註96〕

> （孟子）所謂本心顯然不是心理學的心，乃是超越的本然的道德心。孟子說性善，是就此道德心說吾人之性，那就是說，是以每人皆有那能自發仁義之理的道德本心爲吾人之本性。……〔註97〕

> 此本心能自發自律，故心即是理，此「心即是理」之本心即是吾人所以能作道德實踐，能成爲道德存在，能發展其道德人格，……此亦即人之所以爲人所以成聖之理，故亦即是人之性，亦得曰聖性，故此本心即是性。〔註98〕

> 孟子性善論的主要根據，是人天生具有道德良心，這道德良心亦即本心。人無不有些良心、本心，因此人性無不善。〔註99〕

如前所述，孟子之「良心」與「本心」指涉不一，如此怎可斷言孟子之「本心」與「良心」同義？孟子所言之「本心」，自當不是心理學意，但也不是超越的道德心，而只是普普通通之心的本來面目，其根本無法自發仁義之理，除非人在後天的存養、擴充使之成爲人之性方能爲之。因此，我們無法認可漫天爲說的「本心即是性」的論斷。按孟子性善論的根據，即使有所謂「道德良心」，然此道德良心決非天生所具，而是人自覺後抉擇培養擴充而來。因此，可以斷定「道德良心」亦非「本心」。若此，「人無不有些良心、本心，因此人性無不善」的陳述，便顯得空洞無力。因爲「人無不有些良心、本心」，並無法作爲「人性無不善」的充份條件，理由在於其前提是建立在誤解孟子意旨之上的，事實上孟子認爲任何心都是會消逝的。此外，另有強解者，認爲是因爲人心有「大類」、「小類」的關係，將四端之心、良心、本心等心就是指人之性，其他非指性的心只是寬泛的一般心，〔註100〕此亦不足取。

綜上所述，孟子所謂「良心」與「本心」，僅是行文中的指涉詞，而非專詞，時人卻視之爲專詞，恐與宋明理學中的朱熹與陸象山有關。朱熹所見，

〔註96〕張岱年，《中國哲學大綱》（臺北：藍燈文化事業公司，1992年），頁291。
〔註97〕牟宗三，《從陸象山到劉蕺山》（臺北：臺灣學生書局，1979年），頁216。
〔註98〕牟宗三，《心體與性體》，第三冊，頁81。
〔註99〕見張立文主編，《中國哲學範疇精粹叢書──心》，頁34。
〔註100〕參見陳大齊，《孟子待解錄》，頁10～12。

前已探討，茲不再述。象山之見，確曾提及「蓋人受天地之中以生，其本心無有不善。吾未嘗不以其心望之，乃孟子人皆可以爲堯舜、齊亡可以保民之義。」〔註101〕對此，象山明言「因讀孟子而自得之」，〔註102〕故視爲象山對於孟子學思的發揮則可。若據以爲象山所言即爲孟子本義，於文獻上恐怕是找不到佐據的。〔註103〕因此，對於象山解釋孟子之見亦當保留。

總結本節所論，孟子之「心」當僅是一個接受物，其間無任何內容，王陽明「無善無惡心之體」差可比擬，且極易受環境、欲望所左右，出入無時，莫知其嚮。然而，人心中有一些天賦的能力，如「思」、「良知」與「良能」，或可以「才」統言之，善用之則可辨別何樣的心爲良善之心，何樣的心爲非良善之心。透過人之意志操舍，以及存養、擴充的工夫，使之保存或排除於心之中。孟子認爲，人心的隱動繁多，但人當將良善之心存養、擴充，正所謂「仁義禮智根於心」，而不將如害人之心、穿窬之心生於心中。若將如害人之心、穿窬之心生於心中，甚至成爲其行，其行必然不當，如此從事爲政治民之業，必將害於其政。對此，稱爲「人皆有之」，人人都能掌有。正是在這意義上，我們很難認定所謂「四端之心」是本然即具的，甚至認爲就是孟子所言的人之性。《孟子》書中僅出現一次的「良心」與「本心」，僅是狀態的描述語，並非專詞，更非先天本具於人心之中的本體、本質，亦非等同於人之性。後人超脫《孟子》原文談論孟子之「心」，或有一定理據，然就《孟子》本身而論，誤解恐怕是十分清楚的。

正因爲對孟子之「心」的誤解，因此所談論孟子之「性」亦是有問題的。徐復觀先生認爲孟子「以心善言性善」，〔註104〕此點有些道理，但卻將「心」等同於「善」，與許多學者認定孟子之心是所謂「道德心」爲天所賦，意思是一樣的。我們必須指出，這樣的論述遠離文獻意義甚遠。筆者大膽指出，此當是受宋明理學影響，以致於掩飾了孟子學思的眞面目。事實上，孟子所強調「君子所性，仁義禮智根於心」，即已明顯指出所謂人之性不是先天本具的，

〔註101〕〈與王順伯書〉二，《象山全集》，卷十一，頁8下。

〔註102〕「語錄下」，《象山全集》（臺北：臺灣中華書局，四部備要版），卷三十五，頁29上。

〔註103〕牟宗三認爲「象山學爲孟子學無疑」，見《從陸象山到劉蕺山》，頁4。陳來亦言：「從孟子到陸九淵，本心指先驗的道德意識，這個說法強調道德意識是每個人心的本來狀態……」見《宋明理學》（瀋陽：遼寧教育出版社，1991年），頁192。

〔註104〕徐復觀，《中國人性論史・先秦篇》，頁161等。

而是表顯、展現出來的。對此，我們的解釋是：君子所欲展現出的人之性，是將如仁義禮智般的德行像耕田種植地深入於自己的心之中，使之成爲德性。作爲恭敬之心的「禮」，亦當如此實踐。

第三節　孟子論性

「孟子道性善，言必稱堯舜」（《孟子・滕文公上》）一語，爲世人所熟知。然而，孟子的「性善」，時賢幾乎均理所當然地詮釋爲「人性本善」或視爲人的本質，〔註105〕似乎爲學界「共識」而不容懷疑。不過，並非無人提出疑義，〔註106〕只是未被重視加以討論而已。如是理所當然的原因何在？考其源流，恐怕是宋明理學鉅大影響之故！方東美先生即言：

> 這在我們現代的中國，大家對於孔孟思想的研究，往往不從孔孟思想本身來著想，而是透過宋以後新儒家的眼光來看，難免這裏面多多少少有一點出入。〔註107〕

方先生所見，確實洞察到當今對先秦學術面貌的遮掩問題。事實上，宋明以降的新儒學對先秦儒學作了許多發揮以及過度的詮釋，故從宋明新儒學理解先秦儒學會產生頗大的偏差，孟子論「心」與「性」即是一個鮮明的例子。

〔註105〕自民國八年胡適之出版《中國古代哲學史》起，學界幾乎都是這樣地認爲。例如唐君毅的《中國哲學原論》等諸書、牟宗三的《心體與性體》、徐復觀的《中國人性論史・先秦篇》、張岱年的《中國哲學大綱》（臺北：藍燈文化事業公司，1992 年）、任繼愈主編的《中國哲學史》、《中國哲學發展史》（北京：人民出版社，1983 年）、陳榮捷的《中國哲學文獻選編》（臺北：巨流圖書公司，1993 年）、勞思光的《新編中國哲學史》（臺北：三民書局，1981 年），萬榮晉的《中國哲學範疇導論》（臺北：萬卷樓圖書公司，1993 年），以及對宋明理學研究極有心得的學者如錢穆、張立文、陳來等諸位先生；諸此等等。倒是民國 12 年馮友蘭出版的《中國哲學史》及其六十年後出版的《中國哲學史新編》（北京：人民出版社，1983 年）並未出現如此的論述，但其亦認爲孟子所言之性先天內含某些善性。

〔註106〕例如陳大齊的《孟子待解錄》、傅佩榮的《儒家哲學新論》（臺北：業強出版社，1993 年）、何保中的《由天人之際論先秦儒家思想的傳承與演變》等。外國亦有如是看法，例如 A. C. Graham, *Studies in Chinese Philosophy and Philosophical Literature,* （State University, of New York Press, 1990）, p.p.26-59.

〔註107〕見〈原始儒家思想之因襲及創造〉乙文，此爲民國 59 年教師節方先生於孔孟學會所作之演講，郭文夫整理。該文收於《方東美先生演講集》（臺北：黎明文化公司，1978 年），頁 114。

孟子論「心」已於前節討論，本節則探討孟子論「性」議題。

一、「性」的意義

　　按《孟子》書中的「性」字，僅僅出現三十七次，所佔份量並不十分凸顯，何以成爲後人討論孟子哲學的重心，是爲哲學史中公案，可另探討，〔註108〕本文不究。孟子談論人之「性」，曾批評他人說：「天下之言性也，則故而已矣。」（〈離婁下〉）「故」者，已然之跡的過去經驗，理論上即是想當然爾地設想。〔註109〕譬如告子所言的「生之謂性」、「食色性也」，或如「性無善無不善」、「性可以爲善、可以爲不善」、「有性善、有性不善」（〈告子上〉）等的陳述，均是經驗上得以接受的事實。〔註110〕如此說來，孟子所談論的人之「性」，並不是就經驗上已然的事實來論說的。論者常引孟子與告子論辯「性」佐證孟子所言人之性是天生本性（全出於〈告子上〉），實則當是焦距放置錯誤所致。以告子「性猶杞柳也，義猶梧桲也」爲例，告子的論辯要點是在這前提下提出「以人性爲

〔註108〕例如牟宗三說：「至孟子時，性之問題正式成立。……在孟子，則將存有問題之性即提升至超越面而由道德的本心以言之，是即將存有問題攝于實踐問題解決之，亦即等于攝『存有』于『活動』（攝實體性的存有于本心之活動）。如是，則本心即性，心與性爲一也。至此，性之問題始全部明朗，而自此以後，遂無隔絕之存有問題……」《心體與性體》，第一冊，頁 26。又說：「惟『性』之問題是孟子時特顯之問題，而孟子亦積極地創闢地盛言此問題，遂奠定儒家中內聖之學之基礎。其不順『自生言性』之老傳統言性，而創闢地自仁義內在以言超越性的義理當然之性，內在道德性之性，或道德的創造性之性，正是本上世道德總規（政規）中道德意義之概念……以及超越意義之概念……」仝上，頁280。是否如此，猶待討論。

〔註109〕朱熹謂：「故者，其已然之跡。」見《四書集注》，〈離婁下〉「孟子曰天下之言性也」章，頁119。清人焦循在《孟子正義》中即已指出：「故，謂已往之事。」另可參考徐復觀先生的討論，見《中國人性論史‧先秦篇》，頁169。張岱年亦指出：「故是已然之形態。」見《中國哲學大綱》，頁 247。黃彰健有〈釋孟子「天下之言性也則故而已矣」章〉乙文（原刊《大陸雜誌》第十卷七期，1955 年 4 月 15 日），可予參究。是文收於《孟子研究集》（臺北：中華叢書編審委員會，1963 年），頁 111～124。

〔註110〕依高樹藩編纂、王修明校正之《正中形音義綜合大字典》（臺北：正中書局，1977 年增訂二版）云：「甲古、金文、性字闕。小篆性：從心、生聲，本義作『命於天固有諸心曰性』解（見六書故），乃稟自天賦，而固結於心之五種氣質：故從心。又以生有生長生殖等義：飲食男女爲人之性，飲食利其長，男女導其殖，故性從生聲。」由此，「性」的本義顯然是就經驗事實而言的。可備一說。

仁義，猶以杞柳爲桮棬」。孟子的回應是順著告子之見而來，言「子能順杞柳之性而以爲桮棬乎，將戕賊杞柳以爲桮棬也」，意指桮棬並非杞柳之質性，而是人爲地「戕賊」之。故若將以告子設定之前提與推論爲鑰，孟子反駁「如將戕賊杞柳而以爲桮棬，則亦將戕賊人以爲仁義與」，仁義之則成了人爲地對人的強迫，因而斷言「率天下而禍仁義者，必子之言夫」。是以此處並未提及人之性是否是先天與否的問題。〔註111〕另以告子言「性猶湍水」爲例，告子言「人性之無分於善不善也，猶水之無分於東西也」。孟子順之反詰，「水信無分於東西，無分於上下乎」？水之質性雖無東西之分，但有上下之狀。孟子捉此，言「人性之善也，猶水之就下也。人無有不善，水無有不下」，意指（我所說的）人性朝向「善」的方向，就像（猶）水之質性往下一般；人沒有不朝善的，水沒有不往下的。但水若因外在勢力而過顙、在山，這並不是水之質性的原因。所以最後結語是「人之可使爲不善，其性亦猶是也」，人可藉由外力使水不朝下，對於人之性亦可如是爲之。換言之，人是可以使人性朝向不善的。〔註112〕其他如「生之謂性」、「食色性也」與「仁義內外」等等的論辯中，告子所提皆爲經驗意義的設問，孟子順之反駁，均未提即人之性是否是天生本具的意義，語意十分明朗。正是因此，孟子言「天下之言性也，則故而已矣」顯得十分重要。

那麼，孟子所闡釋之「性」意義爲何？首先，孟子明白指出「性」需「忍」，乃是就「心」需「動」而言，〈告子下〉云：「故天將降大任於是人也，必先苦其心志，勞其筋骨……所以動心忍性，曾益其所不能。」動心，易於理解。忍性，則不易明瞭。主張人之「性」爲先天本具的朱熹，注解「動心忍性」一語爲：「謂竦動其心，堅忍其性也。」「性」既需要「忍」，即不符「性本善」的認定。故而下文標明「然所謂性，亦指氣稟食色而言耳」，〔註113〕顯然謂之爲「氣質之性」。〔註114〕「堅忍其性」出於趙岐的理解，〔註115〕本當無誤。因爲這話的意思，是「天」以「苦其心志，勞其筋骨……」等諸多磨難降於將受大任之人身上，使其心作用、使其性忍出，目的並是爲了增加他所尚未具

〔註111〕但朱熹注言：「性者，人生所稟之天理也。……告子言，人性本無仁義，必待矯揉而後成，如荀子性惡之說也。」見《四書集注‧孟子告子上》，頁157。

〔註112〕但朱熹言：「此章言性本善，故順之而無不善。本無惡，故反之而後爲惡。」仝上注，頁158。

〔註113〕《四書集注‧孟子告子下》，頁187。

〔註114〕仝上注，頁162。

〔註115〕《孟子注疏》，孟子注疏卷十二下，頁12左。

備的能力。朱熹卻進一步將「忍性」之「性」理解為「氣質之性」，如此則遠離了孟子的意蘊。〔註116〕

　　事實上，孟子言「性」僅有一個，並常與「心」互言，如「盡心」與「知性」、「存心」與「養性」、「君子所性，仁義禮智根於心」（〈盡心上〉）。孟子認為，人心是隱動不定的，有時會呈顯出如惻隱之心、羞惡之心、辭讓之心、是非之心之所謂「四端」的良善，有時也會呈顯出有如偷盜、穿窬、好色、好貨等不良之心的一面。所以，就孟子的觀點看，人心之隱動是多樣而非固定的。傅佩榮先生即對所謂「四端」之心指出：「這四種心其實只是一個心的四種表現。」〔註117〕何保中先生亦言：「孟子所謂的四端之心，即使果真存在，卻也只是人心活動的許多可能之中的一部分，心也可能誤入歧途。」〔註118〕這些說法是符合孟子對「心」的看法。換言之，人倘若掌握心之隱動中的良善面，並擴充培養，孟子樂觀地認為，必能展現出如仁義禮智般的德行。若進一步將這些德行努力持有並實踐不忘，進而深入內化於心，此方成為所謂的人之「性」。如此看法依據何在？孟子說：

> 廣土眾民，君子欲之，所樂不存焉。中天下而立，定四海之民，君
> 子樂之，所性不存焉。君子所性，雖大行不加焉，雖窮居不損焉，
> 分定故也。君子所性，仁義禮智根於心。其生色也，睟然見於面，
> 盎於背，施於四體，四體不言而喻。（〈盡心上〉）

孟子認為，君子最高的欲求，不在於追求安邦定國之樂，不在於人心外在的追尋，而在於「雖大行不加焉，雖窮居不損焉」的人之「性」，這才是作為一個君子的「職分」。〔註119〕所以說，「君子所性，仁義禮智根於心」，君子所欲

〔註116〕陳大齊在《孟子待解錄》中首先提出的問題就是「何謂忍性」，認為朱注此「性」為氣質之性，非孟子本義，故趙注較為明確。陳先生強調「性是人固有的，且以仁義禮智為其內容」，「無一不是自始即內在於人的，都不是外力為人所鍛煉出來的」。而孟子「忍性」，根據文氣，「推定其為天忍其性」，「此一推定、與『非由外鑠我也』顯有牴觸」。見是書，頁 2～5。事實上，無解之因，即是固守著認為孟子言「性」是先天本有的。倘若打破這樣的固執，「性」非天生本有，「忍性」是趙岐所言「堅忍其性，使不違仁」之意，孟子所言之「性善」意義，一切均得以朗現。

〔註117〕傅佩榮，《儒道天論發微》，頁137。

〔註118〕何保中，《由天人之際論先秦儒家思想的傳承與演變》，頁232。

〔註119〕「君子所性，雖大行不加焉，雖窮居不損焉，分定故也」，此「分」，乃指「君子所性」的人之「性」的職分，而非如朱熹所言「分者，所得於天之全體，故不以窮達有異」，《四書集注·孟子盡心上》，頁 194。陳大齊對其有疑，視為

表顯出的人之「性」，就是將類如仁義禮智般之德行深入內化於內心之中。「其生色也，睟然見於面，盎於背，施於四體」之不言可喻，便是對根之於心的仁義禮智的描述。因此，「君子所性」之「性」，顯然是作為動詞使用，是呈顯的意思，而非作為名詞來陳述的。理由在於「所」作為助詞，後面直接加上動詞而構成一個名詞性短語，表示與動作行為相關聯的各個方面，例如《荀子・哀公》言：「君之所問，聖君之問也。」〔註120〕「君子所性，仁義禮智根於心」句法同此。而「仁義禮智根於心」，意指「仁義禮智於心根之」，趙岐注「根生於心」是矣，而非仁義禮智就是「本心」。〔註121〕正是因為如此，「君子所以異於人者，以其存心也。君子以仁存心，以禮存心」（〈離婁下〉），這段話才顯得出意義：君子同一般人不同，在於時時刻刻惕勵自身，反躬自省，只有終生之憂而無一朝之患。終生之憂即在於仁、禮的展現，也就是人之性的展現。一般人之心僅關注於一朝之患上，故而與君子之表現不同。〔註122〕事實上，著名的「性命對揚」章中，孟子便清楚指出「仁義禮智聖人」這些德性，或許有「命」的成分，〔註123〕但君子認定那些德性是人生當奉獻的對

「不可解三事」之一。陳先生將孟子的這段話理解為「君子所性之不重兼善天下」，見《孟子待解錄》，頁 20〜22。實則將外在事功同人之性混雜看待。按孟子觀點，若能展現出人之性（仁義禮智），從事外在事功必有如堯舜般功蹟，孟子言：「人皆有不忍人之心。先王有不忍人之心，斯有不忍人之政矣。以不忍人之心，行不忍人之政，治天下可運之掌上。」（〈公孫丑上〉）即是明證。

〔註120〕 參見《古代漢語虛詞詞典》（北京：商務印書館，1999 年），頁 563；王力主編，《古代漢語》（北京：中華書局，1981 年），第一冊，頁 363。

〔註121〕 朱注在此僅釋根為本，未進一步釋義，見《四書集注・孟子盡心上》，頁 194。但大多數時人均解為仁義禮智本就在我心之中，就是本心，以致此話文意難解。例如陳大齊，《孟子待解錄》，頁 11。

〔註122〕 原文：「君子所以異於人者，以其存心也。君子以仁存心，以禮存心。仁者愛人，有禮者敬人。愛人者人恆愛之，敬人者人恆敬之。有人於此，其待我以橫逆，則君子必自反也，我必不仁也、必無禮也，此物奚宜至哉？其自反而仁矣，自反而有禮矣，其橫逆由是也，君子必自反也，我必不忠。自反而忠，其橫逆由是也，君子曰：『此亦妄人也已矣，如此則與禽獸奚擇哉？於禽獸又何難焉？』是故君子有終生之憂，無一朝之患也。……如有一朝之患，則君子不患矣。」君子的職分在於仁、禮存心，時反省自身舉止是否歸仁合禮，而此，乃終生事業，是以無一朝之患的憂慮。

〔註123〕 「命」的概念，孟子特別標顯出來，云「莫之致而至者」，意為未主動招惹卻降禍其身。易言之，這樣的「命」是指命運之謂。這點，徐復觀已指出來，見《中國人性論史・先秦篇》，頁 167。張岱年也注意到了，見《中國哲學大綱》，頁 452。陳大齊也提出而有專門討論，見《孟子待解錄》，頁 306〜311。何保中做了更詳細的論述，見《由天人之際論先秦儒家思想的傳承與演變》，

象，故視之爲「性」，而不視爲限定之「命」。從《孟子》文中觀之，孟子顯然認爲「仁義禮智聖」是人類最完美的德性，〔註124〕「人之性」當以之充滿，而不當以口目耳鼻與四肢之欲作爲人之性的內容。孟子說：

> 口之於味也，目之於色也，耳之於聲也，鼻之於臭也，四肢之於安佚也；性也，有命焉，君子不謂性也。仁之於父子也，義之於君臣也，禮之於賓主也，知之於賢者也，聖人之於天道也；命也，有性焉，君子不謂命也。（〈盡心下〉）

口目耳鼻與四肢，對於味色聲臭及安佚的追求，那是人與生俱來即具的事實（性），但形成如此之因是「命」，爲莫可奈何的限制，不過君子不認爲那是「性」（人之性）。對於父子、君臣、賓主、賢者與天道所呈顯出的仁、義、禮、智與聖人之道德價值，或許有「命」之限制，但君子不視之爲「命」，而視之爲「性」，因爲孟子認爲努力實踐出這些價值是人之所以能成爲人的根本依據所在。於此，孟子指出了人不當受「命」的限制，而當在「命」之上體現出生命的意義，〔註125〕同時也指出了人之性是努力實踐而彰顯出來，不是先天之「命」所限制的，因此孟子所論之人性應當不是先天本具的本質。〔註

頁197起。但亦有將「命」視爲「天命」，此恐嚴重誤解孟子意旨。例如陳大齊，《孟子待解錄》，頁16；任繼愈主編之《中國哲學發展史（先秦）》，頁331；諸此等等。

〔註124〕這是就孟子對人之性的論點所作的斷言。因爲孟子主張人之性至少包括仁義禮智之德性，人實踐出這樣的德性就是一個眞正的人。

〔註125〕〈盡心上〉孟子說：「求則得之，舍則失之，是求有益於得也。求在我者也。求之有道，得之有命，是求無益於得也。求在外者也。」從「得之有命」一語，便顯現出「命」是人所無法掌控的限制。不過，孟子認爲人當面對「命」的降臨，而在「命」之上作出人當處理的事情。例如他說：「莫非命也，順受其正。是故知命者不立乎巖牆之下。盡其道而死者，正命也；桎梏死者，非正命也。」（〈盡心上〉）又說：「夭壽不貳，脩身以俟之，所以立命也。」（仝上）孟子提出「正命」與「立命」，無非要人在「命」的限制上體現出生命的意義。

〔註126〕言孟子所論之「人性」是人的先天本質，簡單地說，此乃是認爲人有一先天之物固定於人之內，人之行爲由之發動，是爲人性，例如陳大齊云：「性是人所本有，不是出生以後從外面獲得的。」見《孟子待解錄》，頁5。這樣的看法幾爲學界之定論，但問題是：若孟子所言之人性所指的是仁義禮智等德性，而此德性又爲先天本具的，那麼孟子何以不言那就是人先天即具之性，而如「心之官則思……此天所與我者」一般陳述出來？況且，孟子又何以明言仁義禮智需根植於心？又何需強調君子當以仁、禮存心？若孟子所言之人性是先天所具，是人禽之別，爲何會有人能去而有人能存？諸此不得不令人產生

126〕再者，既然人之性的內容界定爲「仁義禮智」，而「仁義禮智」又是最完美的德性，那麼孟子論性自可稱爲「性善」，故當無需再加以任何語辭修飾。〔註 127〕由此觀之，自宋明理學以來認爲孟子講「人性本善」的說法就必須予以保留。〔註 128〕

試看下面兩則孟子所說的話：

（甲）堯舜，性之也。湯武，身之也。五霸，假之也。久假而不歸，惡知其非有也。（〈盡心上〉）

（乙）堯舜，性者也。湯武，反之也。動容周旋中禮者，盛德之至

異議。持此孟子之人性爲先天本質說者，例如：陳榮捷編著，《中國哲學文獻選編》，頁 124；勞思光，《新編中國哲學史》，（一），頁 165、166；馮契，《中國古代哲學的邏輯發展》，上冊，頁 181、185；方立天，《中國古代哲學問題發展史》，頁 427、644；楊寬，《戰國史》（臺北：臺灣商務印書館，1997 年），頁 498；吳光，《儒家哲學片論》，頁 27；譚宇權，《孟子學術思想評論》，頁 129；高柏園，《孟子哲學與先秦思想》，頁 70；陳來，《宋明理學》（瀋陽：遼寧教育出版社，1991 年），頁 191；張奇偉，《亞聖精蘊——孟子哲學眞諦》，頁 111；諸此等等。

〔註 127〕孟子之學，可以「孟子道性善，言必稱堯舜」（《孟子・滕文公上》）一語概括。「言必稱堯舜」者，乃以堯舜作爲人間踐行的具體典型；「孟子道性善」者，則是孟子之學論述人性爲善的結語。因爲在〈告子上〉記載孟子學生公都子以當時論述「性」的主張詰難孟子，即稱孟子主張「性善」（「今日性善，然則彼皆非也？」），依文句顯示孟子是認可的，是以可以「性善」一語作爲孟子學說的結語。但我們發現一種對孟子學說提出十分奇怪的說法：「嚴格地講，應說善惡問題以自覺主體爲根源，而不必說性善。」見勞思光，《新編中國哲學史》，（一），頁 165。這顯然是看錯了孟子談論人性的重點重點所在。

〔註 128〕「人性本善」一說，此爲宋明理學對先秦儒學的發明。基本上，宋明理學家們接受「天理流行」的宇宙觀，在「理一分殊」的思維下，藉《禮記・中庸》「天命之謂性」一語，證明人性爲人先天本具的本質，故言「人性本善」，此以朱熹的說法最爲具體。就朱熹對《孟子》文獻的解釋而論，其論點主要建立在〈告子上〉所言的一段話上：「仁義禮智，非由外鑠我也，我固有之，弗思耳矣。故曰：求則得之，舍則失之。」朱熹注：「言四者之心人所固有，但人自不思而求之耳，所以善惡相去之遠，由不思不求而不能擴充以盡其才也。」後引程子之說：「才稟於氣，氣有清濁，稟其清者爲賢，稟其濁者爲愚。學而知之，則氣無清濁，皆可至於善而復性之本。」朱熹解之：「蓋氣質所稟雖有不善，而不害性之本善。」此見《四書集注・孟子告子上》，頁 162。朱熹的論據，乃是因爲其認爲「性」是「人之所得於天之理也」（仝上）之故。但於《孟子》中似找不到人性是天所賦予的證據；其次，若仁義禮智是先天所具，人何以能不思？又怎需求取？又怎能捨棄？可見以此說解釋孟子的人性論有必要予以保留。但此說影響甚大。詳見後文討論。

也。哭死而哀，非爲生者也。經德不回，非以干祿也。言語

必信，非以正行也。君子行法，以俟命而已矣。（〈盡心下〉）

（甲）段文句中的「身之」與「假之」易於理解，意即身體力行、謹守不失，以及假借虛名、謀求私利，均作動詞狀態言。在語句的用法上，三句當爲一致。因此，「性之」亦當作爲動詞狀態解，意指「深入內化而成就其性」。〔註129〕這段文句，乃指三樣不同的人物對德性的態度及其作爲。至於「久假而不歸，惡知其非有也」，乃指五霸假仁假義久了，而不回到人心的事實，怎麼知道他們不能掌有（而成就人之性）！換言之，孟子在這段文字中肯定了人心的隱動，必然會產生如四端的良善之心，即使如「久假」之五霸亦然，能掌有、培養、擴充如四端的良善之心，孟子樂觀認爲必能成就出人之性。（乙）段文句亦然。動作容貌之行爲舉止無不合乎禮，乃爲德性之極。所以，「哭死而哀」、「經德不回」、「言語必信」等行爲表現，不是爲了求取何樣的目的，而是作爲君子認爲這樣的德性應當去實踐而已。堯舜的表現，是德性內化後的自然展現；湯武則修身反省，力求勿失。這兩則文句，足證孟子所言之「性」是一個呈顯出來的過程，而非本質上的當然。堯舜毫無做作的德性展現，自然是個人修爲最極致的表現。聯想「孟子道性善，言必稱堯舜」（〈滕文公上〉），其中即隱藏了孟子個人對道德典範的確立。然而，朱熹在注解這兩段文句時，則把「性」字作爲名詞看待，視爲天所賦予於人內在的本體，因而改變了《孟子》文句的原義。〔註130〕

　　如是說來，孟子所言的人之「性」，是從人心諸多隱動中擷擇出良善之心，擴充培養而成的德性，並將之內化爲人心部分的一個過程。因此，若說孟子所言之「性」爲仁義禮智，尙得孟子原旨。可是，這樣的「性」並非「天」之所賦，而是人在「動心」之中堅忍出來的（忍性）。〔註131〕這樣看來，孟子

〔註129〕見何保中《由天人之際論先秦儒家思想的傳承與演變》，頁260。對此，趙岐注云：「性之，性好仁，自然也。」意不明。孫奭則解釋爲：「仁在性體，而行仁，本性之自然者也。」見《孟子注疏》，孟疏卷十三下，頁4左、5右。焦循順趙注云「故以性爲自然好仁也」，見《孟子正義》，卷二十七，頁924。意亦不明。時人注譯，則均視爲本性，如楊伯峻，《孟子譯注》，頁314；謝冰瑩等編譯，《新譯四書讀本》，頁491等；或作爲天性，如史次耘註譯，《孟子今註今譯》（臺北：臺灣商務印書館，1984年修訂版），頁361。無論作爲本性或天性解，均當來自朱熹之見，見下注。

〔註130〕見朱注《四書集注》「下孟」卷七〈盡心上〉（頁198）及〈盡心下〉（頁214）對「性」的注解。

〔註131〕唐君毅說：「君子所性一段，則要在言君子之仁義禮智之德，皆由于君子之實現其心性而成。」因爲他認爲「孟子言性爲天所與」，見《中國哲學原論·原

所認為的人之「性」，可以確定是須經由後天的努力方能達成的。因此，孟子所謂人之「性」，不是指本質、固著實體之義，而是需透過存養、擴充的朗現義。但欲達成人之「性」，就僥倖掌握我們先天具有的能力。孟子認為，人在先天上的確具某些能力，如良知、良能，或如人心的「思」。〔註132〕理論上，正是因為這些能力的展現，得以揀擇出人心中良善的一面，進而擴充培養以養成人之性。何以明之？因孟子明言「若夫為不善，非才之罪也」，至於作出不好的行為，不是能力本身的問題。明乎此，我門便可對孟子「性善」一說的意義作一探討。

二、「性善」的內蘊

　　「性善」一辭，《孟子》書中二出，一為〈滕文公上〉所錄，即文首的「孟子道性善，言必稱堯舜」。內容記載滕文公身為世子時向孟子請益，孟子對其闡述「性善」乙說，以舜、文王、周公等聖賢為師，勉勵滕文公以之為努力典型，有為者即當如此。所以，即使滕國雖小，但截長補短也可成就一個美好國度。〔註133〕綜合觀之，此處並無法知悉孟子所謂「性善」的內蘊，可是朱熹卻甚有見地而洋洋灑灑地注解一番。〔註134〕

　　「性善」，二出於〈告子上〉，載孟子學生公都子向孟子提出三種對人性的說法後問道：「今曰『性善』，然則彼皆非與？」〔註135〕孟子接續而答「乃若其情，則可以為善矣，乃所謂善也」，顯見孟子主張「性善」一說，與〈滕文公上〉文中稱「孟子道性善」是相呼應。而且，從記載的文句前後關係判斷，孟子對「性善」一辭是肯認無疑的。因此，孟子對公都子的這段回覆便

　　　道篇》，頁239、242。唐先生前面的解釋尚可接受，唯「孟子言性為天所與」
　　　一語，於《孟子》書中找不到佐證，時人大多如是觀之，當是深受朱熹影響。
〔註132〕見《孟子》〈盡心上〉及〈告子上〉。
〔註133〕參見〈滕文公上〉「滕文公為世子」章。
〔註134〕《四書集注》「上孟」卷三〈滕文公上〉，朱熹有如下的注解：「性者，人所稟
　　　於天以生之理也，渾然至善，未嘗有惡。人與堯舜初無少異，但眾人汨於私
　　　欲而失之，堯舜則無私欲之蔽，而能充其性爾。……時人不知性之本善，而
　　　以聖賢為不可企及……。」
〔註135〕原文是：公都子曰：「告子曰：『性無善無不善也。』或曰：『性可以為善，可
　　　以為不善；是故文武興則民好善，幽厲興則民好暴。』或曰：『有性善，有性
　　　不善：是以堯為君而有象，以瞽瞍為父而有舜，以紂為兄之子而有微子啟、
　　　王子比干。』今曰『性善』，然則彼皆非與？」

值得進一步探究。孟子說：

> 乃若其情，則可以爲善矣，乃所謂善也；若夫爲不善，非才之罪也。惻隱之心，人皆有之；羞惡之心，人皆有之；恭敬之心，人皆有之；是非之心，人皆有之。惻隱之心，仁也；羞惡之心，義也；恭敬之心，禮也；是非之心，智也。仁義禮智，非由外鑠我也，我固有之也，弗思耳矣。故曰：求則得之，舍則失之；或相倍蓰而無算者，不能盡其才者也。詩曰：「天生烝民，有物有則，民之秉彝，好是懿德。」孔子曰：「爲此詩者，其知道乎！故有物必有則，民之秉彝，故好是懿德。」

這段陳述，屢多爭議。「乃若其情」一段是其關鍵。此語當如何解？歷來見解分歧，因爲牽涉到對「情」字意蘊的解釋之故。大體言之，主要有二說。（1）主張「情」爲人之喜怒哀樂之情緒，也指陳如惻隱之心等之四端之心，例如朱熹稱爲「性之動」。〔註 136〕（2）認爲「情」作「實情」解，例如戴震所言「情猶素也，實也」。〔註 137〕但另有人主張「情」指人之「性」，或與「才」相通者。〔註 138〕何者爲是，自當直接考慮《孟子》文意。接續的「則可以爲

〔註 136〕朱熹注解此「情」爲「性之動」，「人之情，本但可以爲善而不可以爲惡」。又明確定義「惻隱、羞惡、辭讓、是非、情也」。見〈公孫丑上〉「孟子曰人皆有不忍人之心」章，《四書集注》，頁 47。漢代趙岐即注：「性與情相爲表裏，而性善勝情，情則從之。孝經云『此哀戚之情』，情從性也。」孫奭疏依此。見《孟子注疏》，孟疏卷十一上，頁 7 左～右、8 左。後人亦大都以之爲釋，如程瑤田《通藝錄・論學小記》、焦循《孟子正義》等。見《孟子正義》，卷二十二，頁 752～756。時人如徐復觀，《中國人性論史・先秦篇》，頁 174；張岱年，《中國哲學大綱》，頁 518。

〔註 137〕戴震之語出於《孟子字義疏證》，卷下。收於《戴震全書》，第六冊，頁 197。清人俞正燮在《癸巳存稿》云：「情者，事之實也。大學『無情者』，鄭註『情猶實也』，是也。」馮友蘭的《中國哲學史》引之爲證，亦主此說。見是書，頁 155。陳大齊稱「性善不宜令人誤解爲情善」，反駁朱熹說法，亦將「情」作爲「實」解，見《孟子待解錄》，頁 8。劉述先說：「孟子所謂乃若其情，乃是情實之情，根本沒有朱子所謂的情的意思，顯是誤解。」見《朱子哲學思想的發展與完成》（臺北：臺灣學生書局，1982 年），頁 220。

〔註 138〕例如張立文主編之《中國哲學範疇精粹叢書——性》（臺北：七略出版社，1997 年）宣稱：「在孟子哲學中，情範疇有二義：一是實情……二是本性，即人的才質。『乃若其情，則可以爲善矣，乃所謂善也。』（〈告子上〉）其情猶云其性，意爲資質、才質、天性。在孟子哲學中，情性是涵義近似的範疇，而並未作明確的區分。」見是書，頁 34。此說早見於牟宗三，他認爲「在孟子，心性情才是一事。心性是實字，情與才是虛位字」，見《心體與性體》，第三

善矣，乃所謂善也」一語也有疑義，「爲」指「是」抑或是「作爲」？〔註139〕
「乃所謂善也」，白話可譯爲：這便是（我）所謂的「善」。但時人於此譯爲
「這便是我所說的人性本善」。〔註140〕「若夫爲不善，非才之罪也」，出現同
樣的問題，「爲」的意涵爲何；又「才」所指的是什麼，歷來又有紛歧。基本
上，「才」作爲才質、能力之說並無疑問，有疑問的是其內容爲何？是否純指
能力、而內容不明？還是與「性」、「情」同意？抑或是別有他指？〔註141〕緊
接著，孟子又提出「四端」（惻隱、羞惡、恭敬、是非）之心乃「人皆有之」。
對此，時人大多視爲「生而即有」。〔註142〕而後，由四端引發出仁義禮智，孟
子言「非由外鑠我也，我固有之也」，僅是「弗思耳矣」。探查古今現有解釋，
此乃「人性本善」說文獻引據的關鍵處，認爲人之性先天爲善，內容是仁義
禮智。〔註143〕可是，孟子又於此文之後明言「求則得之，舍則失之」，原因在

冊，頁 417），故有「性與情原可互用」一說（頁 418）。楊伯峻認爲「情」與
「才」皆謂「質性」，指人「天生的資質」，見《孟子譯注》，頁 259～260。

〔註139〕朱熹注解本段言：「人之情，本但可以爲善，而不可以爲惡，則性之本善可知
矣。」似將「爲」解釋爲「作爲」。但時人似乎解爲「是」來看，例如楊伯峻
的白話譯文：「從天生的資質看，可以使它善良，這便是我所謂的人性善良。」
譯文中的「它」，自指人之「性」。見《孟子譯注》，頁 259。

〔註140〕謝冰瑩等編譯，《新譯四書讀本》，頁 574。

〔註141〕產生這樣的疑問在於：《孟子》書中的性、情、才是區分使用的，何以後人混
著看待？原因自是複雜。朱熹隱然已如是看待，時人如牟宗三則明確視之如
此，參見注 34。徐復觀亦言：「孟子中的性、心、情、才，雖層次不同，但
在性質上完全是同一的東西。」顯然也是混著看。見《中國人性論史·先秦
篇》，頁 174。勞思光則將「才」看成「本質」，見《新編中國哲學史》，（一），
頁 167。

〔註142〕例如徐復觀，《中國人性論史·先秦篇》，頁 173。

〔註143〕如朱熹注解：「『鑠』，以火銷金之名，自外以至內也。……言四者之心人所固
有，但人自不思而求之耳。」「固」，一般均解釋爲「先天即具」，例如楊伯峻
說：「這仁義禮智，不是由外人給與我的，是我本來就具有，不過不曾探索它
罷了。」《孟子譯注》，頁 259。陳大齊說：「性是人所本有，不是出生以後從
外面獲得的。」見《孟子待解錄》，頁 5。又說：「仁義禮智即是善，謂『仁義
禮智、非由外鑠我也，我固有之也』，即言善是先天所固有，不是後天所養成。」
見〈孟子性善說與荀子性惡說的不相牴觸〉，收於《孟子思想研究集》（臺北：
黎明文化公司，1982 年），頁 211。牟宗三說：「孟子明由『仁義內在』以見性
善。內在是表示仁義內在於超越的（非經驗的、非心理學的）道德心，是先天
而固有的，『非由外鑠我也』。」見《心體與性體》，第一冊，頁 118。任繼愈
主編的《中國哲學發展史（先秦）》言：「四種道德觀念（按即仁義禮智）完全
是天賦的與生俱來的爲心所固有，孟子說：『仁、義、禮、智，非由外鑠我
也，我固有之也。』（〈告子上〉）」見是書，頁 318。諸此等等。

於人「不能盡其才者也」。倘若順從主張「人性本善」者所言，必得面對這樣的疑義：先天的本善之性何以可求又可捨？這樣的矛盾實不得其解。因爲一個天生即具之物，無論就理論上或經驗上，只有隱顯與否的景狀，也就是說，僅有彰顯或不彰顯的問題，絕對無法蘊涵可以追求或是可以捨棄的意義。因此，《孟子》文中「人皆有之」一語，果指人人皆具的先天之質？「四端」之心果爲人與生即具乎？諸此，不得不令人產生疑義。最後，孟子引《詩經》「有物有則」作爲注解，佐證其所論之「性善」是作爲一個人的理則，因此言「民之秉彝，故好是懿德」。總而言之，我們可歸結爲一個問題：孟子回應公都子「今曰『性善』，然則彼皆非與」的這段話，究竟提出了什麼樣的意蘊？欲明孟子「性善」說之眞義，理解這段話的意涵應可思過半矣！

　　對於「情」，我們認爲當解爲「實情」爲是。《孟子》書中之「情」僅四出，均作實情解。〔註144〕「乃若其情」，「乃若」者，發語辭；〔註145〕「其」字，應順著公都子問「今曰『性善』，然則彼皆非與」的語氣來理解。所以，此「其」字當指「性善」中的人之「性」。若此，「情」當爲形容名詞狀態的描述語，是以仍解爲「實」爲佳。〔註146〕朱注在此未將「其」字凸顯出來，而將重點放在「情」字，並界定爲「性之動」，語意相差頗多。此外，「可以爲善」，意思是能用來成就出善行。「爲」是作爲意，而非作聯繫使用的「是」。〔註147〕對於「才」，「四端之心」是否爲本有，「人皆有之」是否指先天事實，在前節均已指陳，茲不贅述。

〔註144〕《孟子》書中四出之「情」爲，〈滕文公上〉「有爲神農之言者許行」章的「夫物之不齊，物之情也」，〈離婁下〉「徐子曰仲尼亟稱於水」章的「故聲聞過情，君子恥之」，〈告子上〉「告子曰性無善無不善」章的「乃若其情，則可以爲善矣」，以及〈告子上〉「孟子曰牛山之木嘗美矣」章的「人見其禽獸也，而以爲未嘗有才焉者，是豈人之情也哉」？「物之情也」之「情」，指萬物的實情。「聲聞過情」之「情」，朱熹注解爲「實也」。「人之情也」段，指人見禽獸如此這般，竟以爲自身不曾有能力（才），這哪裡是作爲人的實情？所以，此「情」字亦當解爲「實」。因此「乃若其情」之「情」亦當作實情。

〔註145〕趙岐將「若」解爲「順」，見《孟子注疏》，孟疏卷十一上，頁7右。朱注「乃若」亦爲發語辭。朱注「乃若」爲發語辭，見《四書集注》，頁161。程瑤田《通藝錄・論學小記》亦云：「乃若者，轉語也。」見焦循引，《孟子正義》，卷二十二，頁752。今從後。

〔註146〕陳大齊即言：「『其情』、即是性的實在情形或性的眞相。」得其旨矣。《孟子待解錄》，頁10。

〔註147〕陳大齊對之已有反省，見《孟子待解錄》，頁176～183。

　　按此處將「惻隱之心」等四端之心直接說成是仁義禮智，當是鞏固四端之心並擴而充之之後的簡語。且認爲仁義禮智是「我固有之」，「非由外鑠我也」，只是人「弗思耳矣」。朱熹說：「四者之心，人所固有。」依其理路，「四者之心」乃指仁義禮智，而又謂「仁義禮智，性也」，「性者，人所稟於天以生之理也」〔註148〕，因此可說仁義禮智之德性爲先天本具。但問題在於其若是先天本具，何以可「求」可「舍」？若是先天本具，何以能「得之」或「失之」？若是先天本具，又何以會有一倍與五倍、甚至無法計算的差距？再說，若仁義禮智之德性爲先天本具，便與前述孟子所言之「君子所性，仁義禮智根於心」以及「君子以仁存心，以禮存心」相扞格。由此可見，言仁義禮智之德性爲先天本具之說，就《孟子》一書而言應當予以保留。從引文觀之，孟子既言「求則得之，舍則失之」，正是因爲人心「弗思耳矣」，原因在於「不能盡其才者也」，亦即未能善盡其天生的道德反省能力（才）。這樣的能力，就展現於「乃若其情，則可以爲善矣，乃所謂善也；若夫爲不善，非才之罪也」一語上。譯爲白話即是：「就它（性）的實情而言，是能夠用來成就出善（行）的，至於說（人）作了不善的事，這不是它能力上的缺失。」〔註149〕因此，我們可說仁義禮智的德性是人運用先天能力踐履而來的。那麼，所謂「仁義禮智，非由外鑠我也，我固有之也」的關鍵語當如何解之？按孔廣森《經學卮言》所云：「爾雅釋詁：鑠，美也。仁義禮智，得之則美，失之則醜，然美在其中，非由外飾成我美者也，所以不願人之文繡也。」〔註150〕意即人若將仁義禮智根植於心，那麼德性之美自由心中顯出，所以「鑠」當非作自外而內之解。〔註151〕如此一來，「我固有之」就不可能是就時間先後的狀態描述，所以先天本具說便應予排除，唯一可能的解釋是「我堅定地執有它們」。〔註152〕因此，這話的意思是：仁義禮智這些德性，不是從外邊來美化我的，而是我將之根植於心而堅定地執有它們。也就是說，當我掌握了仁義禮智，

〔註148〕見朱熹《四書集注・孟子集註》之卷十一〈告子上〉、卷三〈公孫丑上〉與卷五〈滕文公上〉，頁162、47、64。

〔註149〕何保中，《由天人之際論先秦儒家思想的傳承與演變》，頁213。

〔註150〕見《皇清經解》卷七百一十五，頁9左。

〔註151〕趙岐注：「仁義禮智，人皆有其端，懷之於內，非從外銷鑠我也。」見孫奭，《孟子注疏》，孟疏卷十一上，頁7左。朱熹注：「鑠，以火銷金之名，自外以至內也。」《四書集注・孟子告子上》，頁162。焦循注：「消鑠我，猶言戕賊人。」《孟子正義》，卷二十二，頁758。

〔註152〕何保中，《由天人之際論先秦儒家思想的傳承與演變》，頁265。

內化深耕於內心之中，我的行爲表現由之自然是美，而不是像穿著華美衣飾來美化自身之意。若此，「求則得之，舍則失之」方能言詮，「弗思耳矣」亦方能通解，而人爲之或不爲，全在於其是否盡其才而已。因此，我們可以得知，孟子認爲一般人無法展現出人性，不在於其先天能力的問題，而在於其意願是否願意使用能力爲之之上。

對此，孟子在著名的「牛山之木」章，以譬喻法提出了他的看法：

> 孟子曰：牛山之木嘗美矣。以其郊於大國，斧斤伐之，可以爲美乎？是其日夜之所息，雨露之所潤，非無萌蘖之生焉，牛羊又從而牧之，是以若彼濯濯也。人見其濯濯也，以爲未嘗有材焉，此豈山之性也哉？雖存人者，豈無仁義之心哉？其所以放其良心者，亦猶斧斤之於木也。旦旦而伐之，可以爲美乎？其日夜之所息，平旦之氣，其好惡與人相近也者幾希，則其旦晝之所爲，有梏亡之矣。梏之反覆，則其夜氣不足以存；夜氣不足以存，則其違禽獸不遠矣。人見其禽獸也，而以爲未嘗有才焉者，是豈人之情也哉？故苟得其養，無物不長；苟失其養，無物不消。孔子曰：操則存，舍則亡，出入無時，莫之其鄉，惟心之謂與！（〈告子上〉）

「旦旦而伐之」，加諸「牛羊又從而牧之」，牛山之林木所含具之善苗自然無法生根發芽而長成林木。孟子以之爲喻，旨在明人有類於牛山之林木所含具善苗的能力，而人見山之濯濯，決不會認爲那是山的事實狀態，故反問：「雖存乎人者，豈無仁義之心哉？」曾存在於人心之中的，不就是仁義禮智的四端之心嗎？只是人們「梏之反覆」而放失了這樣良好的心罷了！孟子認爲，若以放心的狀態便認定人未有先天降賦類乎道德反省的能力，那並非是人的實情。他說：「人見其禽獸也，而以爲未嘗有才焉者，是豈人之情也哉？」顯然認定人與禽獸不同，乃在於具有天生降賦的道德反省能力，這是人的實情。而人的實情從心的諸多萌動而展現出來：由於心「出入無時，莫知其鄉」，但「操則存，舍則亡」，故應使心「得其養」，莫「失其養」，人先天降賦的道德反省能力之顯現亦即在此。若能依此能力揀擇出如四端之心的善端，並予以養成仁義禮智之德性，是爲人之「性」。所以，依孟子的看法，人之性是實踐出來的，並非先天本具的。孟子曾說：「所以動心忍性，曾益其所不能。」（〈告子下〉）所謂「動心忍性」，即是於心的諸多萌動中堅忍出人之性。〔註153〕

〔註153〕朱熹將此性解爲「亦指氣稟食色而言耳」，見《四書集注・孟子告子下》卷十

倘若上述對孟子思維理解無誤，那麼他回覆公都子「乃若其情」一段，或可得出「性善」說可能的眞義。譯爲白話是：

> 就人之「性」的實情而言，那是能夠做出好的行爲，這便是（我）所謂的「善」；至於作出不好的行爲，不是人之性本身能力的問題。像四端之心等良善面，雖不是恆常具有，但在人生過程中必在某時呈顯，即時掌握、擴充與培養，便得以實踐出仁義禮智等德性。仁義禮智等德性，不是從外美化我的（「非由外鑠我也」），而是我通過動心忍性的磨難，掌握、擴充與培養而堅固地掌有，只是我們一般不加以思考而已（「我固有之也，弗思而已」）。所以說，探求便可獲得，放棄便會失去（如雞犬放知求，心放亦該知求）。人與人之間出現相差一倍、五倍甚至無數倍的差距，就是在於是否能充份發揮本身所具之能力的緣故。《詩經》說：天降生眾民，而每一樣事物皆有一定的法則。人們因其秉持著如是的常道，於是乎喜愛優良的美德。孔子說：這篇詩的作者，眞是懂得道理啊！有事物，就一定有它的法則。人們因其秉持如是的常道，所以喜愛優良的美德。

此處仍有一點仍需提出討論，即「仁義禮智，非由外鑠我也，我固有之也，弗思耳矣」中的「固」字。朱注言「人所固有」，加上其對人之「性」的界定，對四端之心先天本具的看法，此「固」自當作本來之意。這影響了後人的論述，產生頗爲直接的問題。陳大齊先生即質疑說：

> 仁義禮智、孟子嘗明示其爲人性的四種內容，故謂仁義禮智爲我所固有，等於說：性是人所本有，不是出生以後從外面獲得的。「生之謂性」的「生」、意即生成的，不是習得的。所以「固有」與「生」、就字義而論，不相牴觸、不但不相牴觸、且可謂爲相通、或竟可謂爲相同。……然則孟子之主張「我固有之也」而反對「生之謂性」、其所依據的、究爲兩者間的何種不同，不失爲一個有待妥善解答的問題。〔註154〕

陳先生認爲「孟子雖主張：性是人所固有的，但不主張：固有是性」，試圖爲

二。朱熹言「竦動其心，堅忍其性」，這決無疑義，但孟子既然認定仁義禮智方是之性，人之性依上所論，是需要根於心而實踐出來的，故性不當如朱熹解爲食色。何保中說：「在成德的過程中，『心』是需動的，『性』則是需忍成的。」《由天人之際論先秦儒家思想的傳承與演變》，頁 268。

〔註154〕陳大齊，《孟子待解錄》，頁 5～6。

這樣的疑義提出可能解答，最後僅能落在孟子與告子對性的範圍界定不同。〔註155〕如上所述，這類問題的困難處在於，時人堅持「性」是「固有的」、是先天的緣故。如先前的分析，我固有的四端之心既非先天內存，仁義禮智又必須存心、根於心，我們又怎麼可以將之解釋爲我內心中本來就有呢？因此「固」字之意，恐需重新探討。何保中先生將「我固有之」之「固」解爲「堅確」，駁斥了將「我固有之」解爲「我本來就有」的說法。〔註156〕按《說文解字》：「固，四塞也，從口古聲。」段玉裁注云：「四塞者，無罅漏之謂。周禮夏官掌固，注云：固，國所依阻者也。國曰固，野曰險。按凡堅牢曰固。又事之已然者曰固，及故之假借字也。漢官掌故，唐官多作掌固。」段注十分清楚說明「固」是固守意，假借故者當爲後起，而且《孟子》文中並無此用法。又「固」可「引申爲堅持（作狀態語）」。〔註157〕如此說來，何先生將「固」解爲「堅確」是合理合法的。同時在孟子文句中不致造成前後矛盾。〔註158〕進一步言，《孟子》書中出現十九次的「固」字，分布於十七個章節中，「固有」出現兩次，一者如上，二者出於〈盡心下〉：

> 舜之飯糗茹草也，若將終身焉。及其爲天子也，被袗衣，鼓琴，二
> 女果。若固有之。

試看朱注：「言聖人之心，不以貧賤而有慕於外，不以富貴而有動於中，隨遇而安，無預於己，所性分定故也。」〔註159〕朱熹所言「性」、「分」，前已辯駁，實不足爲據。「不以貧賤而有慕於外，不以富貴而有動於中，隨遇而安」，此

〔註155〕全上，頁6～7。

〔註156〕何保中，《由天人之際論先秦儒家思想的傳承與演變》，頁265。

〔註157〕見王力主編，《古代漢語》，頁151

〔註158〕試看陳大齊的疑問：「『孟子道性善』，欲使人人堅信人性之本善，既在公孫丑上篇說……謂之爲有，猶嫌不夠堅定，加說『固有』，以示其爲事實上所本有，非僅理想上所應有而已。但綜觀世間，不少人，有暴君如桀紂，有頑父如瞽瞍，其秉性不善之爲事實，非任何人所能否認。孟子不得已，只好如離婁下篇所說，歸諸『庶民去之』，或如告子上篇所說，歸諸『放其良心』，謂性本善，常人不能保持而多放失，乃成惡人。……除了堯舜以外，連湯武那樣的聖王，亦嘗放失良心，其後始予以追回。……惻隱之心，爲人所應有，卻非人人所實有，今謂『人皆有之』，明明將理想說成事實，透露其抑眞從善的態度……」見《孟子待解錄》，頁330～331。事實上，若將本善之思拋開，陳先生的疑問即可迎刃而解，孟子文脈亦無衝突可議之處。是以「固」字的重新理解，有其必要性。

〔註159〕《四書集注·孟子盡心下》，頁206。

為除「若固有之」之外的解釋，至為允當。「若固有之」者，自指上述居於貧賤或身於富貴二事，其「心」不慕於外、亦不動於中，是以語意明顯指出「固有」乃指這樣的「心」。因此，對於這個不慕於外、不動於中之心，我們能將「固有」解釋為「本來就有」嗎？抑或是解釋為「堅持地掌有」更具說服力呢？

而《孟子》文中類似「固有」之「固」加動詞的用法，均無一例得以解釋為「本來」者。例如〈梁惠王下〉言「天下固畏齊之強也」，「固」指確實，畏齊決非本來之事；〈滕文公上〉言「夫世祿滕固行之矣」，「固」指確實，言滕已確實施行世祿之制，世祿之制自非本來即具；〈萬章下〉言「君之於氓也，固周之」，「固」亦指確實，對於人民（氓）國君應確實地周濟；〈梁惠王上〉言「臣固知王之不忍也」，此「固」指確實，意指梁惠王見牛流淚而心有所不忍之事，為臣者確實知之，而非指本來，況且他人之心我們如何本來即能知之？諸如此例，我們很難將孟子所言之「固有」視為「本來」解。按「固」加動詞的用法，「固」作為副詞，可以解釋為本來，但莫忘了還能解釋為堅持、一定、已經、固然等義。「固有」一辭，《孟子》二出。《孟子》前之典籍，《論語》一出，《左傳》亦有二例，均非作本來解，可作一旁證。〔註160〕

總之，孟子主張的「性善」，其意是人後天努力實踐出來的，與人性先天為善的「人性本善」意蘊十分不類。在這樣的意義下，孟子談論「盡心知性」章的意旨方可明朗。孟子說：

> 盡其心者，知其性也。知其性，則知天矣。存其心，養其性，所以
> 事天也。夭壽不貳，脩身以俟之，所以立命也。（〈盡心上〉）

窮盡心的隱動，便能瞭解人當掌有且應該實踐出來的人之性。這掌有與實踐的能力是天所賦予的，故得以知曉天的意旨所在。保存良善之心，養成良好之性，這才是「事天」最好的做法。所以，不論生命的長短，一個「人」的作為當以修身為要（如盡心存養擴充），並坦然光明地面對「命」的限制，這方是所謂的「立命」。相較之下，朱熹認為「盡心」與「知天」必須先「知性」，

〔註160〕《論語・憲問》：「公伯寮愬子路於季孫。子服景伯以告，曰：夫子固有惑志於公伯寮，吾力猶能肆諸市朝。」此「固」為確實意。《左傳》二出，一是昭公三年鄭罕虎言：「楚人日徵敝邑以不朝立王之故。敝邑之往，則畏執事，其謂寡君而固有外心……」二是昭公十二年魯昭子曰：「叔孫氏有家禍，殺適立庶，故婼也及此。若因禍以斃之，則聞命矣。若不廢君命，則固有著矣。」二出之「固」均作確實解。

乃是就其思維脈絡而言說的，並非《孟子》書中意旨。〔註161〕

至此，我們可以對孟子的道德哲學做一總結。孟子「性善」之說，凸顯了個體人格的特質，這個特質是人皆有能力成就爲一個眞正的人，但願不願意如是成就的抉擇權則在個人自身。所以，「人皆可以爲堯舜」的說法並不突兀。由此引出的修養，目的即是在使自己成爲一個眞正的人。孟子主張很明確，就是「先立乎其大者，則其小者不能奪也」（〈告子上〉），即是要人挺立出大體；因此，「學問之道無它，求其放心而已矣」（仝上），「求其放心」者就是要人莫淪於口腹之欲或陷於偷盜、害人之境，當培養能成就道德行爲的根苗（如四端之心），以養成仁義禮智等的道德德性。正因爲人欲橫流，易悅於好色、富、貴、生等人心之非，以致於難以發現並保持良善之心以養成人之性，所以孟子主張「養心莫善於寡欲」（〈盡心下〉），人欲的多寡，即是是否掩蓋人先天所具之能力（才）的絕對因素，但這先天能力並不因任何因素的遮掩而不內存於人心之中，只待人自身是否去發掘而已。

三、孟子之「性」非由天所與

自從朱熹提出「人性本善」的論點，將「性」界定爲「此天之所與者」後，時人對於孟子的人之「性」的來源幾乎均如此認定，例如：

> 孟子因人皆有仁義禮智之四端而言性善，人之所以有此四端，性之所以善，正因性乃「天之所與我者」，人之所得於天者。此性善說之形上學的根據也。〔註162〕

> 孟子言人之心之性，固言此爲天之所以與我者，即言其有所自之本原是名爲天。〔註163〕

> 性善論認爲人的道德品質，如仁義禮智等是天生的，是與生俱來的本性。「君子所性，雖大行不加焉，雖窮居不損焉，分定故也。」……因爲這是天賦的職分，不會改變。〔註164〕

> 夫人性者，乃天命所特賦予人之所以爲人之特質，此特質亦即人所獨具之先天道德意識心。故孟子言性以四端爲本，以四端生於本心

〔註161〕 牟宗三對這點即有批評朱熹之論，見《心體與性體》，第三冊，頁444。
〔註162〕 馮友蘭，《中國哲學史》，頁163～164。
〔註163〕 唐君毅，《中國哲學原論・原道篇卷一》，頁244。
〔註164〕 任繼愈主編，《中國哲學發展史（先秦）》，頁326～327。

之善，此仁義禮智乃天命所賦予人之良知良能，亦即人之所以為人
之必具條件……故此仁義禮智四端，乃天命所賦予，亦人之所受而
成為人性者。此四端本在人性中已現端倪，為人性所固有，而非曰
後天所習練而成者。〔註165〕

人之性受之於天（天所與我）……〔註166〕

「四德」即仁義禮智，再由「四德」進而外化為「義理之天」或「道
德之天」，換言之，在他看來，天的根本德性，即含於人之心性之
中。……天具有道德的意義，人是稟受天之性德而成其為自己的性
德的，因而人的心性與天之道德是相通的。……「仁義忠信，樂善
不倦，此天爵也。」（〈告子上〉）「仁，天之尊爵也。」（〈公孫丑上〉）
這是說，天如同人一樣，也具有仁義忠信等道德原則，而人的道德
原則則是「天之所與我者」。〔註167〕

這些陳述，樣式十分雷同，主旨不外在指明人之性乃「天之所與」。「天」具
德性意義，因此受「天」稟賦的人之「性」，自然先天上具有道德意蘊，其內
容即是仁義禮智。事實上，這樣的論述皆順遂朱熹「性者，人之所得於天之
理也」的意旨而來，再加上己意之推度，〔註168〕洋洋灑灑。然而，孟子所言
「此天之所與」，僅是指「大體」的「心之官」以及「小體」的「耳目之官」，
與所謂人之「性」渺不相涉。孟子說：

公都子問曰：鈞是人也，或為大人，或為小人，何也？孟子曰：從
其大體為大人，從其小體為小人。曰：鈞是人也，或從其大體，或
從其小體，何也？曰：耳目之官不思而蔽於物，物交物則引之而已
矣。心之官則思，思則得之，不思則不得也。此天之所與我者。先
立乎其大者，則其小者不能奪也。此為大人而已矣。（〈告子上〉）

朱熹注解此章，並不失孟子矩矱。〔註169〕然而，其在注解〈公孫丑上〉「孟子

〔註165〕魏元珪，《孟荀道德哲學之比較研究》（臺北：海天出版社，1980年），頁135。

〔註166〕蔡仁厚，《孔孟荀哲學》（臺北：臺學生書局，1984年），頁229。

〔註167〕葛榮晉，《中國哲學範疇導論》，頁592～593。

〔註168〕論者或以孟子所言「仁義忠信，樂善不倦，此天爵也」「仁，天之尊爵也」佐
證「性」（如仁義）是天所賦予的，但這些話僅僅在說明像樂於實踐仁義忠信
這樣德性的人，必然會受到上天的嘉美，故云「天爵」、「天之尊爵」，並無法
證明仁義的德性是由上天所降賦的。

〔註169〕《四書集注·孟子告子上》，頁171。

曰人皆有不忍人之心」章時卻說：

> 此章所論人之性情，心之體用，本然全具，而各有條理如此。學者
> 於此，反求默視而擴充之，則天之所與我者可以無不盡矣。〔註170〕

從朱熹對「性」的界定，此「天之所與我者」自指人「性」為「天」所稟賦。
加上在注解「盡心知性」章中引程子之言佐證：「心也、性也、天也，一理也。
自理而言謂之天，自稟受而言謂之性，自存諸人而言謂之心。」人之「性」
便與天理一致。如是主張人之「性」為「天之所與」，理路上雖完滿，但絕對
不合《孟子》文意。細節前已陳述，不再辯議。唯時人不察，引而大加闡釋。
我們必須再次強調：（1）談孟子主張之性為天所賦予，欠缺資料上的佐證，
僅能追溯至朱熹的說法而已。〔註171〕（2）若此，時人對孟子人性的看法幾乎
可以瓦解，因為論述不是直視孟子而來，反而是藉著朱熹的說法進一步彌縫
或扭曲。（3）事實上，僅就人之「性」是否為「天之所與我者」這點而言，
朱熹的解釋便與孟子的原文是十分不契的；後人順朱熹之解立說，甚至扭曲
其論述，所造成的誤解也就更深了。

　　經過上述的討論，已明顯可以看出，孟子所謂「性善」決非朱熹「性本
善」之意，亦非時下所認定之本質性的實體，而是在實際作為中體現出的為
人之道。當然，時下瞭解孟子哲學，恐怕是透過朱熹的眼光、更甚者是站在
扭曲朱熹的看法來理解的。因此，我們必須指出，孟子「性善」與朱熹「人
性本善」兩者的論述是有巨大差異。服膺朱熹哲學者，自可稱述人之性是「天」
之所賦，但就《孟子》文意而論則當是無法成立的。

　　綜合本節的探討，孟子所謂的人之性是後天培養而成的，其論述過程頗
為曲折。簡單地講，孟子從人心的隱動談起，藉由人心中所具的天賦能力
（「才」），於諸多隱動中揀擇出良善之心，如四端，予以保存、培養使之成為
德行，如仁義禮智，然後加以深耕種植於人心之中，故而成為人之性，所以
說「我固有之，非由外鑠我也」。也就是說，人之道德的建立，在孟子看來應
無先天必然的因素存在。人之道德人格的挺立，乃在於對於人之事實是否清
楚地認知，人心必然產生如四端的良善之心，良善之心產生之後是否加以保
持與掌握，保持與掌握後是否加以存養擴充以內化成為人之德性，內化成為
人之德性方可稱為人之性。換言之，除了仁義禮智之外，其他德目的展現亦

〔註170〕《四書集注・孟子公孫丑上》，頁 47。
〔註171〕此包括了程頤的說法。

是如此。反之，若將偷盜、害人、穿窬之心存養擴充，其成就的人之性必然爲惡。正是在這意義上，我們無法接受「人性本善」的說法。對於「人性本善」，乃是朱熹對《孟子》哲學的發揮，故應視爲朱熹對人性的看法。孟子所闡述的人性主張，依《孟子》文意，即「性善」而已。另外，必須指出的是，對於表現出的「性惡」，理論上雖然可能，但那並非是孟子的主張，也不是荀子的主張。〔註172〕

結　語

　　孟子「道德的形上學」論述頗爲曲折，主因在於時人限於宋明理學的大樹之下，故而無法直視孟子哲學的本眞。清人焦循在著《孟子正義》時便有「爲孟子作疏，其難有十」〔註173〕之嘆。今人陳大齊先生的《孟子待解錄》，提及許多疑義處，可予我們許多啓迪。正因爲時人以宋學爲宗，其中又以朱熹《四書集注》爲本，是以對孟子的理解不免有些遮掩。若拋開這些遮掩，孟子學思當可豁然朗現。〔註174〕本文討論先秦儒家思想中「禮」的人文精神。就孟子而論，正是因爲其將「禮」同仁義智等同視爲完美德性，因此就其而言，「禮」成了自我人格之精神的展現，完成「禮」也就實踐出人的德性。雖然孟子的論說大都是就「仁」字而言，但既然仁義禮智是其同等重視，依此，我們可說仁的理論成立，那麼禮的理論也就同時成立。

　　考《孟子》書中所談之「禮」，禮之制度面不是其探究的重心，禮精神面的彰顯方是其所認爲之問題重點的所在。《孟子》一書，於三十九章中出現「禮」的記載，〔註175〕其核心無非在於「敬」字上。從其對君臣關係的看法，國君

〔註172〕關於荀子「性惡」說，詳見第四章的探討。
〔註173〕《孟子正義》，卷三十，頁1050。
〔註174〕實則此有外在因緣，即《孟子》一書在歷史上有一「升格」運動，至朱熹「四書」一出方才確立。事實上，北宋許多思想家對孟子學思的批評極爲強烈，如李覯、司馬光、晁說之等，程頤對孟子則提出「論性不論氣不備，論氣不論性不明」的批評，諸此等等，顯見孟子學思是頗有爭議的。但朱熹《四書集注》的解釋，加諸數百年訂爲官學的影響，其中多多少少必有遮掩之處。關於《孟子》書的升格運動，可參考朱維錚編，《周予同經學史論著選集（增訂本）》（上海：上海人民出版社，1996年第二版），頁928～930；陳訓章，《孟子管窺》（臺北：黎明文化事業公司，1984年），頁340～343。
〔註175〕〈梁惠王〉篇兩章，〈公孫丑〉篇四章，〈滕文公〉篇五章，〈離婁〉篇十章，〈萬章〉篇五章，〈告子〉篇六章，〈盡心〉篇七章。其他相關者未予統計。

不以禮對臣子，臣子則可拂袖而去。同時，孟子強調「反求諸己」的內在自省，「禮人不答，反其敬」（〈離婁上〉）。從這角度觀之，孟子強調「辭讓之心」、「恭敬之心」的「禮」也就得以理解了。而孟子所主張的「仁政」，立基於不忍人之心上，在孟子看來，其與「辭讓之心」、「恭敬之心」的「禮」之價值是一樣重要的，無怪乎有「四端」並列之稱。自然，欲明孟子何以認為保存、培養四端之心以成就出仁義禮智之德行、並使之內化成為人之性，就必須對孟子對人之事實的認定加以探討。「人之所以異於禽獸者幾希」（〈離婁下〉）的意義即在於此。〔註176〕由此可見，在明白人之所以為人的前提下，人之性的踐履是人生重要的意義，道德人格挺立之價值亦顯現於此，此當是孟子哲學的精蘊所在。

　　若與孔子論禮相較，孔子從「為仁由己」（《論語・顏淵》）出發，認為仁是否實踐在於人自身的道德自覺與意志凝煉，而實踐了仁也就成就出禮暨其

〔註176〕孟子這段話僅以「幾希」描述人「所以」和禽獸出現的差異。此處「所以異」的語法，即「『所』字先與介詞相結合，然後再與動詞組成名詞性短語，在句中表示跟動詞相關的原因、處所、時間以及動作行為賴以進行的手段或涉及的對象等」，例如《國語・魯語上》：「長勺之役，曹劌問所以戰於莊公。」意思是「依靠什麼與齊國（莊公）作戰」〔見《古代漢語虛詞詞典》（北京：商務印書館，1999年），頁563〕。孟子所言「人之所以異於禽獸者幾希」句法同此。因此，這裡的「所以」不是承上啟下、表示原因的用法。職是之故，我們無法接受朱熹對孟子的解釋，因為朱注乃將所以視為原因，見《四書集注・孟子離婁下》，頁115。同時，這裡決不可譯為「人和禽獸不同的地方只有一點點」，原因在於孟子這段陳述不是就人禽已然的經驗事實來說的；再者，孟子明白指出「夫物之不齊，物之情也」（〈滕文公上〉），事物不齊一，這是實情，因此這沒什麼好辯論的。但是，時人幾乎均認為這段是指人禽的事實判別，誤解甚深。倘若人禽之辨所指的是已然的經驗事實，下文之「庶民去之」以下皆不得解。因為一般人丟棄，君子保存，隨即面臨一個問題，既然人禽不同已是「事實」，人有不同禽獸之物，此物當為人人皆具，何以有人可以捨棄，又有人可以保存？此乃不可想像。我們認為，「人之所以異於禽獸者幾希」，意為「作為一個人，依靠什麼來顯現與禽獸不同的地方是非常細微的」。所以，其意是人自覺地用什麼方法而相異於禽獸，絕非人禽事實的區判。又因為「幾希」不是指已然的經驗事實，而是指人自覺地用什麼方法而相異於禽獸，這就是後文所講的「由仁義行，非行仁義也」之作為，庶民不思索所以去此作為，君子思索之因而保存此作為。而「舜明於庶物，察於人倫」，他的行為是「由仁義行，非行仁義」，即立於仁義之則上實踐人倫大道，而不是為實踐仁義而作出仁義的行為；這是指君子所存之處。換言之，所去所存，僅是「由仁義行」的作為，這方是孟子所謂的「幾希」，亦是為人品質之主體的挺立處。

精神，故言「克己復禮為仁」（仝上）。孟子強調道德人格的挺立，顯然承續如上所述之孔子的路徑，更深入地說明人何以能實踐出道德德行與德性。孟子的哲學理論最凸出之處，即在於分析人心面對諸多情境所顯現的萬般狀態以及標出人心中所具含的天賦能力（才），此天賦能力保證人能進行道德反省與道德實踐。就禮論而言，孟子「以禮存心」之道德的形上學，即是立基於孔子學說上，賦予了更深厚的道德性基礎；此與荀子哲學立於孔子學說上視禮為社會性的論點，意旨是完全不同的。